# サービス産業動向調査年報

## 2021 年（令和３年）

Annual Report on

the Monthly Survey on Service Industries

2021

総務省統計局

Statistics Bureau

Ministry of Internal Affairs and Communications

Japan

## 御利用に当たって

### 1　公表について

サービス産業動向調査（月次調査）の結果は、原則、速報を調査対象とする月の翌々月の下旬に、確報を調査対象とする月の５か月後の下旬にインターネットで公表しています。

### 2　サービス産業動向調査のホームページ

総務省統計局のホームページにおいても、サービス産業動向調査の結果及び関連情報（調査の概要、Q＆A、公表予定等）を提供しています。

＜日本語版ホームページ＞　https://www.stat.go.jp/data/mssi/index.html

主な収録内容

・調査の概要　https://www.stat.go.jp/data/mssi/gaiyo.html

・調査の結果　https://www.stat.go.jp/data/mssi/kekka.html

・Q＆A　https://www.stat.go.jp/data/mssi/qa/index.html

本書についてもPDF形式（統計表はExcel形式）で掲載しています。

https://www.stat.go.jp/data/mssi/report/index.html

このほかの結果の利用（閲覧・入手等）については、巻末の「サービス産業動向調査（月次調査）結果の利用方法」も御参照ください。

# ま　え　が　き

この報告書は、サービス産業動向調査（月次調査）の2021年の結果を取りまとめたものです。

サービス産業動向調査は、サービス産業の生産・雇用等の動向を月次で把握し、各種経済指標の精度向上等に資することを目的として、2008年７月から毎月実施している調査です。

本調査では、事業所・企業等の月間売上高、事業従事者数など、我が国のサービス産業の実態を把握するために欠かせない基本的な事項を調査しています。

調査の結果、2021年におけるサービス産業計の売上高は、新型コロナウイルス感染症の影響により１月、２月の売上高が大きく減少したものの、前年からの反動等により４月、５月の売上高が大きく増加したことから、前年比0.4%の増加となりました。

本調査の結果は、ＧＤＰの四半期別速報（ＱＥ）や第３次産業活動指数など各種経済指標に使用されているほか、国や地方における各種行政施策の基礎資料、大学や研究機関などの研究基礎資料、また、企業などにおける市場動向の把握を通じた経営戦略等への活用など、広く利用されることが期待されます。

本報告書を刊行するに当たり、本調査に御回答いただいた多くの事業所、企業等の方々に対し、厚く御礼を申し上げます。

2022年11月

総務省統計局長

井上　卓

## PREFACE

This report contains the results of the Monthly Survey on Service Industries for 2021.

For the purpose of grasping basic data of the service industries including trends of production and employment, and to contribute mainly to the enhancement of the precision of various economic indicators, the Monthly Survey on Service Industries has been conducted every month since July 2008.

The monthly survey investigates the basic information of each business activity, such as current month's sales and the number of workers. These items are essential components for grasping the true condition of the service industries for Japan.

The survey result presents that the sales of service industries in 2021 were up 0.4% from the previous year. Although sales in January and February decreased significantly due to the impact of the novel coronavirus disease (COVID-19), sales in April and May marked considerable increases as a reaction to the large decreases in 2020.

In addition to being used to improve the accuracy of economic indicators such as the Quarterly Estimates (QE) of GDP, Indices of Tertiary Industry Activity (ITA) and etc., the results of the survey are expected to be widely used as a basis for various administrative measures in the national and local governments, as a basis for research in universities and research institutes, and in making management strategies in enterprises through understanding market trends.

This survey was conducted with the cooperation of a large number of enterprises and establishments.

I would like to take this opportunity to express my deepest gratitude to all the people who cooperated in this survey.

November 2022

INOUE Takashi
Director-General
Statistics Bureau
Ministry of Internal Affairs and Communications
Japan

# 目　　次

## 結果の概要



## 統　計　表



## 付　　録

# CONTENTS

# 結　果　の　概　要

## Ⅰ　サービス産業の状況

| | | | |
|---|---|---|---|
| 各月売上高の平均 | 30 兆 3461 億円 | （前年比 | 0.4%増） |
| 平均事業従事者数 | 2919 万人 | （　同 | 1.2%減） |

### 1　各月平均の状況

#### （1）各月売上高の平均

2021 年各月のサービス産業の売上高の平均は 30 兆 3461 億円となり、前年と比べると 0.4%の増加と、2019 年以来、２年ぶりの増加となった。

増加に寄与した主な産業は「運輸業，郵便業」（寄与度 [1] 0.51）、「医療，福祉」（同 0.39）、「情報通信業」（同 0.29）など、減少に寄与した主な産業は「宿泊業，飲食サービス業」（同-0.78）などとなっている。

（図Ⅰ－１－１、表Ⅰ－１－１）

注１）寄与度＝ $\dfrac{\text{当期当該産業大分類の売上高－前期当該産業大分類の売上高}}{\text{前期サービス産業計の売上高}}\times 100$

事業従事者数についても同様。以下同じ。

図Ⅰ－１－１　サービス産業計の各月売上高平均の前年比及び寄与度の推移

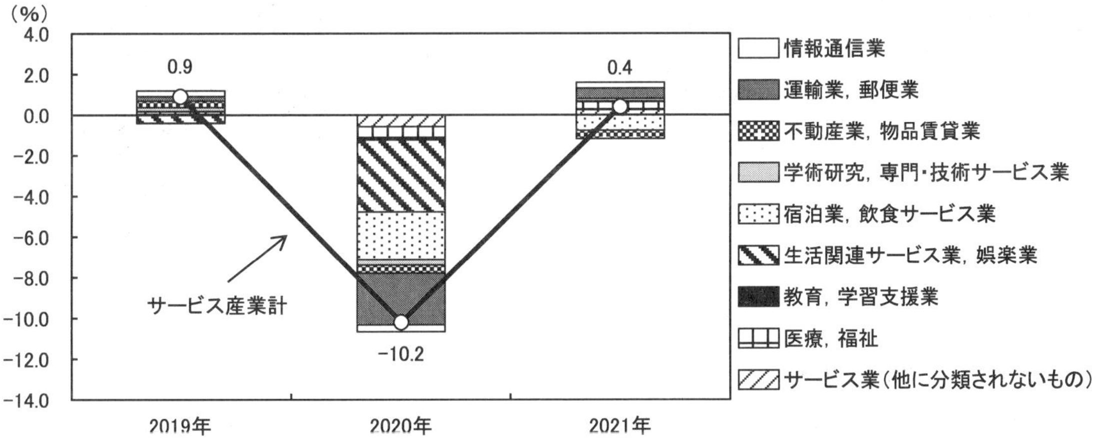


表Ⅰ－１－１　産業大分類別各月売上高平均の前年比及び寄与度の推移

| | 実数（百万円）2） | | | 前年比（%） | | | 寄与度　3） | | |
|---|---|---|---|---|---|---|---|---|---|
| | 2019年 | 2020年 | 2021年 | 2019年 | 2020年 | 2021年 | 2019年 | 2020年 | 2021年 |
| サービス産業計 | 33,685,154 | 30,240,087 | 30,346,077 | 0.9 | −10.2 | 0.4 | | | |
| 情報通信業 | 5,009,130 | 4,894,688 | 4,983,495 | 1.8 | −2.3 | 1.8 | 0.27 | −0.34 | 0.29 |
| 運輸業，郵便業 | 5,382,396 | 4,529,930 | 4,682,977 | 1.5 | −15.8 | 3.4 | 0.24 | −2.53 | 0.51 |
| 不動産業，物品賃貸業 | 4,353,824 | 4,217,742 | 4,093,893 | 2.5 | −3.1 | −2.9 | 0.31 | −0.40 | −0.41 |
| 学術研究，専門･技術サービス業 | 2,890,659 | 2,797,143 | 2,834,406 | 2.2 | −3.2 | 1.3 | 0.19 | −0.28 | 0.12 |
| 宿泊業，飲食サービス業 | 2,796,027 | 2,009,904 | 1,775,411 | 0.0 | −28.1 | −11.7 | 0.00 | −2.33 | −0.78 |
| 生活関連サービス業，娯楽業 | 4,513,404 | 3,320,526 | 3,326,280 | −2.9 | −26.4 | 0.2 | −0.41 | −3.54 | 0.02 |
| 教育，学習支援業 | 326,112 | 284,300 | 289,303 | 1.2 | −12.8 | 1.8 | 0.01 | −0.12 | 0.02 |
| 医療，福祉 | 4,969,351 | 4,789,946 | 4,907,139 | 0.9 | −3.6 | 2.4 | 0.13 | −0.53 | 0.39 |
| サービス業（他に分類されないもの） | 3,571,631 | 3,376,345 | 3,453,173 | 0.4 | −5.5 | 2.3 | 0.04 | −0.58 | 0.25 |

注２）2021 年１月に母集団情報変更・標本交替を行った。これに伴い、2020 年以前の実数について、この変更により生じた変動を調整した値（調整値）を作成した。本報告書では、この調整値を掲載している。

３）各年の寄与度は、前年の調整値を用いて算出している。調整値は産業分類別に作成しているため、各産業分類別の寄与度の合計と上位合計欄の前年（同月）比とは必ずしも一致しない。以下、同種の表について同じ。

産業大分類別に前年と比べると、「運輸業，郵便業」が3.4%の増加、「医療，福祉」が2.4%の増加、「サービス業（他に分類されないもの）」が2.3%の増加、「情報通信業」及び「教育，学習支援業」が1.8%の増加、「学術研究，専門・技術サービス業」が1.3%の増加、「生活関連サービス業，娯楽業」が0.2%の増加と7産業で増加となった。

一方、「宿泊業，飲食サービス業」が11.7%の減少、「不動産業，物品賃貸業」が2.9%の減少と2産業で減少となった。

（表Ⅰ－１－１、図Ⅰ－１－２）

産業大分類別の構成比をみると、「情報通信業」が16.4%（４兆9835億円）と最も高く、「教育，学習支援業」が1.0%（2893億円）と最も低くなった。

（表Ⅰ－１－１、図Ⅰ－１－３）

**図Ⅰ－１－２**
**産業大分類別**
**各月売上高平均の前年比の推移**

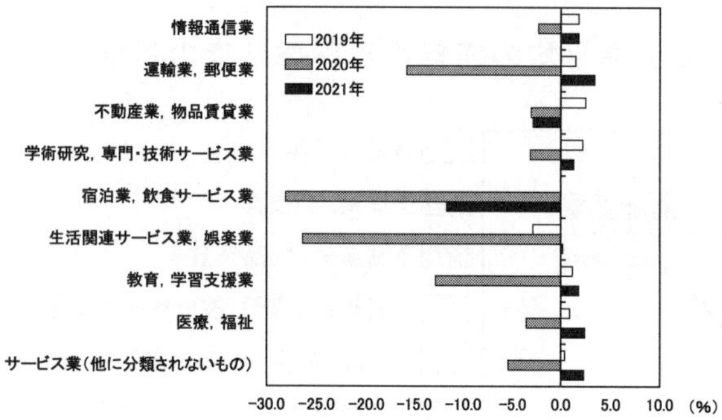


**図Ⅰ－１－３**
**産業大分類別**
**各月売上高平均の**
**構成比（2021年）**

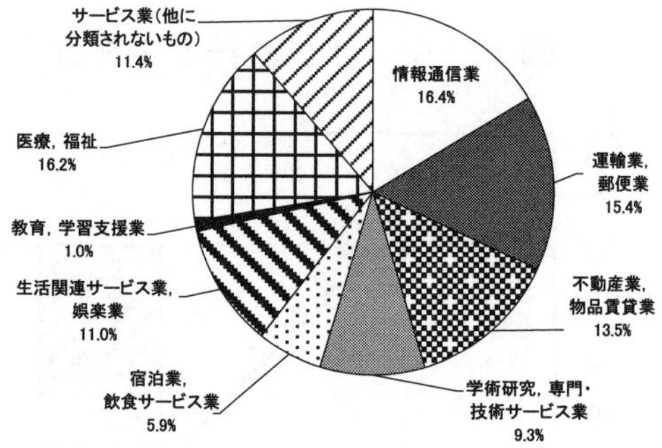


## （２）平均事業従事者数

2021年各月において把握したサービス産業の事業従事者数の平均は2919万人となり、前年と比べると1.2%の減少と２年連続で減少となった。

減少に寄与した主な産業は「宿泊業，飲食サービス業」（寄与度-0.82）、「生活関連サービス業，娯楽業」（同-0.26）、「サービス業（他に分類されないもの）」（同-0.15）など、増加に寄与した主な産業は「情報通信業」（同0.06）などとなっている。

（図Ⅰ－１－４、表Ⅰ－１－２）

## 図Ⅰ－１－４　サービス産業計の平均事業従事者数の前年比及び寄与度の推移

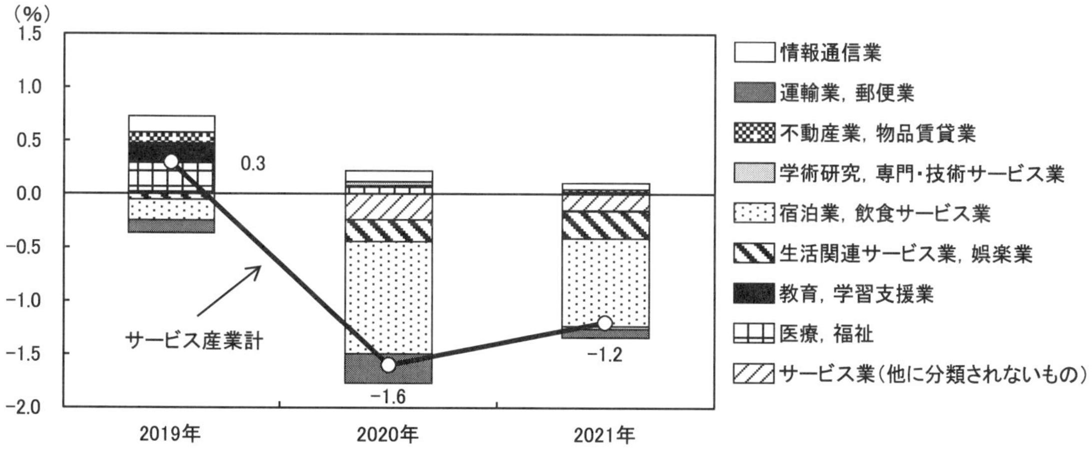


## 表Ⅰ－１－２　産業大分類別平均事業従事者数の前年比及び寄与度の推移

| | 実数（人） | | | 前年比（%） | | | 寄与度 | | |
|---|---|---|---|---|---|---|---|---|---|
| | 2019年 | 2020年 | 2021年 | 2019年 | 2020年 | 2021年 | 2019年 | 2020年 | 2021年 |
| サービス産業計 | 30,027,600 | 29,555,800 | 29,192,800 | 0.3 | −1.6 | −1.2 | | | |
| 情報通信業 | 1,938,100 | 1,968,600 | 1,986,300 | 2.3 | 1.6 | 0.9 | 0.15 | 0.10 | 0.06 |
| 運輸業，郵便業 | 3,455,000 | 3,372,700 | 3,349,100 | −1.0 | −2.4 | −0.7 | −0.12 | −0.27 | −0.08 |
| 不動産業，物品賃貸業 | 1,578,200 | 1,578,800 | 1,586,500 | 2.0 | 0.0 | 0.5 | 0.10 | 0.00 | 0.03 |
| 学術研究，専門・技術サービス業 | 1,752,700 | 1,763,700 | 1,756,200 | 0.3 | 0.6 | −0.4 | 0.02 | 0.04 | −0.03 |
| 宿泊業，飲食サービス業 | 5,470,300 | 5,154,600 | 4,911,500 | −1.0 | −5.8 | −4.7 | −0.19 | −1.05 | −0.82 |
| 生活関連サービス業，娯楽業 | 2,511,400 | 2,450,200 | 2,374,600 | −0.6 | −2.4 | −3.1 | −0.05 | −0.20 | −0.26 |
| 教育，学習支援業 | 993,000 | 997,800 | 996,100 | 5.3 | 0.5 | −0.2 | 0.17 | 0.02 | −0.01 |
| 医療，福祉 | 8,470,600 | 8,489,600 | 8,494,900 | 1.0 | 0.2 | 0.1 | 0.27 | 0.06 | 0.02 |
| サービス業（他に分類されないもの） | 3,855,300 | 3,782,900 | 3,737,500 | 0.1 | −1.9 | −1.2 | 0.02 | −0.24 | −0.15 |

産業大分類別に前年と比べると、「宿泊業，飲食サービス業」が 4.7％の減少、「生活関連サービス業，娯楽業」が 3.1％の減少、「サービス業（他に分類されないもの）」が 1.2％の減少、「運輸業，郵便業」が 0.7％の減少、「学術研究，専門・技術サービス業」が 0.4％の減少、「教育，学習支援業」が 0.2％の減少と６産業で減少となった。

一方、「情報通信業」が 0.9％の増加、「不動産業，物品賃貸業」が 0.5％の増加、「医療，福祉」が 0.1％の増加と３産業で増加となった。

（表Ⅰ－１－２、図Ⅰ－１－５）

産業大分類別の構成比をみると、「医療，福祉」が 29.1％（849 万人）と最も高く、次いで「宿泊業，飲食サービス業」が 16.8％（491 万人）となり、この２産業でサービス産業全体の４割を超えている。

（表Ⅰ－１－２、図Ⅰ－１－６）

図Ⅰ－１－５
産業大分類別
平均事業従事者数の前年比の推移

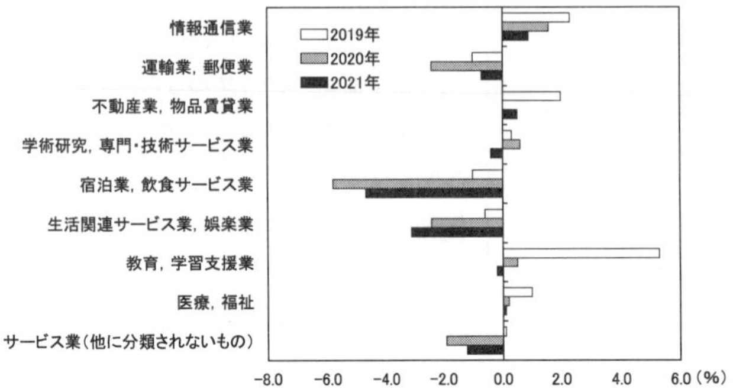


図Ⅰ－１－６
産業大分類別
平均事業従事者数の構成比
（2021 年）

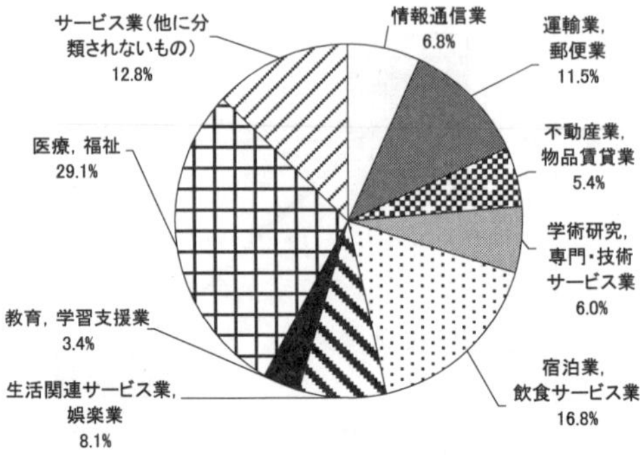


## ２　月別の状況

### （１）売上高

2021 年各月のサービス産業の売上高の前年同月比の推移をみると、新型コロナウイルス感染症下で売上高が大きく減少した前年の反動などから、４月、５月の売上高の前年同月比は大きく増加した。特に、５月の前年同月比は 14.0％の増加となり、比較可能な 2014 年以降、最大の増加幅となったが、これは 2020 年５月に 23.2％の減少となった反動などによる（2019 年同月比は 12.5％の減少）。この 2021 年５月に増加幅が最大となったのは、「生活関連サービス業，娯楽業」、「運輸業，郵便業」の寄与が大きかったことなどによる。

しかし、新型コロナウイルス感染症の拡大前の 2019 年と比較すると、売上高は低水準となっている。

（図Ⅰ－２－１、表Ⅰ－２－１）

図Ⅰ－２－１　サービス産業計の各月売上高の前年同月比及び寄与度の推移

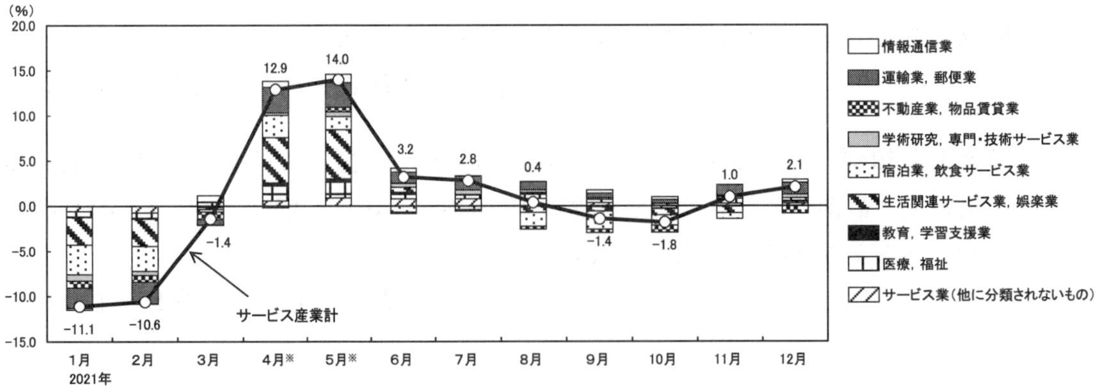


※新型コロナウイルス感染症の影響のない2019年同月と比較すると、2021年４月は10.1％の減少、2021年５月は12.5％の減少

## 表Ⅰ－２－１　産業大分類別各月売上高の前年同月比及び寄与度

| | | 2021年 | | | | | | | | | | | |
|---|---|---|---|---|---|---|---|---|---|---|---|---|---|
| | | 1月 | 2月 | 3月 | 4月 | 5月 | 6月 | 7月 | 8月 | 9月 | 10月 | 11月 | 12月 |
| 前年同月比（%） | サービス産業計 | −11.1 | −10.6 | −1.4 | 12.9 | 14.0 | 3.2 | 2.8 | 0.4 | −1.4 | −1.8 | 1.0 | 2.1 |
| | 情報通信業 | −1.3 | 0.0 | 3.8 | 3.9 | 5.5 | 2.6 | 0.5 | 0.2 | 2.1 | 2.0 | 0.1 | 2.1 |
| | 運輸業，郵便業 | −14.5 | −15.3 | −4.3 | 18.4 | 18.4 | 8.6 | 9.9 | 6.1 | 3.6 | 2.8 | 7.5 | 8.8 |
| | 不動産業，物品賃貸業 | −6.1 | −5.5 | −5.7 | −1.1 | 3.4 | −1.2 | −1.1 | −2.4 | −2.8 | −6.0 | 1.2 | −5.8 |
| | 学術研究，専門・技術サービス業 | −8.2 | −5.5 | 0.2 | 2.8 | 5.3 | 4.5 | 6.1 | 3.7 | 1.7 | 0.1 | 2.3 | 4.2 |
| | 宿泊業，飲食サービス業 | −39.9 | −36.2 | −4.8 | 59.6 | 31.7 | −11.3 | −6.0 | −20.4 | −30.2 | −14.9 | −8.4 | 4.5 |
| | 生活関連サービス業，娯楽業 | −22.6 | −24.3 | −2.5 | 65.7 | 65.2 | 5.3 | 0.5 | −5.7 | −4.5 | −5.8 | −6.1 | 0.9 |
| | 教育，学習支援業 | −6.2 | −10.5 | 4.8 | 43.4 | 59.6 | 3.6 | 0.4 | −3.4 | −10.8 | −6.9 | −6.8 | −3.1 |
| | 医療，福祉 | −3.9 | −3.7 | 3.1 | 9.7 | 9.9 | 4.3 | 2.4 | 4.0 | 2.3 | −1.6 | 3.3 | 1.1 |
| | サービス業（他に分類されないもの） | −5.5 | −6.7 | −1.3 | 4.7 | 7.5 | 6.9 | 6.9 | 7.3 | 3.1 | 2.1 | 2.2 | 2.5 |
| 寄与度 | 情報通信業 | −0.20 | −0.01 | 0.68 | 0.64 | 0.92 | 0.44 | 0.07 | 0.03 | 0.37 | 0.30 | 0.02 | 0.35 |
| | 運輸業，郵便業 | −2.22 | −2.38 | −0.62 | 2.83 | 2.73 | 1.24 | 1.48 | 0.89 | 0.52 | 0.44 | 1.16 | 1.30 |
| | 不動産業，物品賃貸業 | −0.79 | −0.76 | −0.85 | −0.18 | 0.52 | −0.17 | −0.15 | −0.33 | −0.38 | −0.79 | 0.16 | −0.80 |
| | 学術研究，専門・技術サービス業 | −0.69 | −0.47 | 0.02 | 0.28 | 0.50 | 0.43 | 0.52 | 0.31 | 0.16 | 0.01 | 0.20 | 0.40 |
| | 宿泊業，飲食サービス業 | −3.34 | −2.77 | −0.26 | 2.49 | 1.50 | −0.66 | −0.41 | −1.50 | −2.00 | −1.12 | −0.64 | 0.31 |
| | 生活関連サービス業，娯楽業 | −3.02 | −3.04 | −0.24 | 5.02 | 5.41 | 0.55 | 0.06 | −0.70 | −0.48 | −0.68 | −0.72 | 0.10 |
| | 教育，学習支援業 | −0.06 | −0.11 | 0.04 | 0.34 | 0.39 | 0.03 | 0.00 | −0.04 | −0.11 | −0.07 | −0.07 | −0.03 |
| | 医療，福祉 | −0.60 | −0.56 | 0.41 | 1.65 | 1.73 | 0.70 | 0.41 | 0.66 | 0.36 | −0.26 | 0.53 | 0.17 |
| | サービス業（他に分類されないもの） | −0.58 | −0.74 | −0.14 | 0.57 | 0.90 | 0.78 | 0.78 | 0.80 | 0.34 | 0.23 | 0.25 | 0.27 |

### （２）事業従事者数

2021 年各月において把握したサービス産業の事業従事者数の前年同月比の推移をみると、５月に増加となったものの、それ以外の月では減少となった。特に、１月７日に東京都等を対象に新型インフルエンザ等対策特別措置法に基づく緊急事態宣言が発出されたことなどの影響により、２月の減少幅が最も大きくなった。２月に減少となったのは、「宿泊業，飲食サービス業」の減少の寄与が大きかったことなどによる。

また、「宿泊業，飲食サービス業」及び「生活関連サービス業，娯楽業」は全ての月で減少に寄与した。

（図Ⅰ－２－２、表Ⅰ－２－２）

### 図Ⅰ－２－２　サービス産業計の各月事業従事者数の前年同月比及び寄与度の推移

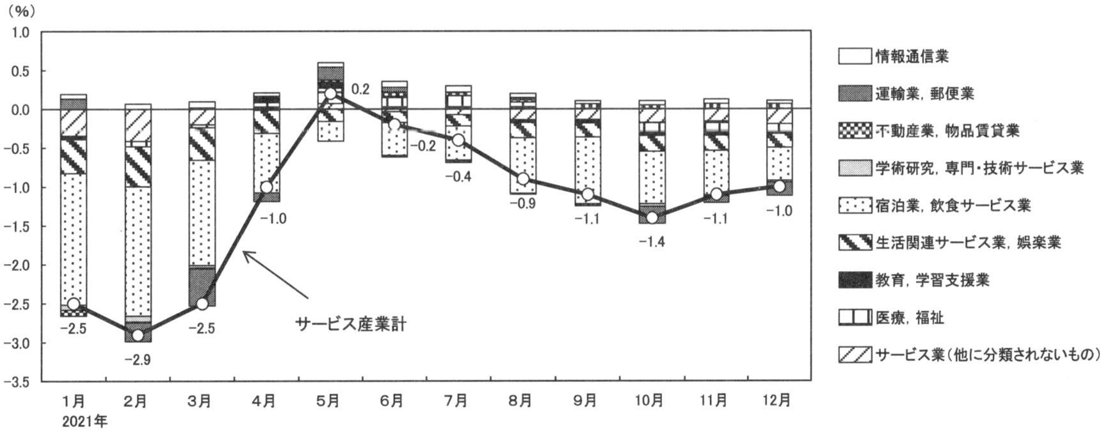

## 表Ⅰ－２－２　産業大分類別各月事業従事者数の前年同月比及び寄与度

| | | 2021年 | | | | | | | | | | | |
|---|---|---|---|---|---|---|---|---|---|---|---|---|---|
| | | 1月 | 2月 | 3月 | 4月 | 5月 | 6月 | 7月 | 8月 | 9月 | 10月 | 11月 | 12月 |
| 前年同月比（％） | サービス産業計 | −2.5 | −2.9 | −2.5 | −1.0 | 0.2 | −0.2 | −0.4 | −0.9 | −1.1 | −1.4 | −1.1 | −1.0 |
| | 情報通信業 | 1.0 | 1.0 | 1.2 | 0.7 | 0.9 | 1.1 | 1.2 | 0.8 | 0.6 | 0.8 | 0.9 | 0.6 |
| | 運輸業，郵便業 | 1.2 | −2.1 | −4.1 | −1.0 | 1.5 | 0.5 | −0.2 | 0.2 | 0.0 | −1.9 | −0.7 | −1.5 |
| | 不動産業，物品賃貸業 | −1.4 | −0.2 | −0.2 | 0.4 | 0.5 | 1.0 | 0.8 | 0.7 | 1.1 | 0.9 | 1.2 | 1.2 |
| | 学術研究，専門・技術サービス業 | −1.1 | −1.3 | −0.6 | 0.2 | 0.0 | −0.4 | −0.1 | −0.2 | −0.4 | −0.6 | −0.2 | −0.4 |
| | 宿泊業，飲食サービス業 | −9.2 | −9.2 | −7.6 | −4.4 | −1.5 | −2.5 | −2.6 | −4.1 | −4.9 | −3.9 | −3.3 | −2.4 |
| | 生活関連サービス業，娯楽業 | −5.2 | −6.1 | −5.0 | −3.5 | −1.9 | −1.7 | −1.8 | −2.4 | −2.2 | −2.5 | −2.4 | −2.2 |
| | 教育，学習支援業 | −0.8 | 0.0 | 0.5 | 1.6 | 2.2 | 0.7 | 0.1 | −1.1 | −1.3 | −1.3 | −1.9 | −0.7 |
| | 医療，福祉 | −0.1 | −0.2 | −0.1 | 0.3 | 0.7 | 0.5 | 0.6 | 0.3 | 0.0 | −0.4 | −0.4 | −0.4 |
| | サービス業（他に分類されないもの） | −2.7 | −3.2 | −1.6 | −0.1 | 0.6 | −0.3 | −0.6 | −1.1 | −1.1 | −1.4 | −1.3 | −1.5 |
| 寄与度 | 情報通信業 | 0.06 | 0.07 | 0.08 | 0.04 | 0.06 | 0.08 | 0.08 | 0.06 | 0.04 | 0.05 | 0.06 | 0.04 |
| | 運輸業，郵便業 | 0.13 | −0.24 | −0.47 | −0.11 | 0.17 | 0.06 | −0.02 | 0.02 | 0.00 | −0.22 | −0.09 | −0.17 |
| | 不動産業，物品賃貸業 | −0.08 | −0.01 | −0.01 | 0.02 | 0.03 | 0.05 | 0.04 | 0.04 | 0.06 | 0.05 | 0.06 | 0.06 |
| | 学術研究，専門・技術サービス業 | −0.07 | −0.08 | −0.03 | 0.01 | 0.00 | −0.02 | −0.01 | −0.01 | −0.02 | −0.04 | −0.01 | −0.02 |
| | 宿泊業，飲食サービス業 | −1.69 | −1.66 | −1.35 | −0.76 | −0.25 | −0.42 | −0.44 | −0.71 | −0.85 | −0.67 | −0.57 | −0.42 |
| | 生活関連サービス業，娯楽業 | −0.43 | −0.51 | −0.42 | −0.30 | −0.16 | −0.14 | −0.15 | −0.20 | −0.18 | −0.20 | −0.19 | −0.18 |
| | 教育，学習支援業 | −0.03 | 0.00 | 0.02 | 0.05 | 0.07 | 0.02 | 0.00 | −0.04 | −0.04 | −0.04 | −0.07 | −0.02 |
| | 医療，福祉 | −0.02 | −0.07 | −0.04 | 0.08 | 0.20 | 0.14 | 0.17 | 0.09 | 0.00 | −0.13 | −0.12 | −0.10 |
| | サービス業（他に分類されないもの） | −0.35 | −0.41 | −0.20 | −0.02 | 0.07 | −0.04 | −0.07 | −0.14 | −0.14 | −0.18 | −0.16 | −0.20 |

# Ⅱ　業種別の概要

## 1　G　情報通信業

| | | |
|---|---|---|
| 各月売上高の平均 | 4兆 9835 億円 | （前年比　1.8%増） |
| 平均事業従事者数 | 199 万人 | （　同　0.9%増） |

### （1）各月平均の状況

#### ①各月売上高の平均

2021 年各月の「情報通信業」の売上高の平均は４兆 9835 億円となり、前年と比べると 1.8%の増加となった。

増加に寄与した主な分類は「情報サービス業」（寄与度 4)1.95）、「インターネット附随サービス業」（同 0.18）などとなっている。

（図Ⅱ－１－１－１、表Ⅱ－１－１－１）

注４）寄与度＝ $\dfrac{\text{当期当該産業分類の売上高－前期当該産業分類の売上高}}{\text{前期産業大分類の売上高}}\times 100$

事業従事者数についても同様。以下同じ。

図Ⅱ－１－１－１　情報通信業の各月売上高平均の前年比及び寄与度の推移

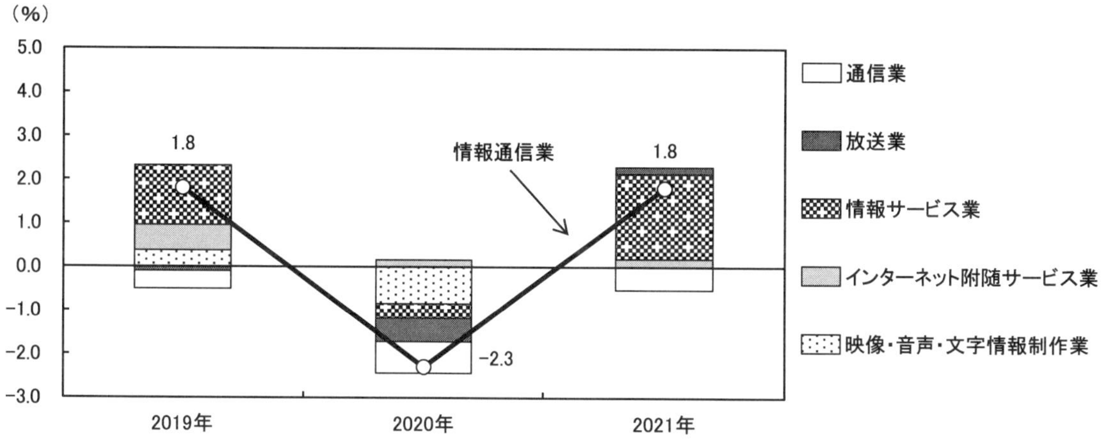


表Ⅱ－１－１－１　産業中分類別各月売上高平均の前年比及び寄与度の推移

| | 実数(百万円) | | | 前年比(%) | | | 寄与度 | | |
|---|---|---|---|---|---|---|---|---|---|
| | 2019年 | 2020年 | 2021年 | 2019年 | 2020年 | 2021年 | 2019年 | 2020年 | 2021年 |
| 情報通信業 | 5,009,130 | 4,894,688 | 4,983,495 | 1.8 | −2.3 | 1.8 | | | |
| 通信業 | 1,643,671 | 1,607,364 | 1,581,731 | −1.2 | −2.2 | −1.6 | −0.41 | −0.72 | −0.52 |
| 放送業 | 316,547 | 289,676 | 297,542 | −1.5 | −8.5 | 2.7 | −0.10 | −0.54 | 0.16 |
| 情報サービス業 | 2,189,118 | 2,172,314 | 2,267,879 | 3.2 | −0.8 | 4.4 | 1.37 | −0.34 | 1.95 |
| インターネット附随サービス業 | 328,803 | 336,898 | 345,691 | 9.6 | 2.5 | 2.6 | 0.58 | 0.16 | 0.18 |
| 映像・音声・文字情報制作業 | 532,736 | 490,589 | 490,652 | 3.5 | −7.9 | 0.0 | 0.37 | −0.84 | 0.00 |

産業中分類別に前年と比べると、「情報サービス業」が 4.4%の増加、「放送業」が 2.7%の増加、「インターネット附随サービス業」が 2.6%の増加となったが、「通信業」が 1.6%の減少、「映像・音声・文字情報制作業」が前年と同水準となった。

（表Ⅱ－１－１－１、図Ⅱ－１－１－２）

産業中分類別の構成比をみると、「情報サービス業」が 45.5%（２兆 2679 億円）と最も高く、次いで「通信業」が 31.7%（１兆 5817 億円）となり、この２分類で「情報通信業」の８割近くを占めている。

（表Ⅱ－１－１－１、図Ⅱ－１－１－３）

**図Ⅱ－１－１－２**
**産業中分類別**
**各月売上高平均の前年比の推移**

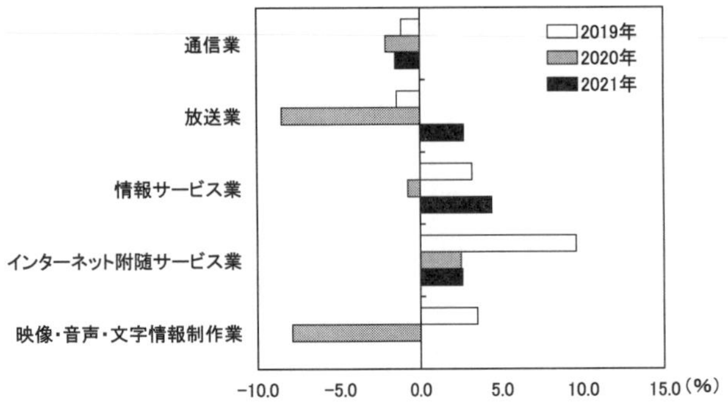


**図Ⅱ－１－１－３**
**産業中分類別**
**各月売上高平均の**
**構成比（2021 年）**

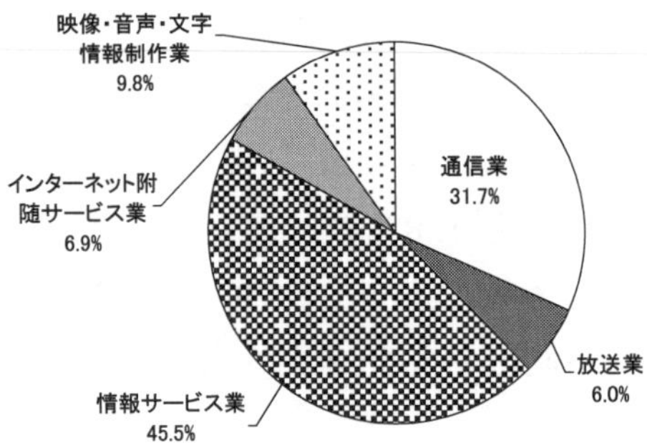


## ②平均事業従事者数

2021 年各月において把握した「情報通信業」の事業従事者数の平均は 199 万人となり、前年と比べると 0.9%の増加となった。

増加に寄与した主な分類は「情報サービス業」（寄与度 0.67）などとなっている。

（図Ⅱ－１－１－４、表Ⅱ－１－１－２）

**図Ⅱ－１－１－４　情報通信業の平均事業従事者数の前年比及び寄与度の推移**

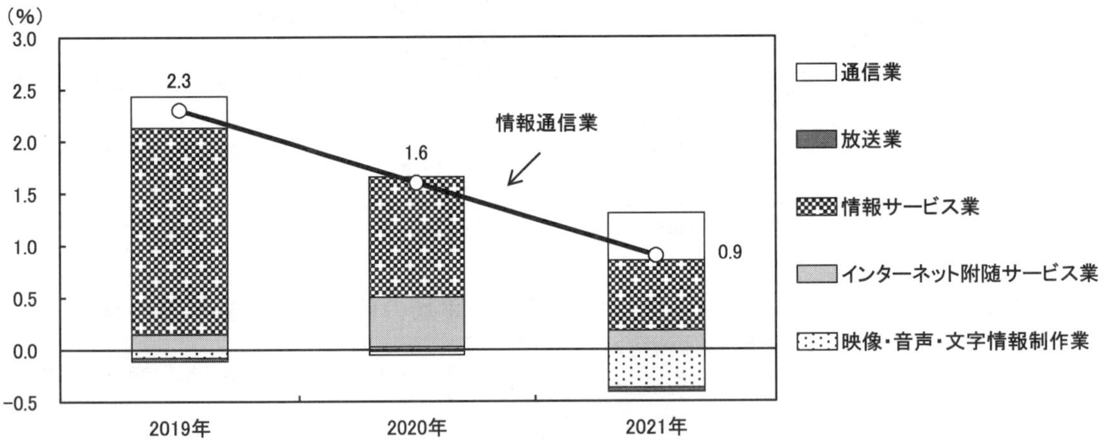


**表Ⅱ－１－１－２　産業中分類別平均事業従事者数の前年比及び寄与度の推移**

| | 実数（人） | | | 前年比（%） | | | 寄与度 | | |
|---|---|---|---|---|---|---|---|---|---|
| | 2019年 | 2020年 | 2021年 | 2019年 | 2020年 | 2021年 | 2019年 | 2020年 | 2021年 |
| 情報通信業 | 1,938,100 | 1,968,600 | 1,986,300 | 2.3 | 1.6 | 0.9 | | | |
| 通信業 | 193,500 | 192,800 | 201,800 | 3.1 | −0.4 | 4.7 | 0.31 | −0.04 | 0.46 |
| 放送業 | 82,500 | 82,200 | 81,400 | −0.7 | −0.4 | −1.0 | −0.03 | −0.02 | −0.04 |
| 情報サービス業 | 1,281,300 | 1,303,700 | 1,316,900 | 3.0 | 1.7 | 1.0 | 1.98 | 1.16 | 0.67 |
| インターネット附随サービス業 | 124,900 | 134,100 | 137,600 | 2.3 | 7.3 | 2.6 | 0.15 | 0.47 | 0.18 |
| 映像・音声・文字情報制作業 | 255,300 | 255,800 | 248,600 | −0.6 | 0.2 | −2.8 | −0.08 | 0.03 | −0.37 |

産業中分類別に前年と比べると、「通信業」が 4.7%の増加、「インターネット附随サービス業」が 2.6%の増加、「情報サービス業」が 1.0%の増加となったが、「映像・音声・文字情報制作業」が 2.8%の減少、「放送業」が 1.0%の減少となった。

（表Ⅱ－１－１－２、図Ⅱ－１－１－５）

産業中分類別の構成比をみると、「情報サービス業」が 66.3%（132 万人）と最も高く、「情報通信業」の６割を超えている。

（表Ⅱ－１－１－２、図Ⅱ－１－１－６）

**図Ⅱ－１－１－５**
**産業中分類別**
**平均事業従事者数の前年比の推移**

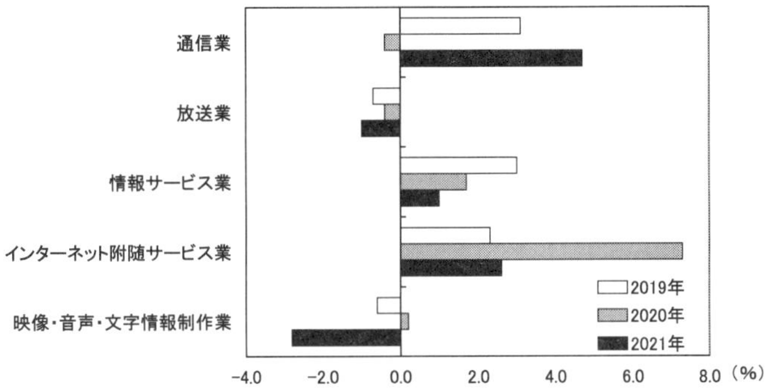


**図Ⅱ－１－１－６**
**産業中分類別**
**平均事業従事者数の構成比**
**（2021 年）**

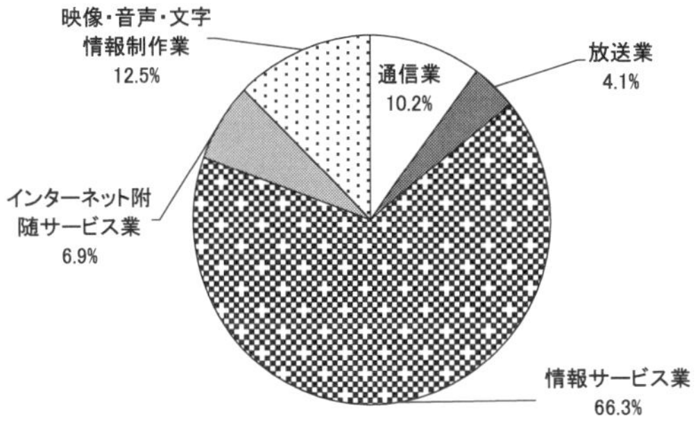


## （２）月別の状況

### ①売上高

2021 年各月の「情報通信業」の売上高の前年同月比の推移をみると、１月に減少、２月に同水準となったものの、それ以外の月では増加となり、５月の増加幅が最も大きくなった。５月に増加となったのは、「情報サービス業」の増加の寄与が大きかったことなどによる。

（図Ⅱ－１－２－１、表Ⅱ－１－２－１）

**図Ⅱ－１－２－１　情報通信業の各月売上高の前年同月比及び寄与度の推移**

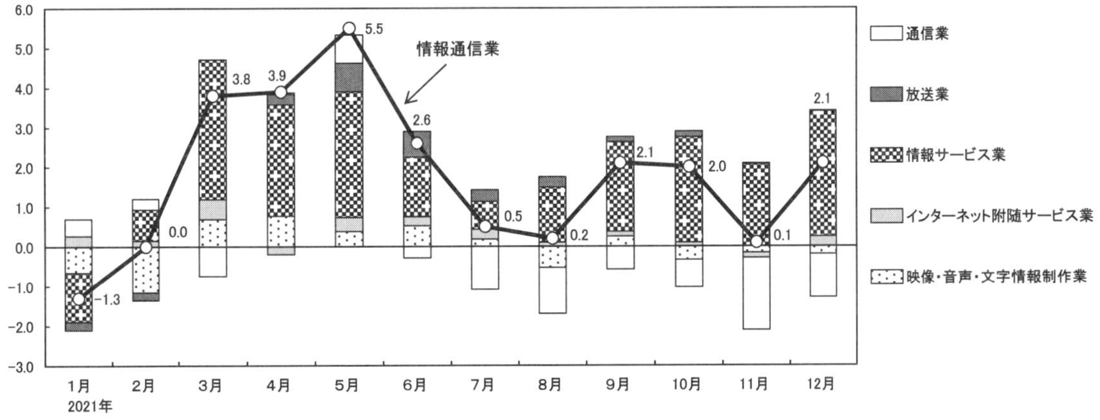

### 表Ⅱ－１－２－１　産業中分類別各月売上高の前年同月比及び寄与度

| | | 2021年 | | | | | | | | | | | |
|---|---|---|---|---|---|---|---|---|---|---|---|---|---|
| | | 1月 | 2月 | 3月 | 4月 | 5月 | 6月 | 7月 | 8月 | 9月 | 10月 | 11月 | 12月 |
| 前年同月比（%） | 情報通信業 | −1.3 | 0.0 | 3.8 | 3.9 | 5.5 | 2.6 | 0.5 | 0.2 | 2.1 | 2.0 | 0.1 | 2.1 |
| | 通信業 | 1.2 | 0.8 | −2.8 | 0.1 | 2.0 | −0.9 | −3.1 | −3.4 | −2.0 | −2.0 | −5.2 | −3.6 |
| | 放送業 | −3.2 | −3.2 | 0.0 | 4.0 | 11.4 | 12.4 | 4.9 | 4.3 | 2.5 | 2.3 | 0.4 | 0.1 |
| | 情報サービス業 | −3.0 | 1.9 | 6.5 | 7.1 | 7.8 | 3.1 | 1.7 | 3.3 | 4.5 | 6.6 | 5.1 | 6.7 |
| | インターネット附随サービス業 | 3.9 | 2.2 | 9.2 | −2.5 | 4.8 | 3.4 | 3.3 | 1.4 | 2.0 | 1.4 | −1.7 | 3.7 |
| | 映像・音声・文字情報制作業 | −6.1 | −10.3 | 7.4 | 7.2 | 3.9 | 6.0 | 1.9 | −5.1 | 2.8 | −3.1 | −1.5 | −2.0 |
| 寄与度 | 通信業 | 0.42 | 0.27 | −0.74 | 0.04 | 0.71 | −0.28 | −1.08 | −1.16 | −0.58 | −0.70 | −1.82 | −1.09 |
| | 放送業 | −0.21 | −0.20 | 0.00 | 0.26 | 0.71 | 0.65 | 0.30 | 0.26 | 0.13 | 0.15 | 0.03 | 0.01 |
| | 情報サービス業 | −1.24 | 0.78 | 3.51 | 2.81 | 3.18 | 1.50 | 0.70 | 1.38 | 2.26 | 2.65 | 2.06 | 3.16 |
| | インターネット附随サービス業 | 0.27 | 0.15 | 0.50 | −0.20 | 0.35 | 0.22 | 0.24 | 0.10 | 0.12 | 0.10 | −0.13 | 0.25 |
| | 映像・音声・文字情報制作業 | −0.65 | −1.15 | 0.69 | 0.77 | 0.38 | 0.52 | 0.19 | −0.53 | 0.25 | −0.34 | −0.16 | −0.20 |

## ②事業従事者数

2021年各月において把握した「情報通信業」の事業従事者数の前年同月比の推移をみると、全ての月で増加となった。また、「通信業」、「情報サービス業」及び「インターネット附随サービス業」が全ての月で増加に寄与した。

（図Ⅱ－１－２－２、表Ⅱ－１－２－２）

### 図Ⅱ－１－２－２　情報通信業の各月事業従事者数の前年同月比及び寄与度の推移

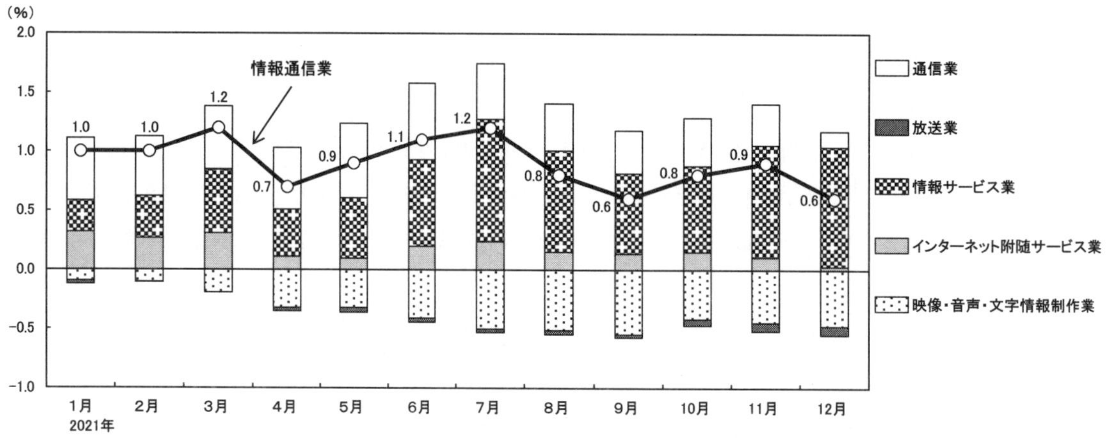


### 表Ⅱ－１－２－２　産業中分類別各月事業従事者数の前年同月比及び寄与度

| | | 2021年 | | | | | | | | | | | |
|---|---|---|---|---|---|---|---|---|---|---|---|---|---|
| | | 1月 | 2月 | 3月 | 4月 | 5月 | 6月 | 7月 | 8月 | 9月 | 10月 | 11月 | 12月 |
| 前年同月比（%） | 情報通信業 | 1.0 | 1.0 | 1.2 | 0.7 | 0.9 | 1.1 | 1.2 | 0.8 | 0.6 | 0.8 | 0.9 | 0.6 |
| | 通信業 | 5.5 | 5.2 | 5.5 | 5.3 | 6.5 | 6.7 | 4.8 | 4.1 | 3.7 | 4.2 | 3.5 | 1.4 |
| | 放送業 | −0.7 | −0.1 | 0.1 | −0.7 | −1.0 | −0.9 | −0.7 | −0.9 | −0.6 | −1.3 | −1.7 | −1.8 |
| | 情報サービス業 | 0.4 | 0.5 | 0.8 | 0.6 | 0.8 | 1.1 | 1.6 | 1.3 | 1.0 | 1.1 | 1.4 | 1.5 |
| | インターネット附随サービス業 | 4.7 | 3.9 | 4.6 | 1.6 | 1.4 | 2.9 | 3.5 | 2.2 | 2.0 | 2.2 | 1.5 | 0.4 |
| | 映像・音声・文字情報制作業 | −0.7 | −0.8 | −1.5 | −2.5 | −2.5 | −3.2 | −3.8 | −3.9 | −4.2 | −3.2 | −3.5 | −3.7 |
| 寄与度 | 通信業 | 0.53 | 0.51 | 0.53 | 0.52 | 0.63 | 0.65 | 0.47 | 0.40 | 0.36 | 0.41 | 0.35 | 0.14 |
| | 放送業 | −0.03 | −0.01 | 0.01 | −0.03 | −0.04 | −0.04 | −0.03 | −0.04 | −0.03 | −0.06 | −0.07 | −0.08 |
| | 情報サービス業 | 0.27 | 0.35 | 0.53 | 0.40 | 0.51 | 0.73 | 1.04 | 0.86 | 0.68 | 0.73 | 0.95 | 1.01 |
| | インターネット附随サービス業 | 0.32 | 0.27 | 0.31 | 0.11 | 0.10 | 0.20 | 0.24 | 0.15 | 0.14 | 0.15 | 0.11 | 0.03 |
| | 映像・音声・文字情報制作業 | −0.09 | −0.10 | −0.20 | −0.32 | −0.32 | −0.41 | −0.50 | −0.51 | −0.55 | −0.42 | −0.45 | −0.48 |

## ２　Ｈ　運輸業，郵便業

| 各月売上高の平均 | 4兆6830億円 | （前年比 | 3.4%増） |
|---|---|---|---|
| 平均事業従事者数 | 335万人 | （　同 | 0.7%減） |

### （１）各月平均の状況

#### ①各月売上高の平均

2021年各月の「運輸業，郵便業」の売上高の平均は4兆6830億円となり、前年と比べると3.4%の増加となった。

増加に寄与した主な分類は「道路貨物運送業」(寄与度1.52)、「運輸に附帯するサービス業」(同1.20) などとなっている。

（図Ⅱ－２－１－１、表Ⅱ－２－１－１）

**図Ⅱ－２－１－１　運輸業，郵便業の各月売上高平均の前年比及び寄与度の推移**

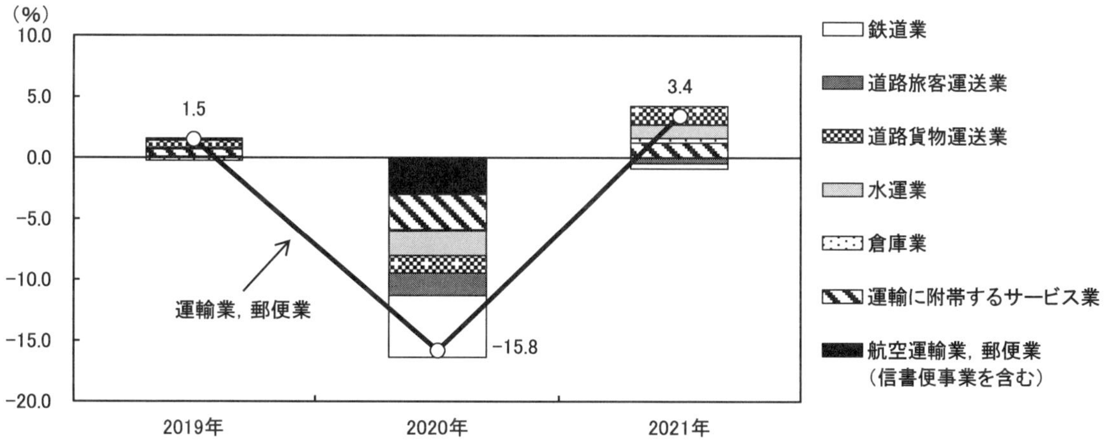


**表Ⅱ－２－１－１　産業中分類別各月売上高平均の前年比及び寄与度の推移**

| | 実数（百万円） | | | 前年比（%） | | | 寄与度 | | |
|---|---|---|---|---|---|---|---|---|---|
| | 2019年 | 2020年 | 2021年 | 2019年 | 2020年 | 2021年 | 2019年 | 2020年 | 2021年 |
| 運輸業，郵便業 | 5,382,396 | 4,529,930 | 4,682,977 | 1.5 | −15.8 | 3.4 | | | |
| 鉄道業 | 692,654 | 419,533 | 399,159 | 0.7 | −39.4 | −4.9 | 0.10 | −5.07 | −0.45 |
| 道路旅客運送業 | 310,869 | 212,710 | 191,699 | 1.4 | −31.6 | −9.9 | 0.08 | −1.82 | −0.46 |
| 道路貨物運送業 | 2,011,415 | 1,934,427 | 2,003,402 | 1.7 | −3.8 | 3.6 | 0.64 | −1.43 | 1.52 |
| 水運業 | 511,898 | 402,295 | 452,465 | 0.7 | −21.4 | 12.5 | 0.07 | −2.04 | 1.11 |
| 倉庫業 | 354,991 | 349,131 | 365,473 | −3.5 | −1.7 | 4.7 | −0.24 | −0.11 | 0.36 |
| 運輸に附帯するサービス業 | 1,221,104 | 1,066,351 | 1,120,527 | 2.7 | −12.7 | 5.1 | 0.60 | −2.88 | 1.20 |
| 航空運輸業，郵便業(信書便事業を含む) | 311,365 | 148,863 | 150,253 | 1.6 | −52.2 | 0.9 | 0.09 | −3.02 | 0.03 |

産業中分類別に前年と比べると、「水運業」が12.5%の増加、「運輸に附帯するサービス業」が5.1%の増加、「倉庫業」が4.7%の増加、「道路貨物運送業」が3.6%の増加、「航空運輸業，郵便業（信書便事業を含む)」が 0.9%の増加となったが、「道路旅客運送業」が9.9%の減少、「鉄道業」が4.9%の減少となった。

（表Ⅱ－２－１－１、図Ⅱ－２－１－２）

産業中分類別の構成比をみると、「道路貨物運送業」が42.8%（２兆34億円）と最も高く、次いで「運輸に附帯するサービス業」が23.9%（１兆1205億円）となり、この２分類で「運輸業，郵便業」の６割を超えている。

（表Ⅱ－２－１－１、図Ⅱ－２－１－３）

図Ⅱ－２－１－２
産業中分類別
各月売上高平均の前年比の推移

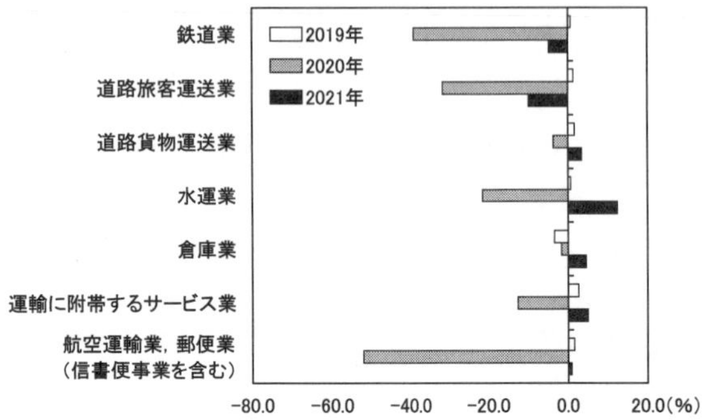


図Ⅱ－２－１－３
産業中分類別
各月売上高平均の構成比
（2021 年）

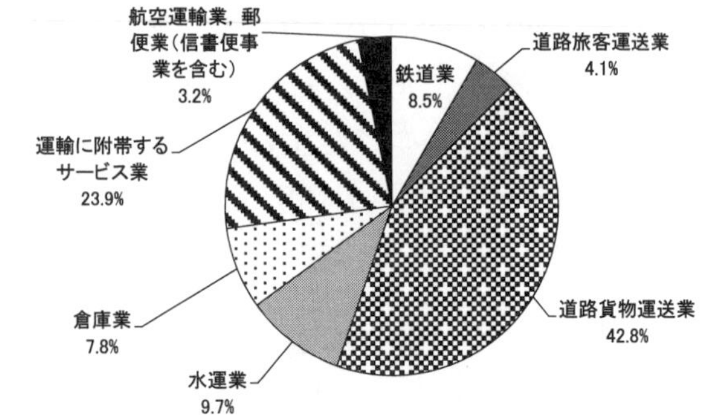


## ②平均事業従事者数

2021 年各月において把握した「運輸業，郵便業」の事業従事者数の平均は 335 万人となり、前年と比べると 0.7%の減少となった。

減少に寄与した主な分類は「道路旅客運送業」（寄与度-1.16）などとなっている。

（図Ⅱ－２－１－４、表Ⅱ－２－１－２）

図Ⅱ－２－１－４　運輸業，郵便業の平均事業従事者数の前年比及び寄与度の推移

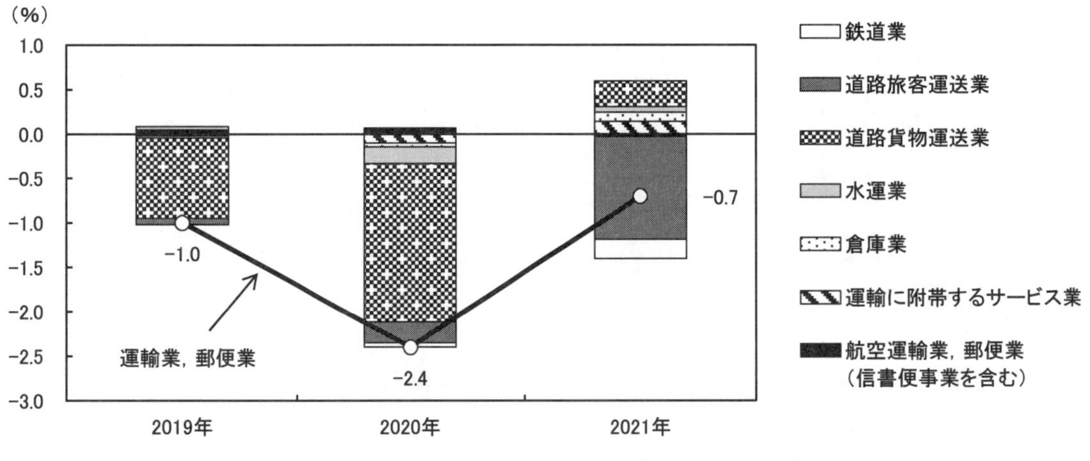


表Ⅱ－２－１－２　産業中分類別平均事業従事者数の前年比及び寄与度の推移

| | 実数(人) | | | 前年比(%) | | | 寄与度 | | |
|---|---|---|---|---|---|---|---|---|---|
| | 2019年 | 2020年 | 2021年 | 2019年 | 2020年 | 2021年 | 2019年 | 2020年 | 2021年 |
| 運輸業，郵便業 | 3,455,000 | 3,372,700 | 3,349,100 | -1.0 | -2.4 | -0.7 | | | |
| 鉄道業 | 266,700 | 265,100 | 257,800 | 0.0 | -0.6 | -2.8 | 0.00 | -0.05 | -0.22 |
| 道路旅客運送業 | 518,900 | 510,800 | 471,800 | -0.5 | -1.6 | -7.6 | -0.07 | -0.23 | -1.16 |
| 道路貨物運送業 | 1,889,100 | 1,827,400 | 1,837,100 | -1.6 | -3.3 | 0.5 | -0.91 | -1.79 | 0.29 |
| 水運業 | 59,000 | 52,500 | 54,600 | 2.1 | -10.9 | 4.0 | 0.04 | -0.19 | 0.06 |
| 倉庫業 | 209,100 | 207,600 | 211,100 | -0.4 | -0.7 | 1.7 | -0.02 | -0.04 | 0.10 |
| 運輸に附帯するサービス業 | 455,900 | 452,500 | 457,300 | -0.2 | -0.7 | 1.1 | -0.02 | -0.10 | 0.14 |
| 航空運輸業，郵便業(信書便事業を含む) | 58,000 | 60,400 | 59,400 | 3.1 | 4.1 | -1.7 | 0.05 | 0.07 | -0.03 |

産業中分類別に前年と比べると、「道路旅客運送業」が 7.6％の減少、「鉄道業」が 2.8％の減少、「航空運輸業，郵便業（信書便事業を含む）」が 1.7％の減少となったが、「水運業」が 4.0％の増加、「倉庫業」が 1.7％の増加、「運輸に附帯するサービス業」が 1.1％の増加、「道路貨物運送業」が 0.5％の増加となった。

（表Ⅱ－２－１－２、図Ⅱ－２－１－５）

産業中分類別の構成比をみると、「道路貨物運送業」が 54.9％（184 万人）と最も高く、「運輸業，郵便業」の５割を超えている。

（表Ⅱ－２－１－２、図Ⅱ－２－１－６）

**図Ⅱ－２－１－５**
**産業中分類別**
**平均事業従事者数の前年比の推移**

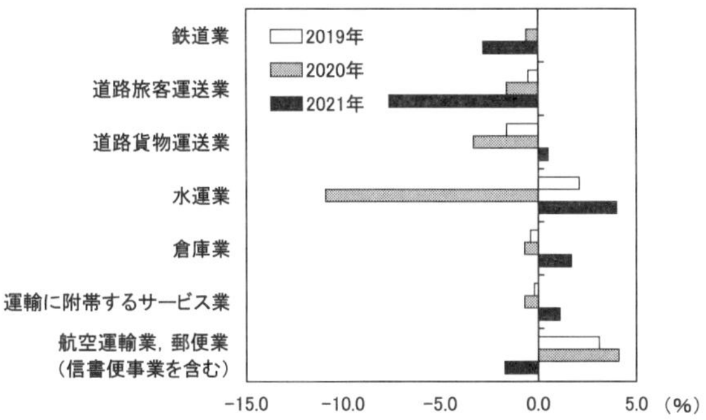


**図Ⅱ－２－１－６**
**産業中分類別**
**平均事業従事者数の構成比**
**（2021 年）**

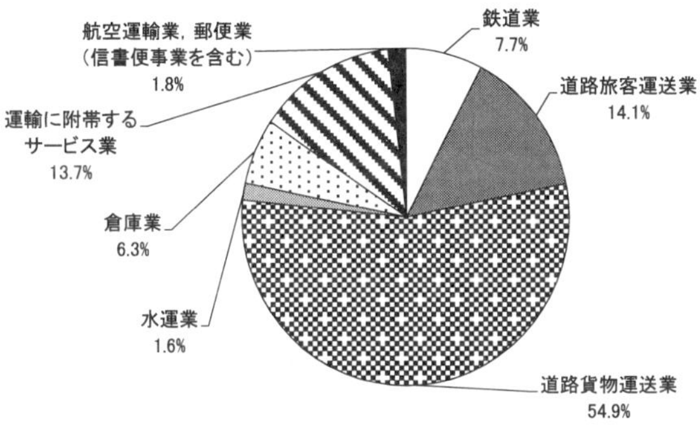


## （２）月別の状況

### ①売上高

2021 年各月の「運輸業，郵便業」の売上高の前年同月比の推移をみると、１月から３月まで減少となったものの、４月以降の月では増加となり、４月、５月の増加幅が最も大きくなった。これは、主に「運輸に附帯するサービス業」が増加に寄与したことなどによる。

（図Ⅱ－２－２－１、表Ⅱ－２－２－１）

**図Ⅱ－２－２－１　運輸業，郵便業の各月売上高の前年同月比及び寄与度の推移**

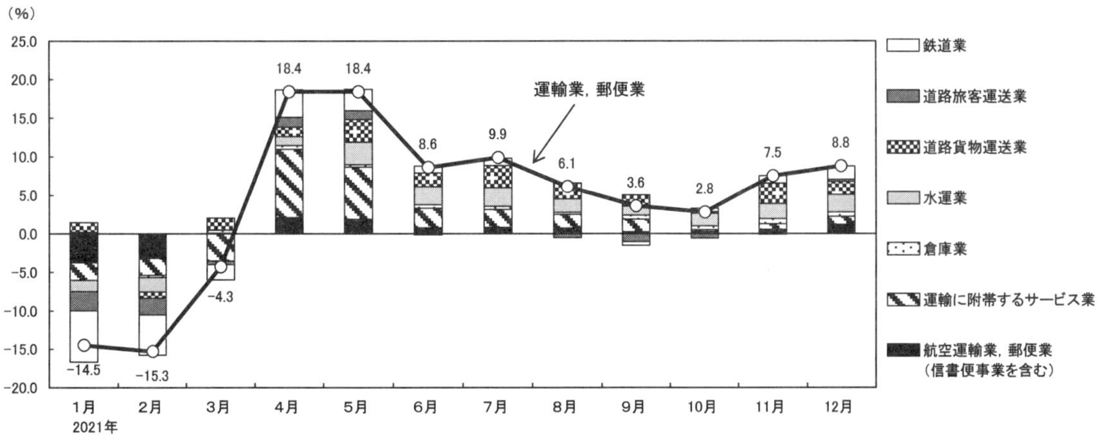

### 表Ⅱ－２－２－１　産業中分類別各月売上高の前年同月比及び寄与度

| | | 2021年 1月 | 2月 | 3月 | 4月 | 5月 | 6月 | 7月 | 8月 | 9月 | 10月 | 11月 | 12月 |
|---|---|---|---|---|---|---|---|---|---|---|---|---|---|
| 前年同月比（%） | 運輸業，郵便業 | -14.5 | -15.3 | -4.3 | 18.4 | 18.4 | 8.6 | 9.9 | 6.1 | 3.6 | 2.8 | 7.5 | 8.8 |
| | 鉄道業 | -48.8 | -44.0 | -20.1 | 54.3 | 42.1 | 11.5 | 11.6 | -0.2 | -5.1 | 4.6 | 10.8 | 20.0 |
| | 道路旅客運送業 | -42.0 | -40.0 | -11.0 | 38.0 | 32.6 | -3.4 | 0.2 | -10.5 | -21.2 | -11.4 | -2.1 | 6.4 |
| | 道路貨物運送業 | 3.4 | -2.0 | 3.9 | 2.5 | 6.3 | 3.9 | 6.4 | 4.8 | 3.4 | 0.5 | 6.3 | 3.8 |
| | 水運業 | -16.0 | -20.2 | 0.7 | 12.4 | 32.9 | 28.5 | 28.8 | 18.4 | 13.3 | 18.1 | 21.2 | 26.6 |
| | 倉庫業 | 2.9 | -4.5 | 5.6 | 5.6 | 3.6 | 5.5 | 4.7 | 3.1 | 6.4 | 6.4 | 8.8 | 7.6 |
| | 運輸に附帯するサービス業 | -10.2 | -9.7 | -12.1 | 42.0 | 28.5 | 10.9 | 10.3 | 7.6 | 7.1 | 1.0 | 3.1 | 4.5 |
| | 航空運輸業，郵便業（信書便事業を含む） | -62.2 | -59.0 | 2.7 | 130.9 | 131.8 | 34.1 | 28.0 | 24.4 | 7.8 | 8.0 | 15.1 | 36.3 |
| 寄与度 | 鉄道業 | -6.70 | -5.28 | -1.98 | 3.55 | 2.77 | 0.89 | 0.96 | -0.01 | -0.48 | 0.43 | 0.97 | 1.72 |
| | 道路旅客運送業 | -2.50 | -2.18 | -0.48 | 1.30 | 1.12 | -0.15 | 0.01 | -0.49 | -1.02 | -0.57 | -0.10 | 0.29 |
| | 道路貨物運送業 | 1.24 | -0.80 | 1.52 | 1.22 | 2.95 | 1.80 | 2.85 | 2.08 | 1.45 | 0.21 | 2.67 | 1.70 |
| | 水運業 | -1.47 | -1.86 | 0.05 | 1.14 | 2.89 | 2.36 | 2.46 | 1.75 | 1.19 | 1.65 | 1.95 | 2.27 |
| | 倉庫業 | 0.19 | -0.32 | 0.37 | 0.49 | 0.32 | 0.46 | 0.38 | 0.26 | 0.50 | 0.48 | 0.67 | 0.58 |
| | 運輸に附帯するサービス業 | -2.27 | -2.16 | -3.50 | 8.89 | 6.80 | 2.54 | 2.36 | 1.77 | 1.64 | 0.24 | 0.73 | 1.06 |
| | 航空運輸業，郵便業（信書便事業を含む） | -3.74 | -3.20 | 0.08 | 2.09 | 1.86 | 0.76 | 0.79 | 0.73 | 0.23 | 0.27 | 0.54 | 1.16 |

## ②事業従事者数

2021年各月において把握した「運輸業，郵便業」の事業従事者数の前年同月比の推移をみると、減少幅では３月、増加幅では５月が最も大きくなった。３月の減少、５月の増加共に「道路貨物運送業」が最も寄与している。また、「鉄道業」及び「道路旅客運送業」が全ての月で減少に寄与した。

（図Ⅱ－２－２－２、表Ⅱ－２－２－２）

### 図Ⅱ－２－２－２　運輸業，郵便業の各月事業従事者数の前年同月比及び寄与度の推移

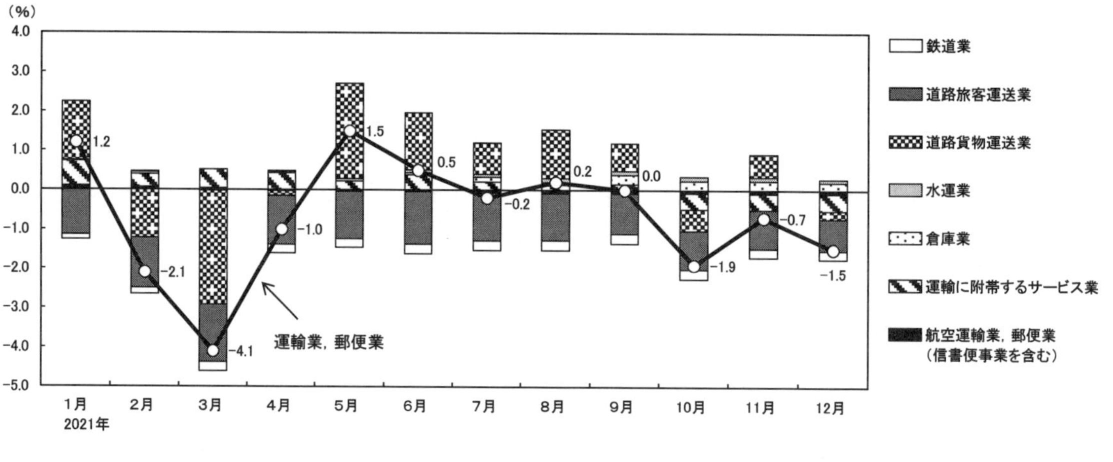


### 表Ⅱ－２－２－２　産業中分類別各月事業従事者数の前年同月比及び寄与度

| | | 2021年 1月 | 2月 | 3月 | 4月 | 5月 | 6月 | 7月 | 8月 | 9月 | 10月 | 11月 | 12月 |
|---|---|---|---|---|---|---|---|---|---|---|---|---|---|
| 前年同月比（%） | 運輸業，郵便業 | 1.2 | -2.1 | -4.1 | -1.0 | 1.5 | 0.5 | -0.2 | 0.2 | 0.0 | -1.9 | -0.7 | -1.5 |
| | 鉄道業 | -1.4 | -1.9 | -3.0 | -2.8 | -2.7 | -3.0 | -3.1 | -3.2 | -3.2 | -3.4 | -3.0 | -2.8 |
| | 道路旅客運送業 | -7.3 | -8.4 | -9.7 | -8.0 | -7.6 | -8.6 | -8.0 | -7.8 | -6.8 | -6.7 | -6.7 | -5.6 |
| | 道路貨物運送業 | 2.8 | -2.2 | -5.2 | -0.2 | 4.6 | 2.7 | 1.5 | 2.3 | 1.3 | -1.0 | 1.1 | -0.4 |
| | 水運業 | 0.8 | 1.6 | -0.4 | 1.3 | 3.9 | 4.5 | 4.5 | 6.5 | 6.1 | 7.1 | 6.5 | 5.3 |
| | 倉庫業 | 0.1 | 0.8 | -0.2 | 0.6 | -0.2 | 0.9 | 1.9 | 1.1 | 3.8 | 3.9 | 3.9 | 3.3 |
| | 運輸に附帯するサービス業 | 4.7 | 2.5 | 3.7 | 3.2 | 1.6 | 2.9 | 1.6 | 1.0 | 1.1 | -2.9 | -3.0 | -3.1 |
| | 航空運輸業，郵便業（信書便事業を含む） | 5.7 | 3.9 | 2.5 | -1.5 | -1.7 | -2.1 | -3.8 | -4.4 | -4.4 | -4.1 | -4.7 | -4.7 |
| 寄与度 | 鉄道業 | -0.12 | -0.15 | -0.23 | -0.22 | -0.22 | -0.24 | -0.24 | -0.25 | -0.25 | -0.26 | -0.23 | -0.22 |
| | 道路旅客運送業 | -1.14 | -1.28 | -1.46 | -1.24 | -1.20 | -1.33 | -1.22 | -1.19 | -1.03 | -0.98 | -0.98 | -0.80 |
| | 道路貨物運送業 | 1.50 | -1.22 | -2.90 | -0.12 | 2.43 | 1.46 | 0.80 | 1.25 | 0.71 | -0.55 | 0.58 | -0.21 |
| | 水運業 | 0.01 | 0.02 | -0.01 | 0.02 | 0.06 | 0.07 | 0.07 | 0.10 | 0.10 | 0.11 | 0.10 | 0.08 |
| | 倉庫業 | 0.01 | 0.05 | -0.01 | 0.04 | -0.01 | 0.05 | 0.12 | 0.07 | 0.24 | 0.24 | 0.24 | 0.20 |
| | 運輸に附帯するサービス業 | 0.63 | 0.33 | 0.47 | 0.42 | 0.22 | 0.38 | 0.21 | 0.13 | 0.15 | -0.40 | -0.41 | -0.43 |
| | 航空運輸業，郵便業（信書便事業を含む） | 0.10 | 0.07 | 0.04 | -0.03 | -0.03 | -0.04 | -0.07 | -0.08 | -0.08 | -0.07 | -0.09 | -0.08 |

## ３　Ｋ　不動産業，物品賃貸業

| | | |
|---|---|---|
| 各月売上高の平均 | 4兆939億円 | （前年比　2.9%減） |
| 平均事業従事者数 | 159万人 | （　同　0.5%増） |

### （１）各月平均の状況

#### ①各月売上高の平均

2021年各月の「不動産業，物品賃貸業」の売上高の平均は４兆939億円となり、前年と比べると2.9%の減少となった。

減少に寄与した主な分類は「不動産取引業」（寄与度-1.22）などとなっている。

（図Ⅱ－３－１－１、表Ⅱ－３－１－１）

図Ⅱ－３－１－１　不動産業，物品賃貸業の
各月売上高平均の前年比及び寄与度の推移

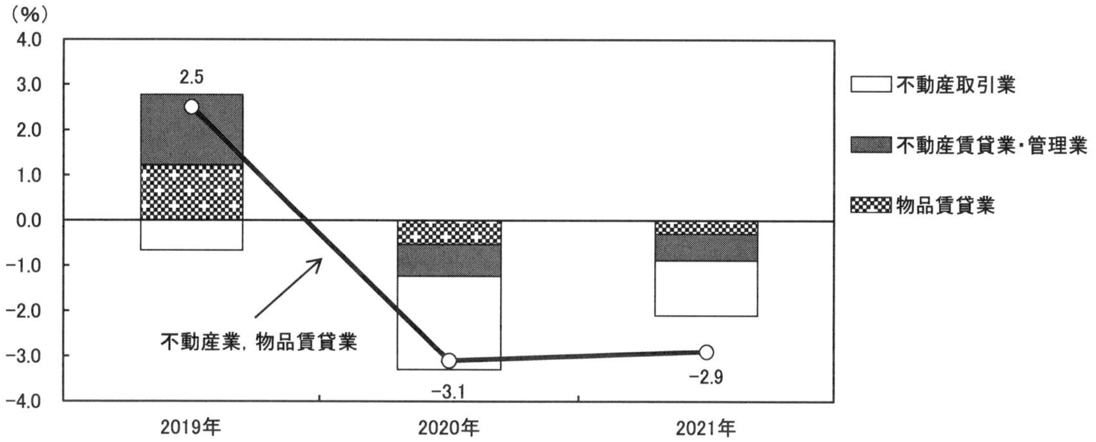


表Ⅱ－３－１－１　産業中分類別各月売上高平均の前年比及び寄与度の推移

| | 実数（百万円） | | | 前年比（%） | | | 寄与度 | | |
|---|---|---|---|---|---|---|---|---|---|
| | 2019年 | 2020年 | 2021年 | 2019年 | 2020年 | 2021年 | 2019年 | 2020年 | 2021年 |
| 不動産業，物品賃貸業 | 4,353,824 | 4,217,742 | 4,093,893 | 2.5 | −3.1 | −2.9 | | | |
| 不動産取引業 | 1,397,076 | 1,307,255 | 1,255,999 | −2.0 | −6.4 | −3.9 | −0.66 | −2.06 | −1.22 |
| 不動産賃貸業・管理業 | 1,837,394 | 1,806,678 | 1,781,983 | 3.7 | −1.7 | −1.4 | 1.55 | −0.71 | −0.59 |
| 物品賃貸業 | 1,091,656 | 1,068,576 | 1,055,912 | 5.0 | −2.1 | −1.2 | 1.22 | −0.53 | −0.30 |

産業中分類別に前年と比べると、「不動産取引業」が 3.9%の減少、「不動産賃貸業・管理業」が1.4%の減少、「物品賃貸業」が1.2%の減少となった。

（表Ⅱ－３－１－１、図Ⅱ－３－１－２）

産業中分類別の構成比をみると、「不動産賃貸業・管理業」が43.5%（１兆7820億円）と最も高く、次いで「不動産取引業」が30.7%（１兆2560億円)、「物品賃貸業」が25.8%（１兆559億円）となっている。

（表Ⅱ－３－１－１、図Ⅱ－３－１－３）

図Ⅱ－３－１－２
産業中分類別
各月売上高平均の前年比の推移

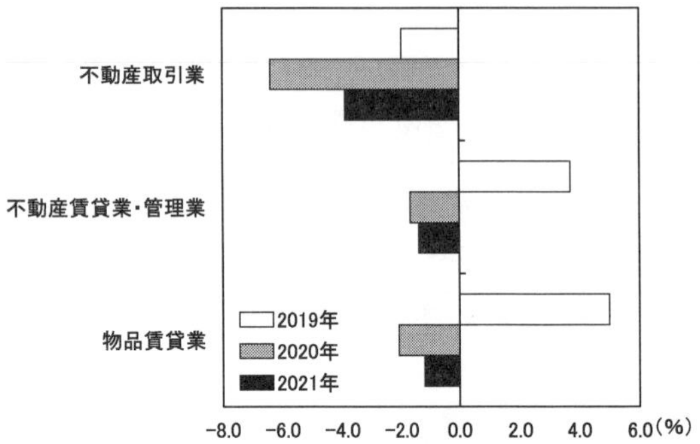


図Ⅱ－３－１－３
産業中分類別
各月売上高平均の
構成比（2021 年）

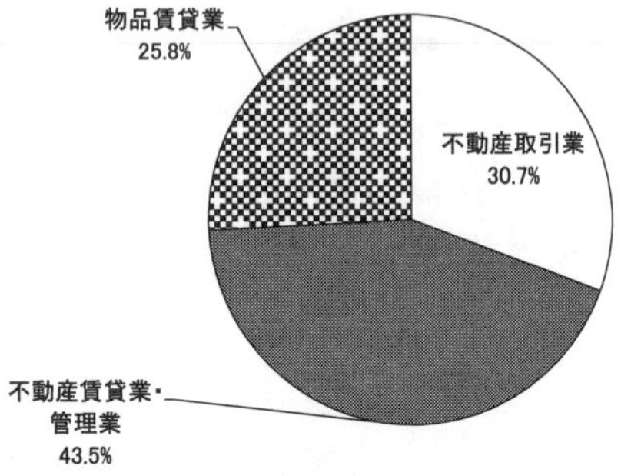


**②平均事業従事者数**

2021 年各月において把握した「不動産業，物品賃貸業」の事業従事者数の平均は 159 万人となり、前年と比べると 0.5%の増加となった。

増加に寄与した主な分類は、「不動産賃貸業・管理業」（寄与度 0.24）などとなっている。

（図Ⅱ－３－１－４、表Ⅱ－３－１－２）

図Ⅱ－３－１－４　不動産業，物品賃貸業の
平均事業従事者数の前年比及び寄与度の推移

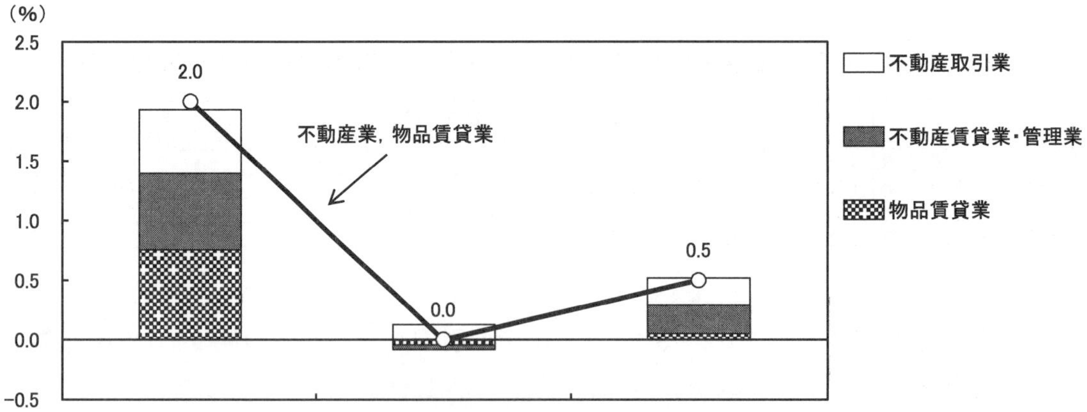


表Ⅱ－３－１－２　産業中分類別平均事業従事者数の前年比及び寄与度の推移

| | 実数(人) | | | 前年比(%) | | | 寄与度 | | |
|---|---|---|---|---|---|---|---|---|---|
| | 2019年 | 2020年 | 2021年 | 2019年 | 2020年 | 2021年 | 2019年 | 2020年 | 2021年 |
| 不動産業，物品賃貸業 | 1,578,200 | 1,578,800 | 1,586,500 | 2.0 | 0.0 | 0.5 | | | |
| 不動産取引業 | 328,400 | 330,400 | 334,000 | 2.6 | 0.6 | 1.1 | 0.54 | 0.13 | 0.23 |
| 不動産賃貸業・管理業 | 943,900 | 943,300 | 947,100 | 1.1 | -0.1 | 0.4 | 0.64 | -0.04 | 0.24 |
| 物品賃貸業 | 305,300 | 304,600 | 305,400 | 4.0 | -0.2 | 0.3 | 0.76 | -0.04 | 0.05 |

産業中分類別に前年と比べると、「不動産取引業」が 1.1%の増加、「不動産賃貸業・管理業」が 0.4%の増加、「物品賃貸業」が 0.3%の増加となった。

（表Ⅱ－３－１－２、図Ⅱ－３－１－５）

産業中分類別の構成比をみると、「不動産賃貸業・管理業」が 59.7%（95 万人）と最も高く、「不動産業，物品賃貸業」の６割近くを占めている。

（表Ⅱ－３－１－２、図Ⅱ－３－１－６）

図Ⅱ－３－１－５
産業中分類別
平均事業従事者数の前年比の推移

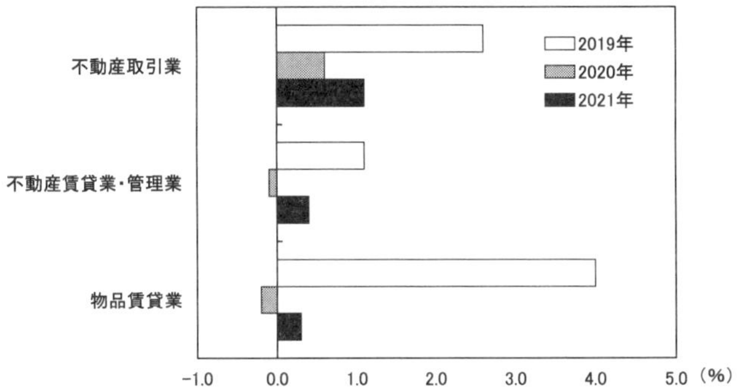


図Ⅱ－３－１－６
産業中分類別
平均事業従事者数の構成比
（2021 年）

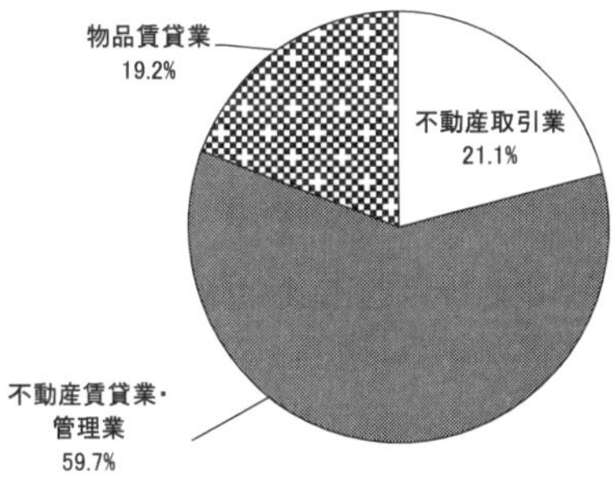


（２）月別の状況

①売上高

2021 年各月の「不動産業，物品賃貸業」の売上高の前年同月比の推移をみると、５月、11 月に増加となったものの、それ以外の月では減少となり、１月の減少幅が最も大きくなった。これは、主に「物品賃貸業」が減少に寄与したことなどによる。

（図Ⅱ－３－２－１、表Ⅱ－３－２－１）

図Ⅱ－３－２－１　不動産業，物品賃貸業の各月売上高の
前年同月比及び寄与度の推移

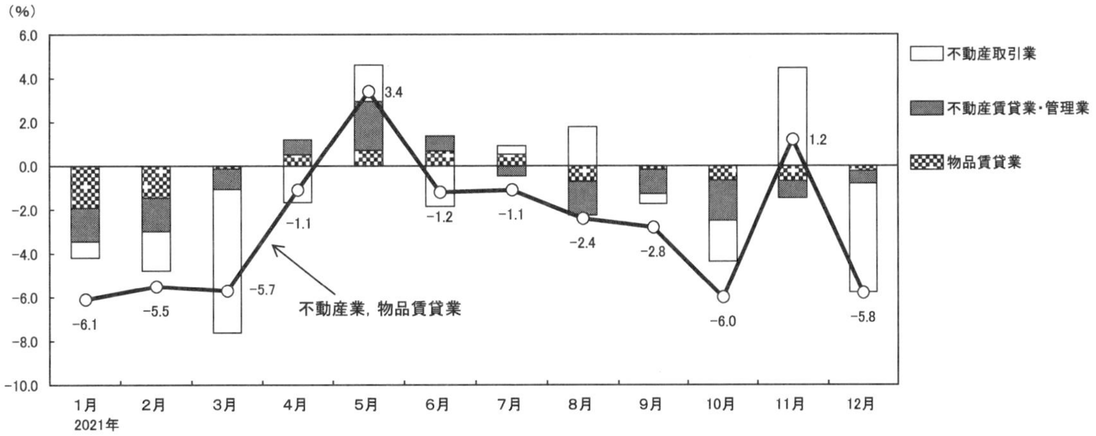

### 表Ⅱ－３－２－１　産業中分類別各月売上高の前年同月比及び寄与度

| | | 2021年 | | | | | | | | | | | |
|---|---|---|---|---|---|---|---|---|---|---|---|---|---|
| | | 1月 | 2月 | 3月 | 4月 | 5月 | 6月 | 7月 | 8月 | 9月 | 10月 | 11月 | 12月 |
| 前年同月比（％） | 不動産業，物品賃貸業 | -6.1 | -5.5 | -5.7 | -1.1 | 3.4 | -1.2 | -1.1 | -2.4 | -2.8 | -6.0 | 1.2 | -5.8 |
| | 不動産取引業 | -3.0 | -5.7 | -14.2 | -5.2 | 5.7 | -5.9 | 1.4 | 7.2 | -1.5 | -7.0 | 17.4 | -14.0 |
| | 不動産賃貸業・管理業 | -3.4 | -3.6 | -2.6 | 1.6 | 5.1 | 1.7 | -1.0 | -3.3 | -2.6 | -4.0 | -1.7 | -1.4 |
| | 物品賃貸業 | -6.9 | -5.8 | -0.7 | 2.1 | 2.8 | 2.7 | 2.0 | -2.7 | -0.6 | -2.5 | -2.5 | -0.9 |
| 寄与度 | 不動産取引業 | -0.74 | -1.80 | -6.56 | -1.66 | 1.65 | -1.85 | 0.38 | 1.80 | -0.46 | -1.87 | 4.47 | -4.97 |
| | 不動産賃貸業・管理業 | -1.54 | -1.53 | -0.92 | 0.69 | 2.25 | 0.70 | -0.46 | -1.54 | -1.11 | -1.82 | -0.78 | -0.57 |
| | 物品賃貸業 | -1.91 | -1.45 | -0.14 | 0.51 | 0.71 | 0.68 | 0.53 | -0.71 | -0.16 | -0.67 | -0.69 | -0.23 |

## ②事業従事者数

2021年各月において把握した「不動産業，物品賃貸業」の事業従事者数の前年同月比の推移をみると、１月から３月まで減少となったものの、４月以降の月では増加となり、11月及び12月の増加幅が最も大きくなった。

（図Ⅱ－３－２－２、表Ⅱ－３－２－２）

### 図Ⅱ－３－２－２　不動産業，物品賃貸業の各月事業従事者数の前年同月比及び寄与度の推移

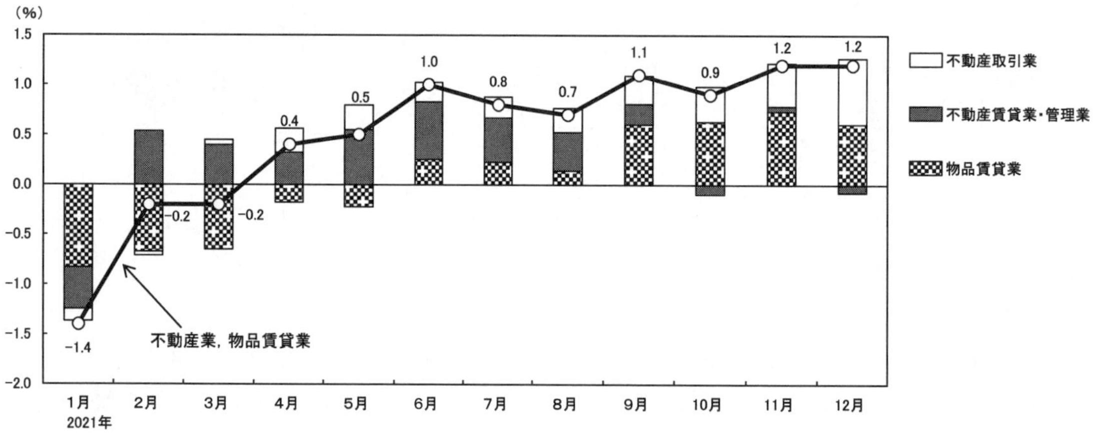


### 表Ⅱ－３－２－２　産業中分類別各月事業従事者数の前年同月比及び寄与度

| | | 2021年 | | | | | | | | | | | |
|---|---|---|---|---|---|---|---|---|---|---|---|---|---|
| | | 1月 | 2月 | 3月 | 4月 | 5月 | 6月 | 7月 | 8月 | 9月 | 10月 | 11月 | 12月 |
| 前年同月比（％） | 不動産業，物品賃貸業 | -1.4 | -0.2 | -0.2 | 0.4 | 0.5 | 1.0 | 0.8 | 0.7 | 1.1 | 0.9 | 1.2 | 1.2 |
| | 不動産取引業 | -0.6 | -0.2 | 0.2 | 1.1 | 1.2 | 0.9 | 1.0 | 1.1 | 1.4 | 1.7 | 2.1 | 3.2 |
| | 不動産賃貸業・管理業 | -0.7 | 0.9 | 0.7 | 0.5 | 0.9 | 1.0 | 0.7 | 0.6 | 0.3 | -0.2 | 0.1 | -0.1 |
| | 物品賃貸業 | -4.2 | -3.4 | -3.4 | -0.9 | -1.1 | 1.3 | 1.2 | 0.7 | 3.2 | 3.3 | 3.9 | 3.2 |
| 寄与度 | 不動産取引業 | -0.12 | -0.04 | 0.05 | 0.24 | 0.25 | 0.20 | 0.21 | 0.24 | 0.29 | 0.35 | 0.43 | 0.66 |
| | 不動産賃貸業・管理業 | -0.42 | 0.54 | 0.40 | 0.32 | 0.55 | 0.58 | 0.44 | 0.39 | 0.20 | -0.10 | 0.05 | -0.08 |
| | 物品賃貸業 | -0.83 | -0.67 | -0.65 | -0.18 | -0.22 | 0.25 | 0.23 | 0.14 | 0.60 | 0.63 | 0.73 | 0.61 |

## 4　L　学術研究，専門・技術サービス業

| | | | |
|---|---|---|---|
| 各月売上高の平均 | 2兆 8344 億円 | (前年比 | 1.3%増) |
| 平均事業従事者数 | 176 万人 | (　同 | 0.4%減) |

### （1）各月平均の状況

#### ①各月売上高の平均

2021 年各月の「学術研究，専門・技術サービス業」の売上高の平均は２兆 8344 億円となり、前年と比べると 1.3%の増加となった。

増加に寄与した分類は「広告業」（寄与度 2.03）となっている。

（図Ⅱ－４－１－１、表Ⅱ－４－１－１）

**図Ⅱ－４－１－１　学術研究，専門・技術サービス業の各月売上高平均の前年比及び寄与度の推移**

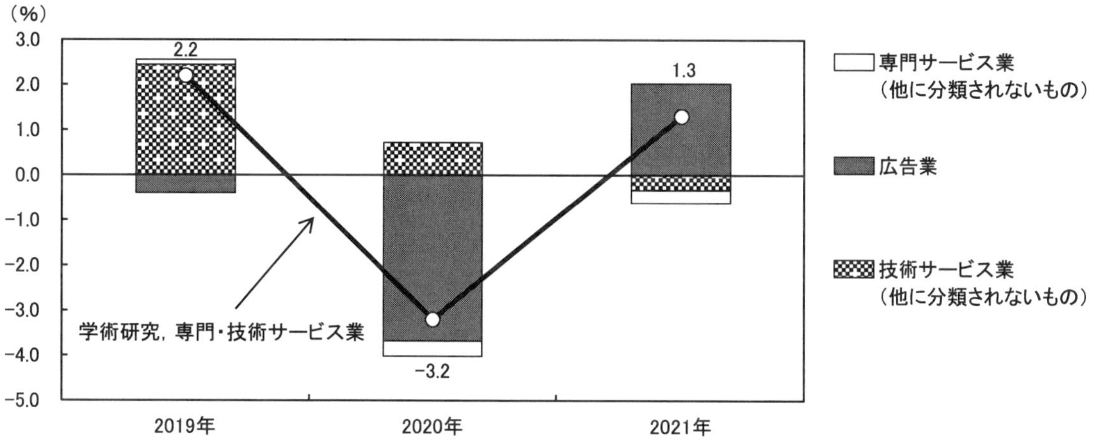


**表Ⅱ－４－１－１　産業中分類別各月売上高平均の前年比及び寄与度の推移**

| | 実数（百万円） | | | 前年比（%） | | | 寄与度 | | |
|---|---|---|---|---|---|---|---|---|---|
| | 2019年 | 2020年 | 2021年 | 2019年 | 2020年 | 2021年 | 2019年 | 2020年 | 2021年 |
| 学術研究，専門・技術サービス業 | 2,890,659 | 2,797,143 | 2,834,406 | 2.2 | −3.2 | 1.3 | | | |
| 専門サービス業（他に分類されないもの） | 818,762 | 808,878 | 800,897 | 0.4 | −1.2 | −1.0 | 0.11 | −0.34 | −0.29 |
| 広告業 | 843,484 | 737,249 | 793,893 | −1.3 | −12.6 | 7.7 | −0.39 | −3.68 | 2.03 |
| 技術サービス業（他に分類されないもの） | 1,228,168 | 1,248,993 | 1,239,616 | 6.0 | 1.7 | −0.8 | 2.45 | 0.72 | −0.34 |

産業中分類別に前年と比べると、「広告業」が 7.7%の増加となったが、「専門サービス業（他に分類されないもの）」が 1.0%の減少、「技術サービス業（他に分類されないもの）」が 0.8%の減少となった。

（表Ⅱ－４－１－１、図Ⅱ－４－１－２）

産業中分類別の構成比をみると、「技術サービス業（他に分類されないもの）」が 43.7%（１兆 2396 億円）と最も高く、次いで「専門サービス業（他に分類されないもの）」が 28.3%（8009 億円）、「広告業」が 28.0%（7939 億円）となっている。

（表Ⅱ－４－１－１、図Ⅱ－４－１－３）

**図Ⅱ－４－１－２**
**産業中分類別**
**各月売上高平均の前年比の推移**

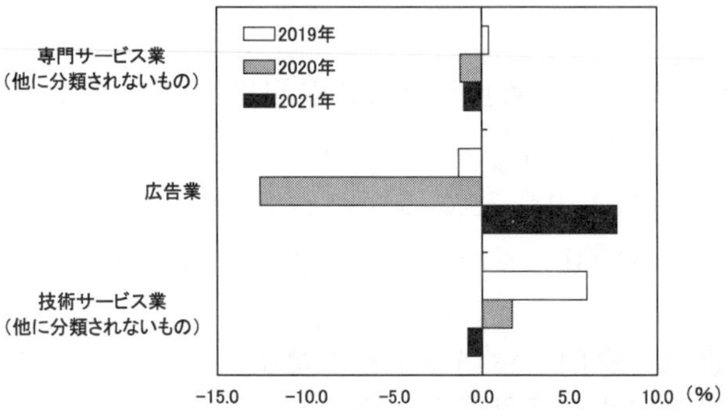


**図Ⅱ－４－１－３**
**産業中分類別**
**各月売上高平均の**
**構成比（2021 年）**

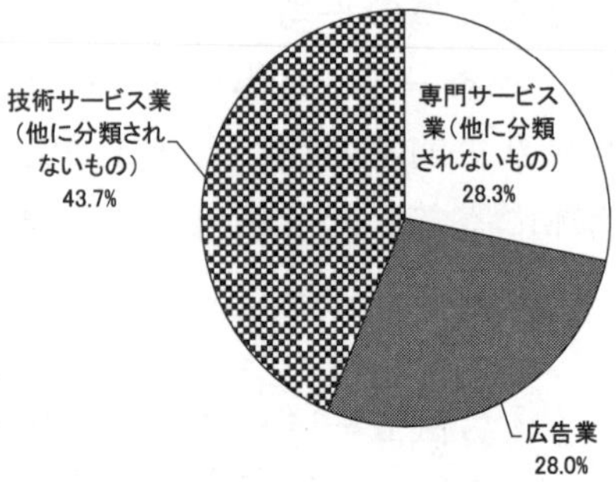


**②平均事業従事者数**

2021 年各月において把握した「学術研究，専門・技術サービス業」の事業従事者数の平均は 176 万人となり、前年と比べると 0.4%の減少となった。

減少に寄与した主な分類は「広告業」（寄与度-0.35）などとなっている。

（図Ⅱ－４－１－４、表Ⅱ－４－１－２）

**図Ⅱ－４－１－４　学術研究，専門・技術サービス業の**
**平均事業従事者数の前年比及び寄与度の推移**

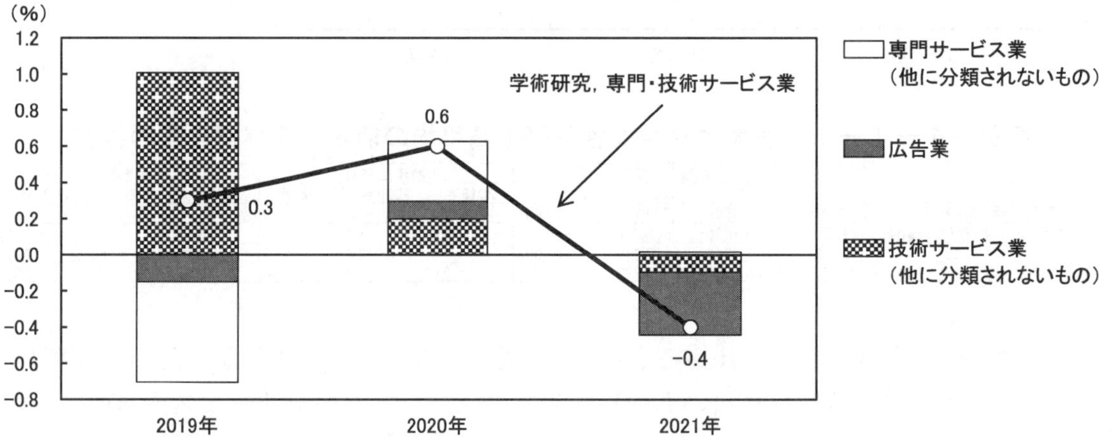


**表Ⅱ－４－１－２　産業中分類別平均事業従事者数の前年比及び寄与度の推移**

| | 実数（人） | | | 前年比（%） | | | 寄与度 | | |
|---|---|---|---|---|---|---|---|---|---|
| | 2019年 | 2020年 | 2021年 | 2019年 | 2020年 | 2021年 | 2019年 | 2020年 | 2021年 |
| 学術研究，専門・技術サービス業 | 1,752,700 | 1,763,700 | 1,756,200 | 0.3 | 0.6 | -0.4 | | | |
| 専門サービス業（他に分類されないもの） | 696,000 | 701,800 | 702,100 | -1.4 | 0.8 | 0.0 | -0.55 | 0.33 | 0.02 |
| 広告業 | 143,100 | 144,800 | 138,700 | -1.8 | 1.2 | -4.2 | -0.15 | 0.10 | -0.35 |
| 技術サービス業（他に分類されないもの） | 913,600 | 917,100 | 915,400 | 2.0 | 0.4 | -0.2 | 1.01 | 0.20 | -0.10 |

産業中分類別に前年と比べると、「広告業」が 4.2%の減少、「技術サービス業（他に分類されないもの）」が 0.2%の減少となり、「専門サービス業（他に分類されないもの）」が前年と同水準となった。

（表Ⅱ－４－１－２、図Ⅱ－４－１－５）

産業中分類別の構成比をみると、「技術サービス業（他に分類されないもの）」が52.1％（92万人）と最も高く、「学術研究，専門・技術サービス業」の５割を超えている。

（表Ⅱ－４－１－２、図Ⅱ－４－１－６）

**図Ⅱ－４－１－５**
**産業中分類別**
**平均事業従事者数の前年比の推移**

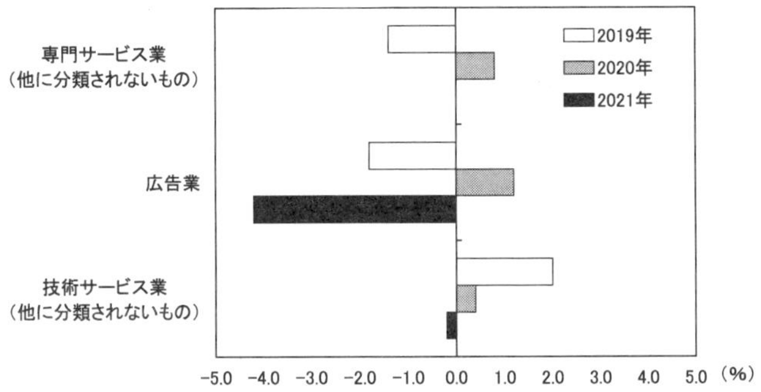


**図Ⅱ－４－１－６**
**産業中分類別**
**平均事業従事者数の構成比**
**（2021年）**

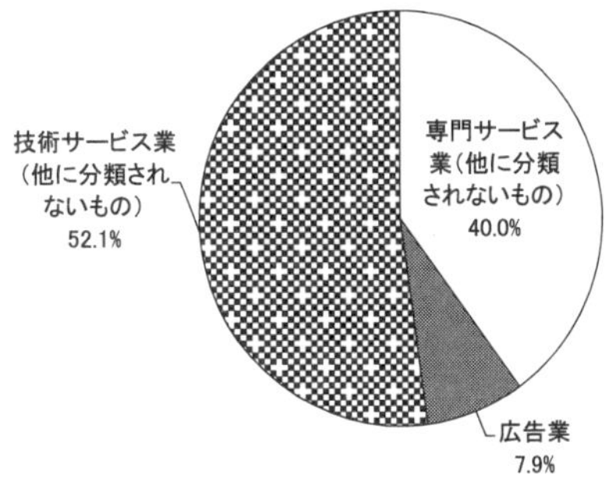


## （２）月別の状況

### ①売上高

2021年各月の「学術研究，専門・技術サービス業」の売上高の前年同月比の推移をみると、１月、２月に減少となったものの、３月以降は増加となり、７月の増加幅が最も大きくなった。これは、主に「広告業」が増加に寄与したことなどによる。

（図Ⅱ－４－２－１、表Ⅱ－４－２－１）

**図Ⅱ－４－２－１　学術研究，専門・技術サービス業の各月売上高の前年同月比及び寄与度の推移**

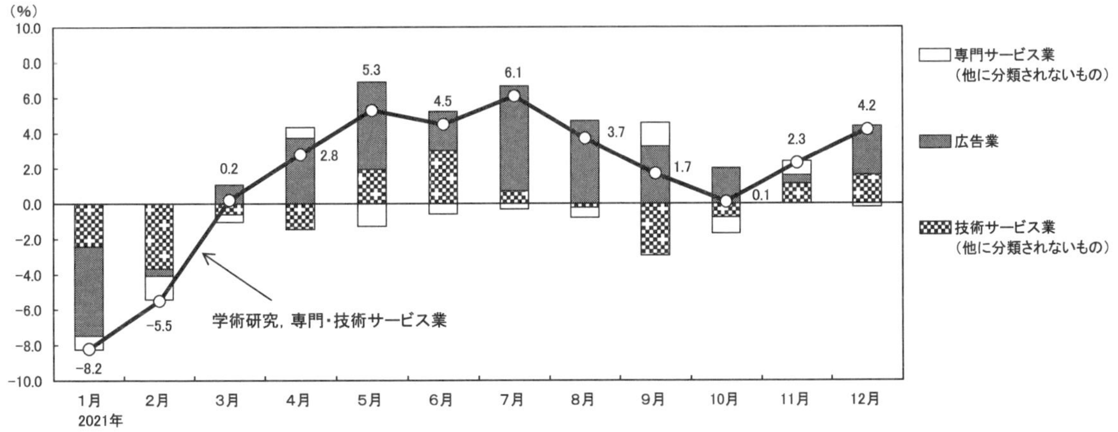

### 表Ⅱ－４－２－１　産業中分類別各月売上高の前年同月比及び寄与度

| | | 2021年 1月 | 2月 | 3月 | 4月 | 5月 | 6月 | 7月 | 8月 | 9月 | 10月 | 11月 | 12月 |
|---|---|---|---|---|---|---|---|---|---|---|---|---|---|
| 前年同月比（%） | 学術研究，専門・技術サービス業 | -8.2 | -5.5 | 0.2 | 2.8 | 5.3 | 4.5 | 6.1 | 3.7 | 1.7 | 0.1 | 2.3 | 4.2 |
| | 専門サービス業（他に分類されないもの） | -2.7 | -4.6 | -1.8 | 2.1 | -3.9 | -2.0 | -1.0 | -1.8 | 5.1 | -2.9 | 2.7 | -0.7 |
| | 広告業 | -16.0 | -1.5 | 4.5 | 14.1 | 20.6 | 9.3 | 22.3 | 18.5 | 13.1 | 7.2 | 1.6 | 10.1 |
| | 技術サービス業（他に分類されないもの） | -6.1 | -8.3 | -1.2 | -3.3 | 4.6 | 6.4 | 1.7 | -0.5 | -6.0 | -1.9 | 2.7 | 3.6 |
| 寄与度 | 専門サービス業（他に分類されないもの） | -0.79 | -1.33 | -0.43 | 0.61 | -1.27 | -0.58 | -0.31 | -0.58 | 1.35 | -0.91 | 0.79 | -0.19 |
| | 広告業 | -5.05 | -0.41 | 1.08 | 3.72 | 4.94 | 2.21 | 5.95 | 4.70 | 3.25 | 2.00 | 0.47 | 2.77 |
| | 技術サービス業（他に分類されないもの） | -2.41 | -3.66 | -0.61 | -1.45 | 1.95 | 3.02 | 0.71 | -0.21 | -2.92 | -0.78 | 1.13 | 1.62 |

## ②事業従事者数

2021年各月において把握した「学術研究，専門・技術サービス業」の事業従事者数の前年同月比の推移をみると、４月は増加、５月は同水準となったものの、それ以外の月では、減少となった。

（図Ⅱ－４－２－２、表Ⅱ－４－２－２）

### 図Ⅱ－４－２－２　学術研究，専門・技術サービス業の各月事業従事者数の前年同月比及び寄与度の推移

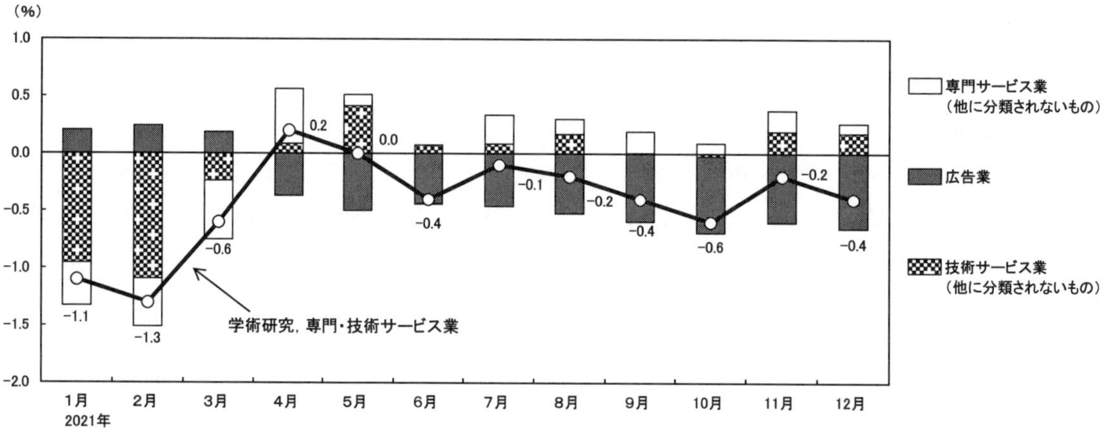


### 表Ⅱ－４－２－２　産業中分類別各月事業従事者数の前年同月比及び寄与度

| | | 2021年 1月 | 2月 | 3月 | 4月 | 5月 | 6月 | 7月 | 8月 | 9月 | 10月 | 11月 | 12月 |
|---|---|---|---|---|---|---|---|---|---|---|---|---|---|
| 前年同月比（%） | 学術研究，専門・技術サービス業 | -1.1 | -1.3 | -0.6 | 0.2 | 0.0 | -0.4 | -0.1 | -0.2 | -0.4 | -0.6 | -0.2 | -0.4 |
| | 専門サービス業（他に分類されないもの） | -0.9 | -1.0 | -1.3 | 1.2 | 0.2 | 0.0 | 0.6 | 0.3 | 0.5 | 0.2 | 0.5 | 0.2 |
| | 広告業 | 2.5 | 3.0 | 2.3 | -4.5 | -6.0 | -5.3 | -5.6 | -6.3 | -7.2 | -8.1 | -7.3 | -7.8 |
| | 技術サービス業（他に分類されないもの） | -1.8 | -2.1 | -0.5 | 0.2 | 0.8 | 0.1 | 0.2 | 0.3 | 0.0 | 0.0 | 0.4 | 0.3 |
| 寄与度 | 専門サービス業（他に分類されないもの） | -0.37 | -0.42 | -0.51 | 0.48 | 0.10 | -0.01 | 0.25 | 0.13 | 0.19 | 0.09 | 0.18 | 0.09 |
| | 広告業 | 0.20 | 0.24 | 0.19 | -0.37 | -0.50 | -0.44 | -0.46 | -0.52 | -0.60 | -0.67 | -0.60 | -0.65 |
| | 技術サービス業（他に分類されないもの） | -0.95 | -1.09 | -0.24 | 0.09 | 0.41 | 0.07 | 0.09 | 0.17 | 0.01 | -0.02 | 0.19 | 0.18 |

## ５　Ｍ　宿泊業，飲食サービス業

| 各月売上高の平均 | 1兆7754億円 | （前年比　11.7%減） |
|---|---|---|
| 平均事業従事者数 | 491万人 | （　同　　4.7%減） |

### （１）各月平均の状況

#### ①各月売上高の平均

2021年各月の「宿泊業，飲食サービス業」の売上高の平均は１兆7754億円となり、前年と比べると11.7%の減少となった。

減少に寄与した主な分類は「飲食店」（寄与度-11.89）などとなっている。

（図Ⅱ－５－１－１、表Ⅱ－５－１－１）

**図Ⅱ－５－１－１　宿泊業，飲食サービス業の各月売上高平均の前年比及び寄与度の推移**

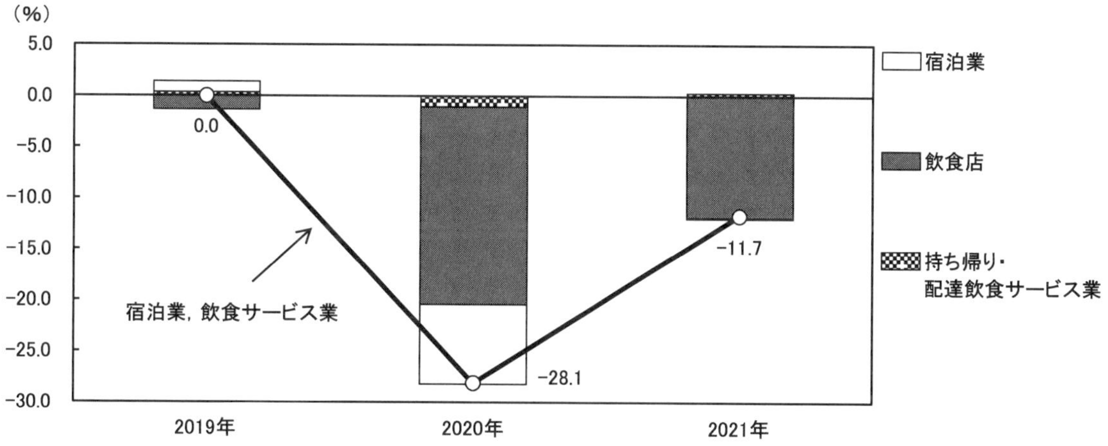


**表Ⅱ－５－１－１　産業中分類別各月売上高平均の前年比及び寄与度の推移**

| | 実数（百万円） | | | 前年比（%） | | | 寄与度 | | |
|---|---|---|---|---|---|---|---|---|---|
| | 2019年 | 2020年 | 2021年 | 2019年 | 2020年 | 2021年 | 2019年 | 2020年 | 2021年 |
| 宿泊業，飲食サービス業 | 2,796,027 | 2,009,904 | 1,775,411 | 0.0 | -28.1 | -11.7 | | | |
| 宿泊業 | 542,191 | 324,832 | 323,153 | 5.9 | -40.1 | -0.5 | 1.08 | -7.77 | -0.08 |
| 飲食店 | 1,995,461 | 1,453,259 | 1,214,230 | -1.9 | -27.2 | -16.4 | -1.35 | -19.39 | -11.89 |
| 持ち帰り・配達飲食サービス業 | 260,714 | 231,593 | 238,029 | 3.6 | -11.2 | 2.8 | 0.32 | -1.04 | 0.32 |

産業中分類別に前年と比べると、「飲食店」が16.4%の減少、「宿泊業」が0.5%の減少となったが、「持ち帰り・配達飲食サービス業」が2.8%の増加となった。

（表Ⅱ－５－１－１、図Ⅱ－５－１－２）

産業中分類別の構成比をみると、「飲食店」が68.4%（１兆2142億円）と最も高く、「宿泊業，飲食サービス業」の７割近くを占めている。

（表Ⅱ－５－１－１、図Ⅱ－５－１－３）

### 図Ⅱ－５－１－２
### 産業中分類別
### 各月売上高平均の前年比の推移

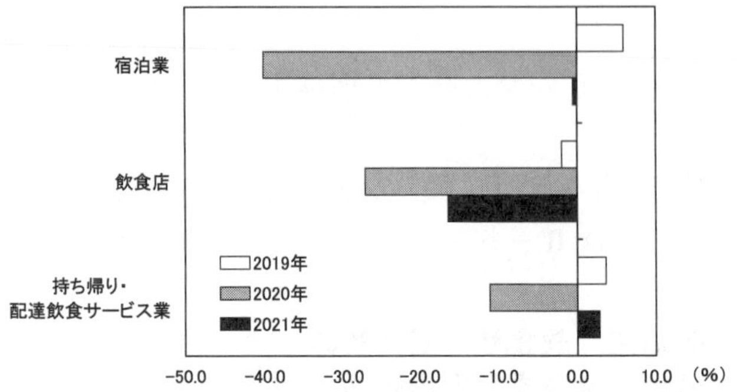


### 図Ⅱ－５－１－３
### 産業中分類別
### 各月売上高平均の
### 構成比（2021 年）

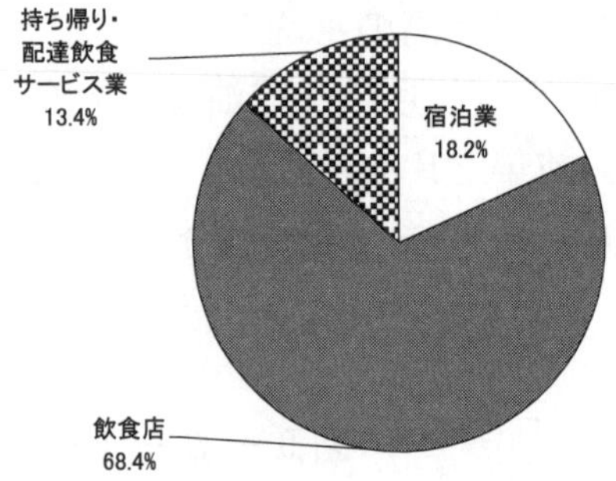


### ②平均事業従事者数

2021 年各月において把握した「宿泊業，飲食サービス業」の事業従事者数の平均は 491 万人となり、前年と比べると 4.7%の減少となった。

減少に寄与した主な分類は「飲食店」（寄与度-4.39）などとなっている。

（図Ⅱ－５－１－４、表Ⅱ－５－１－２）

### 図Ⅱ－５－１－４　宿泊業，飲食サービス業の
### 平均事業従事者数の前年比及び寄与度の推移

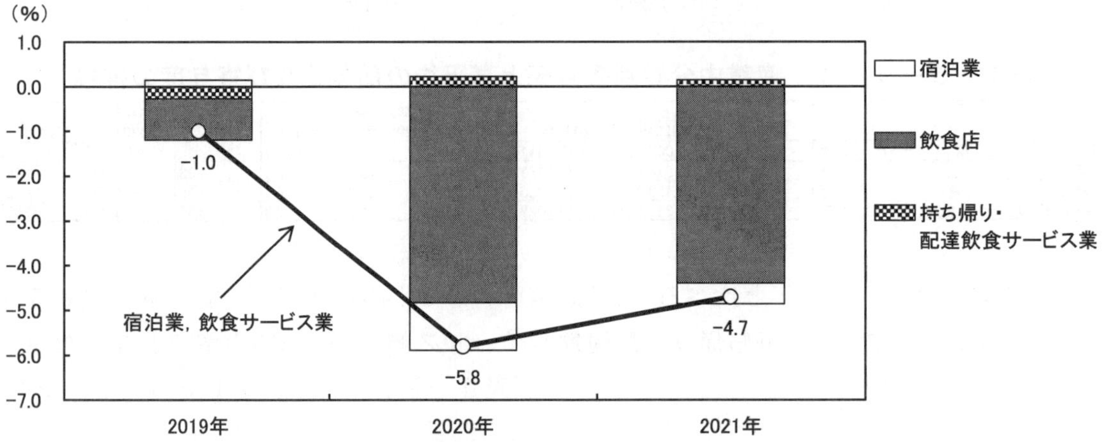


### 表Ⅱ－５－１－２　産業中分類別平均事業従事者数の前年比及び寄与度の推移

| | 実数（人） | | | 前年比（%） | | | 寄与度 | | |
|---|---|---|---|---|---|---|---|---|---|
| | 2019年 | 2020年 | 2021年 | 2019年 | 2020年 | 2021年 | 2019年 | 2020年 | 2021年 |
| 宿泊業，飲食サービス業 | 5,470,300 | 5,154,600 | 4,911,500 | −1.0 | −5.8 | −4.7 | | | |
| 宿泊業 | 724,700 | 666,500 | 642,600 | 1.1 | −8.0 | −3.6 | 0.14 | −1.06 | −0.46 |
| 飲食店 | 4,167,900 | 3,903,900 | 3,677,500 | −1.2 | −6.3 | −5.8 | −0.93 | −4.83 | −4.39 |
| 持ち帰り・配達飲食サービス業 | 571,500 | 583,900 | 591,400 | −2.5 | 2.2 | 1.3 | −0.26 | 0.23 | 0.15 |

産業中分類別に前年と比べると、「飲食店」が 5.8%の減少、「宿泊業」が 3.6%の減少となったが、「持ち帰り・配達飲食サービス業」が 1.3%の増加となった。

（表Ⅱ－５－１－２、図Ⅱ－５－１－５）

産業中分類別の構成比をみると、「飲食店」が 74.9%（368 万人）と最も高く、「宿泊業，飲食サービス業」の７割を超えている。

（表Ⅱ－５－１－２、図Ⅱ－５－１－６）

図Ⅱ－５－１－５
産業中分類別
平均事業従事者数の前年比の推移

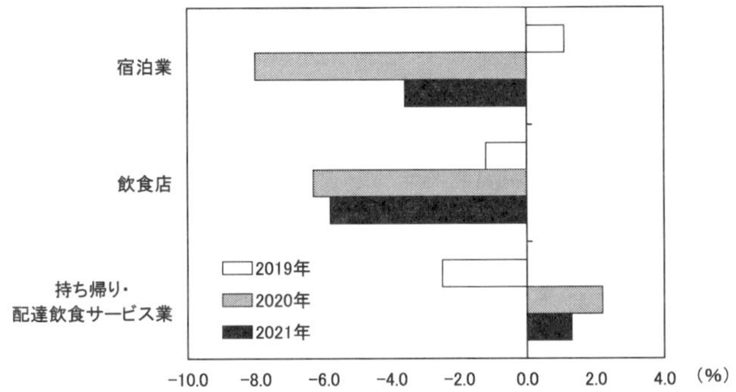


図Ⅱ－５－１－６
産業中分類別
平均事業従事者数の構成比
（2021 年）

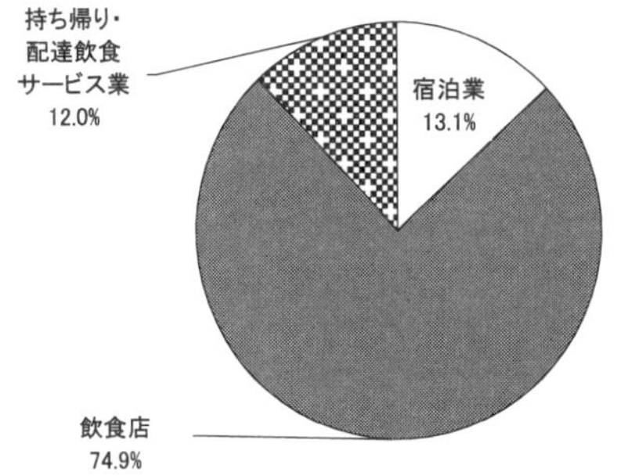


## （２）月別の状況

### ①売上高

2021 年各月の「宿泊業，飲食サービス業」の売上高の前年同月比の推移をみると、４月、５月及び 12 月は増加となったものの、それ以外の月では減少となり、１月の減少幅が最も大きくなった。これは、主に「飲食店」が減少に寄与したことなどによる。

（図Ⅱ－５－２－１、表Ⅱ－５－２－１）

図Ⅱ－５－２－１　宿泊業，飲食サービス業の各月売上高の
前年同月比及び寄与度の推移

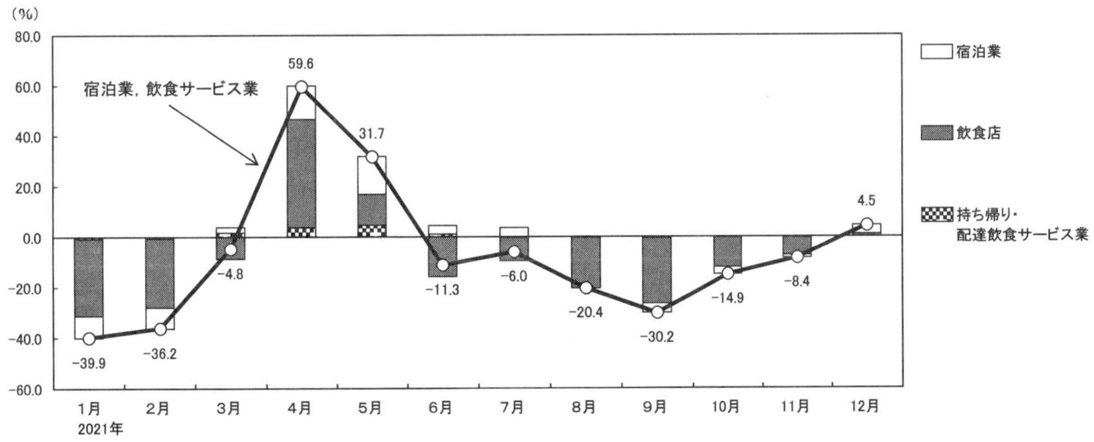

表Ⅱ－５－２－１　産業中分類別各月売上高の前年同月比及び寄与度

| | | 2021年 | | | | | | | | | | | |
|---|---|---|---|---|---|---|---|---|---|---|---|---|---|
| | | 1月 | 2月 | 3月 | 4月 | 5月 | 6月 | 7月 | 8月 | 9月 | 10月 | 11月 | 12月 |
| 前年同月比（％） | 宿泊業，飲食サービス業 | -39.9 | -36.2 | -4.8 | 59.6 | 31.7 | -11.3 | -6.0 | -20.4 | -30.2 | -14.9 | -8.4 | 4.5 |
| | 宿泊業 | -50.0 | -48.2 | 15.5 | 118.2 | 163.3 | 32.0 | 25.2 | 0.2 | -21.9 | -14.4 | -5.2 | 21.7 |
| | 飲食店 | -41.8 | -37.6 | -11.5 | 61.4 | 16.4 | -20.7 | -12.9 | -28.7 | -36.4 | -17.0 | -10.2 | 1.3 |
| | 持ち帰り・配達飲食サービス業 | -7.7 | -6.4 | 17.6 | 20.0 | 29.4 | 8.6 | -2.0 | -3.3 | -4.4 | -2.1 | -3.1 | -0.8 |
| 寄与度 | 宿泊業 | -8.74 | -8.31 | 2.13 | 13.46 | 14.97 | 3.38 | 3.68 | 0.05 | -3.76 | -2.79 | -1.03 | 3.57 |
| | 飲食店 | -30.51 | -27.36 | -8.79 | 42.81 | 12.22 | -15.76 | -9.39 | -20.13 | -25.88 | -11.89 | -7.07 | 0.97 |
| | 持ち帰り・配達飲食サービス業 | -0.74 | -0.65 | 1.76 | 3.71 | 4.68 | 1.13 | -0.25 | -0.35 | -0.52 | -0.23 | -0.33 | -0.09 |

## ②事業従事者数

2021年各月において把握した「宿泊業，飲食サービス業」の事業従事者数の前年同月比の推移をみると、全ての月で減少となった。これは、主に「飲食店」が減少に寄与したことなどによる。

（図Ⅱ－５－２－２、表Ⅱ－５－２－２）

図Ⅱ－５－２－２　宿泊業，飲食サービス業の各月事業従事者数の前年同月比及び寄与度の推移

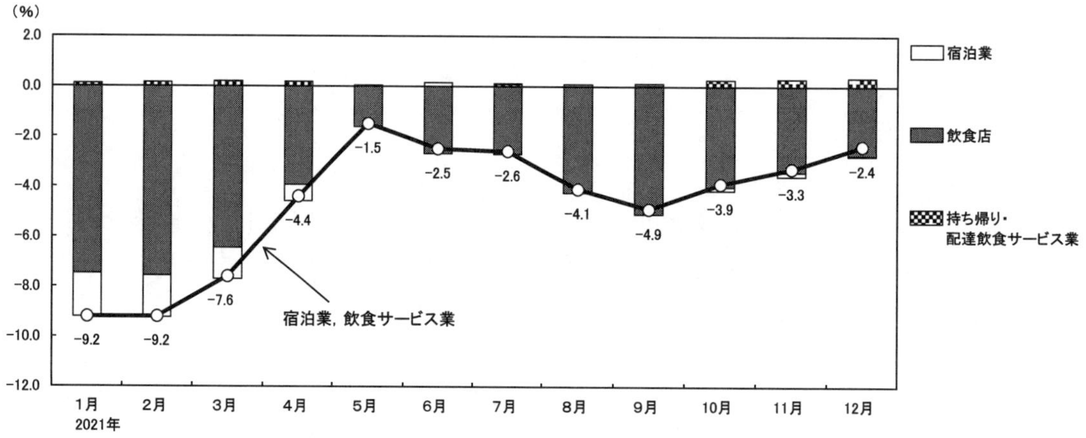


表Ⅱ－５－２－２　産業中分類別各月事業従事者数の前年同月比及び寄与度

| | | 2021年 | | | | | | | | | | | |
|---|---|---|---|---|---|---|---|---|---|---|---|---|---|
| | | 1月 | 2月 | 3月 | 4月 | 5月 | 6月 | 7月 | 8月 | 9月 | 10月 | 11月 | 12月 |
| 前年同月比（％） | 宿泊業，飲食サービス業 | -9.2 | -9.2 | -7.6 | -4.4 | -1.5 | -2.5 | -2.6 | -4.1 | -4.9 | -3.9 | -3.3 | -2.4 |
| | 宿泊業 | -12.9 | -12.6 | -9.5 | -4.9 | 0.3 | 1.2 | 0.2 | 0.6 | 0.6 | -1.2 | -1.3 | -0.3 |
| | 飲食店 | -9.8 | -9.9 | -8.5 | -5.2 | -2.2 | -3.6 | -3.6 | -5.6 | -6.7 | -5.3 | -4.5 | -3.6 |
| | 持ち帰り・配達飲食サービス業 | 1.1 | 1.5 | 1.9 | 1.6 | 0.2 | 0.0 | 0.8 | 0.2 | 0.4 | 2.3 | 2.6 | 3.0 |
| 寄与度 | 宿泊業 | -1.73 | -1.66 | -1.24 | -0.65 | 0.03 | 0.15 | 0.03 | 0.07 | 0.07 | -0.15 | -0.17 | -0.04 |
| | 飲食店 | -7.47 | -7.57 | -6.46 | -3.93 | -1.63 | -2.69 | -2.71 | -4.25 | -5.10 | -4.01 | -3.43 | -2.75 |
| | 持ち帰り・配達飲食サービス業 | 0.12 | 0.16 | 0.20 | 0.18 | 0.02 | 0.00 | 0.09 | 0.02 | 0.05 | 0.27 | 0.30 | 0.34 |

## ６　Ｎ　生活関連サービス業，娯楽業

| | | | |
|---|---|---|---|
| 各月売上高の平均 | 3兆 3263 億円 | （前年比 | 0.2%増） |
| 平均事業従事者数 | 237 万人 | （　同 | 3.1%減） |

### （１）各月平均の状況

#### ①各月売上高の平均

2021 年各月の「生活関連サービス業，娯楽業」の売上高の平均は３兆 3263 億円となり、前年と比べると 0.2%の増加となった。

増加に寄与した分類は「娯楽業」（寄与度 2.70）となっている。

（図Ⅱ－６－１－１、表Ⅱ－６－１－１）

図Ⅱ－６－１－１　生活関連サービス業，娯楽業の各月売上高平均の前年比及び寄与度の推移

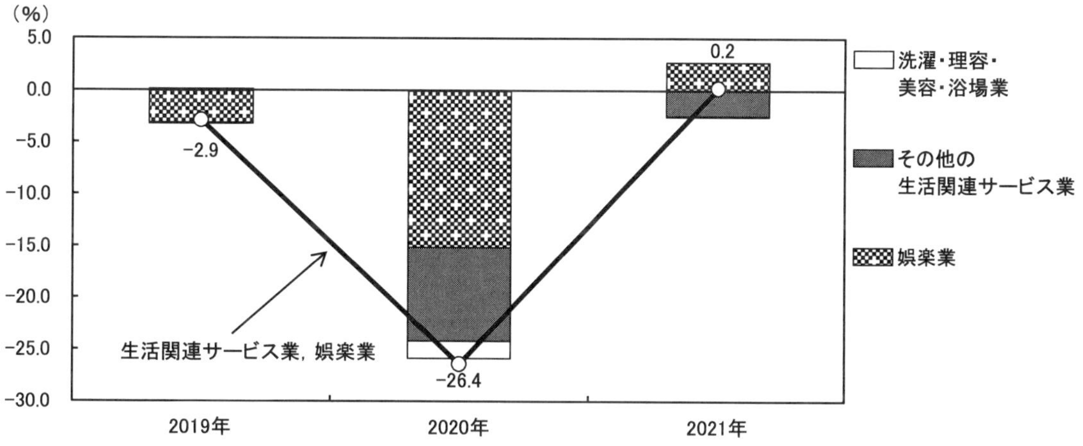


表Ⅱ－６－１－１　産業中分類別各月売上高平均の前年比及び寄与度の推移

| | 実数（百万円） | | | 前年比（%） | | | 寄与度 | | |
|---|---|---|---|---|---|---|---|---|---|
| | 2019年 | 2020年 | 2021年 | 2019年 | 2020年 | 2021年 | 2019年 | 2020年 | 2021年 |
| 生活関連サービス業，娯楽業 | 4,513,404 | 3,320,526 | 3,326,280 | −2.9 | −26.4 | 0.2 | | | |
| 洗濯・理容・美容・浴場業 | 515,194 | 439,588 | 437,419 | 1.0 | −14.7 | −0.5 | 0.11 | −1.68 | −0.07 |
| その他の生活関連サービス業 | 875,244 | 466,520 | 383,236 | −0.5 | −46.7 | −17.9 | −0.09 | −9.06 | −2.51 |
| 娯楽業 | 3,099,135 | 2,415,993 | 2,505,624 | −4.5 | −22.0 | 3.7 | −3.13 | −15.14 | 2.70 |

産業中分類別に前年と比べると、「娯楽業」が 3.7%の増加となったが、「その他の生活関連サービス業」が 17.9%の減少、「洗濯・理容・美容・浴場業」が 0.5%の減少となった。

（表Ⅱ－６－１－１、図Ⅱ－６－１－２）

産業中分類別の構成比をみると、「娯楽業」が 75.3%（２兆 5056 億円）と最も高く、「生活関連サービス業，娯楽業」の７割を超えている。

（表Ⅱ－６－１－１、図Ⅱ－６－１－３）

図Ⅱ－６－１－２
産業中分類別
各月売上高平均の前年比の推移

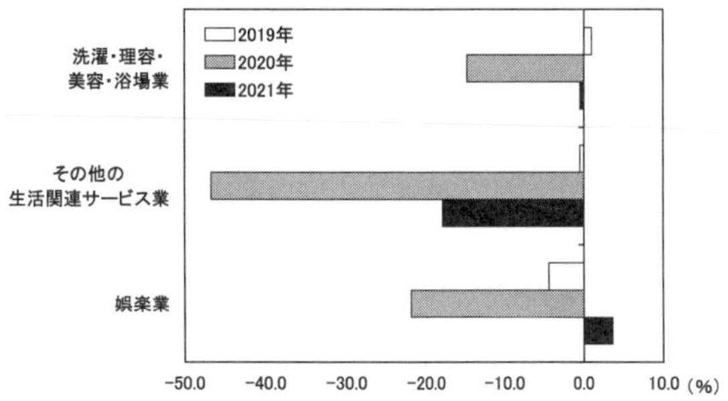


図Ⅱ－６－１－３
産業中分類別
各月売上高平均の
構成比（2021 年）

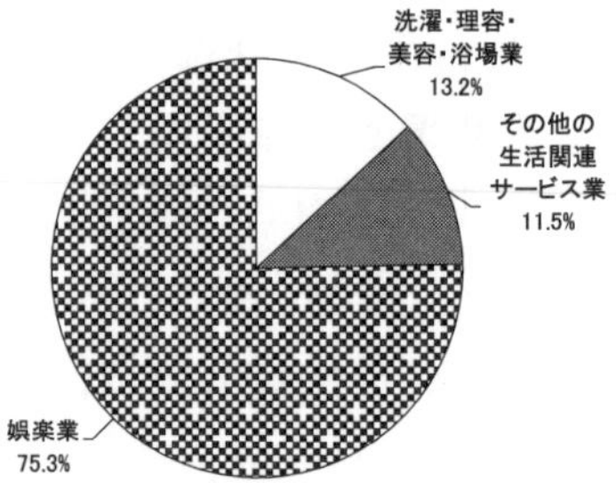


## ②平均事業従事者数

2021 年各月において把握した「生活関連サービス業，娯楽業」の事業従事者数の平均は 237 万人となり、前年と比べると 3.1%の減少となった。

減少に寄与した主な分類は「その他の生活関連サービス業」（寄与度-1.20）などとなっている。

（図Ⅱ－６－１－４、表Ⅱ－６－１－２）

図Ⅱ－６－１－４　生活関連サービス業，娯楽業の
平均事業従事者数の前年比及び寄与度の推移

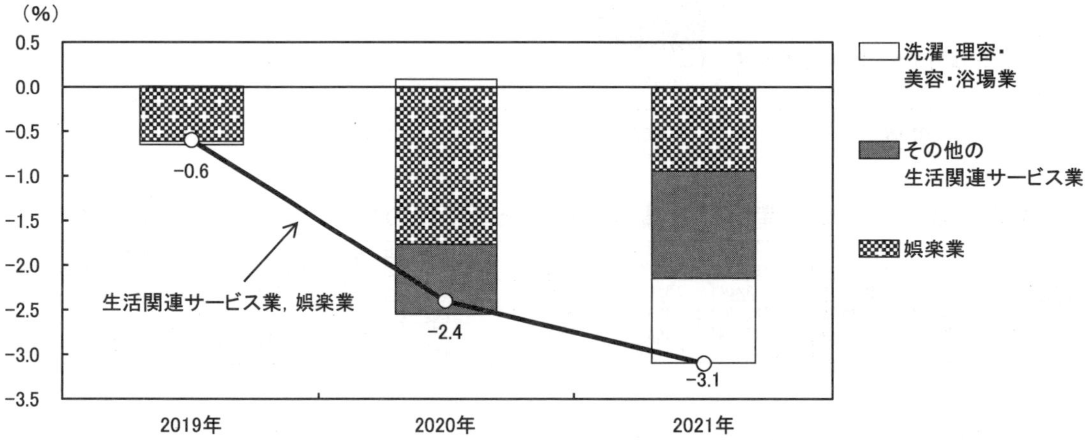


表Ⅱ－６－１－２　産業中分類別平均事業従事者数の前年比及び寄与度の推移

| | 実数（人） | | | 前年比（%） | | | 寄与度 | | |
|---|---|---|---|---|---|---|---|---|---|
| | 2019年 | 2020年 | 2021年 | 2019年 | 2020年 | 2021年 | 2019年 | 2020年 | 2021年 |
| 生活関連サービス業，娯楽業 | 2,511,400 | 2,450,200 | 2,374,600 | -0.6 | -2.4 | -3.1 | | | |
| 洗濯・理容・美容・浴場業 | 1,130,400 | 1,132,600 | 1,109,400 | -0.1 | 0.2 | -2.0 | -0.04 | 0.09 | -0.95 |
| その他の生活関連サービス業 | 435,900 | 416,300 | 386,800 | 0.0 | -4.5 | -7.1 | 0.01 | -0.78 | -1.20 |
| 娯楽業 | 945,900 | 901,500 | 878,400 | -1.6 | -4.7 | -2.6 | -0.61 | -1.77 | -0.94 |

産業中分類別に前年と比べると、「その他の生活関連サービス業」が 7.1%の減少、「娯楽業」が 2.6%の減少、「洗濯・理容・美容・浴場業」が 2.0%の減少となった。

（表Ⅱ－６－１－２、図Ⅱ－６－１－５）

産業中分類別の構成比をみると、「洗濯・理容・美容・浴場業」が 46.7%（111 万人）と最も高く、次いで「娯楽業」が 37.0%（88 万人）となり、この２分類で「生活関連サービス業，娯楽業」の８割を超えている。

（表Ⅱ－６－１－２、図Ⅱ－６－１－６）

図Ⅱ－６－１－５
産業中分類別
平均事業従事者数の前年比の推移

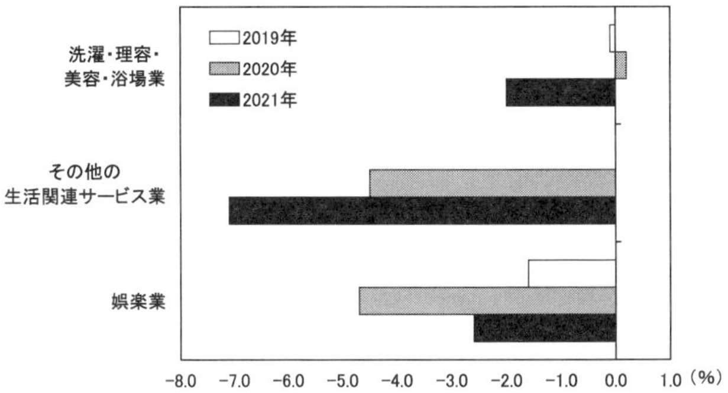


図Ⅱ－６－１－６
産業中分類別
平均事業従事者数の構成比
(2021 年)

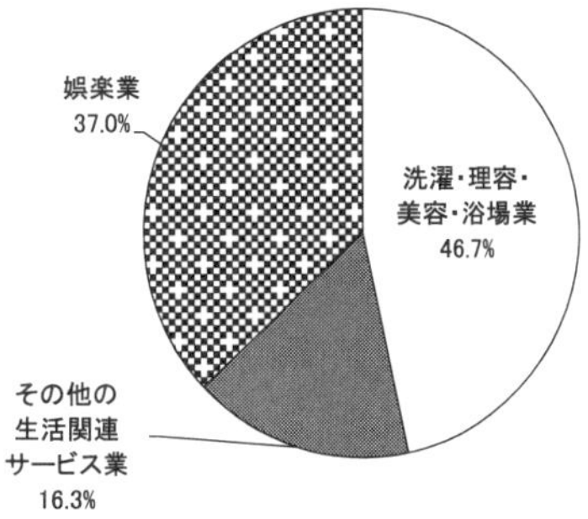


## （２）月別の状況

### ①売上高

2021 年各月の「生活関連サービス業，娯楽業」の売上高の前年同月比の推移をみると、減少幅では２月、増加幅では４月が最も大きくなった。２月の減少、４月の増加共に「娯楽業」が最も寄与している。

（図Ⅱ－６－２－１、表Ⅱ－６－２－１）

図Ⅱ－６－２－１　生活関連サービス業，娯楽業の各月売上高の
前年同月比及び寄与度の推移

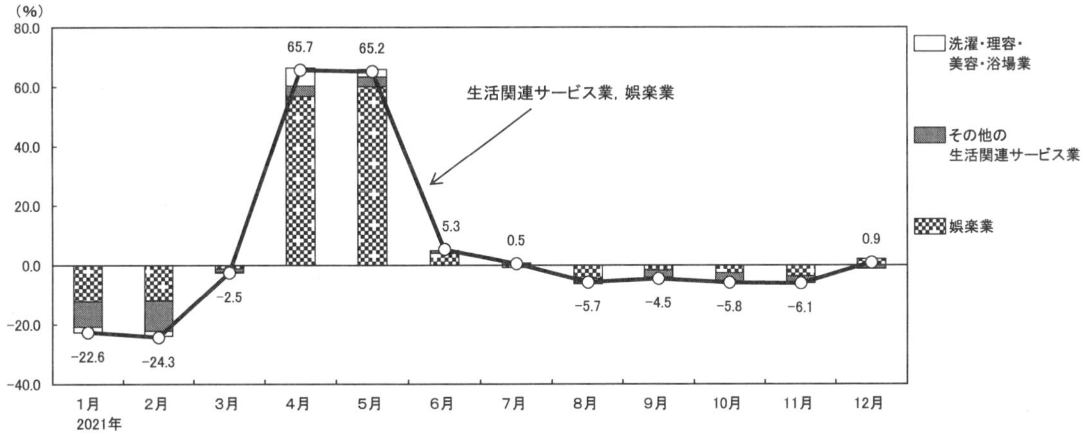

### 表Ⅱ－６－２－１　産業中分類別各月売上高の前年同月比及び寄与度

| | | 2021年 | | | | | | | | | | | |
|---|---|---|---|---|---|---|---|---|---|---|---|---|---|
| | | 1月 | 2月 | 3月 | 4月 | 5月 | 6月 | 7月 | 8月 | 9月 | 10月 | 11月 | 12月 |
| 前年同月比（%） | 生活関連サービス業，娯楽業 | -22.6 | -24.3 | -2.5 | 65.7 | 65.2 | 5.3 | 0.5 | -5.7 | -4.5 | -5.8 | -6.1 | 0.9 |
| | 洗濯・理容・美容・浴場業 | -17.5 | -15.4 | -1.8 | 34.4 | 13.0 | 0.1 | 4.5 | -4.0 | -6.0 | -2.7 | -0.8 | -0.7 |
| | その他の生活関連サービス業 | -51.7 | -55.8 | -8.0 | 23.3 | 24.8 | 7.3 | 1.4 | -12.3 | -19.3 | -19.7 | -14.3 | -7.7 |
| | 娯楽業 | -16.7 | -17.0 | -1.6 | 85.1 | 90.2 | 5.5 | -1.0 | -5.8 | -2.2 | -3.6 | -5.1 | 2.9 |
| 寄与度 | 洗濯・理容・美容・浴場業 | -1.85 | -1.76 | -0.24 | 6.05 | 2.53 | 0.02 | 0.60 | -0.50 | -0.77 | -0.35 | -0.09 | -0.09 |
| | その他の生活関連サービス業 | -8.57 | -10.27 | -1.12 | 3.45 | 3.25 | 0.76 | 0.15 | -1.37 | -2.41 | -2.88 | -2.27 | -1.10 |
| | 娯楽業 | -12.19 | -11.89 | -1.16 | 56.90 | 60.15 | 4.11 | -0.77 | -4.45 | -1.68 | -2.58 | -3.66 | 2.10 |

## ②事業従事者数

2021年各月において把握した「生活関連サービス業，娯楽業」の事業従事者数の前年同月比の推移をみると、全ての月で減少となり、２月の減少幅が最も大きくなった。これは、主に「娯楽業」が減少に寄与したことなどによる。

（図Ⅱ－６－２－２、表Ⅱ－６－２－２）

### 図Ⅱ－６－２－２　生活関連サービス業，娯楽業の各月事業従事者数の前年同月比及び寄与度の推移

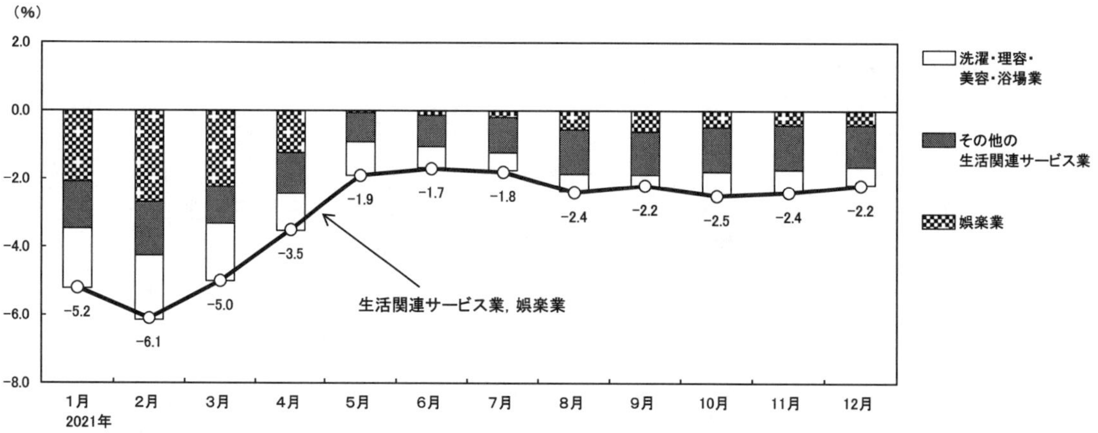


### 表Ⅱ－６－２－２　産業中分類別各月事業従事者数の前年同月比及び寄与度

| | | 2021年 | | | | | | | | | | | |
|---|---|---|---|---|---|---|---|---|---|---|---|---|---|
| | | 1月 | 2月 | 3月 | 4月 | 5月 | 6月 | 7月 | 8月 | 9月 | 10月 | 11月 | 12月 |
| 前年同月比（%） | 生活関連サービス業，娯楽業 | -5.2 | -6.1 | -5.0 | -3.5 | -1.9 | -1.7 | -1.8 | -2.4 | -2.2 | -2.5 | -2.4 | -2.2 |
| | 洗濯・理容・美容・浴場業 | -3.8 | -4.1 | -3.7 | -2.4 | -2.1 | -1.3 | -1.1 | -1.1 | -0.7 | -1.5 | -1.4 | -1.1 |
| | その他の生活関連サービス業 | -8.0 | -9.1 | -6.3 | -7.0 | -5.0 | -5.4 | -6.1 | -7.7 | -7.5 | -7.8 | -7.7 | -7.2 |
| | 娯楽業 | -5.7 | -7.3 | -6.1 | -3.4 | -0.2 | -0.4 | -0.5 | -1.5 | -1.7 | -1.3 | -1.1 | -1.2 |
| 寄与度 | 洗濯・理容・美容・浴場業 | -1.75 | -1.90 | -1.69 | -1.09 | -0.99 | -0.62 | -0.52 | -0.51 | -0.34 | -0.68 | -0.64 | -0.53 |
| | その他の生活関連サービス業 | -1.37 | -1.57 | -1.07 | -1.20 | -0.85 | -0.91 | -1.04 | -1.30 | -1.26 | -1.32 | -1.31 | -1.22 |
| | 娯楽業 | -2.09 | -2.69 | -2.24 | -1.24 | -0.07 | -0.14 | -0.19 | -0.56 | -0.62 | -0.48 | -0.42 | -0.42 |

## ７　Ｏ　教育，学習支援業

| | | |
|---|---|---|
| 各月売上高の平均 | 2893 億円 | （前年比　1.8%増） |
| 平均事業従事者数 | 100 万人 | （　同　　0.2%減） |

### （１）各月平均の状況

#### ①各月売上高の平均

2021 年各月の「教育，学習支援業」の売上高の平均は 2893 億円となり、前年と比べると 1.8%の増加となった。

増加に寄与した分類は「うち学習塾，教養・技能教授業」(寄与度 4.18) となっている。

（図Ⅱ－７－１－１、表Ⅱ－７－１－１）

図Ⅱ－７－１－１　教育，学習支援業の
各月売上高平均の前年比及び寄与度の推移

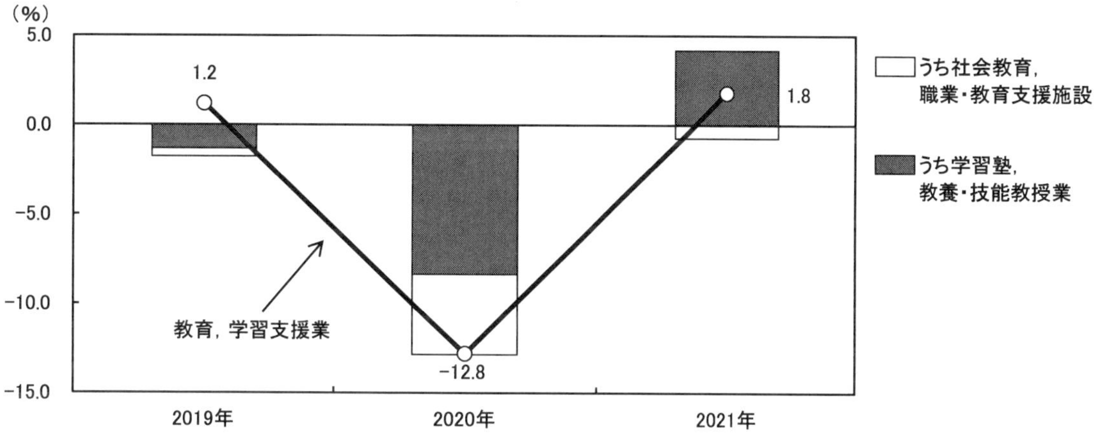


表Ⅱ－７－１－１　産業細分類別各月売上高平均の前年比及び寄与度の推移

| | 実数（百万円） | | | 前年比（%） | | | 寄与度　5） | | |
|---|---|---|---|---|---|---|---|---|---|
| | 2019年 | 2020年 | 2021年 | 2019年 | 2020年 | 2021年 | 2010年 | 2020年 | 2021年 |
| 教育，学習支援業 | 326,112 | 284,300 | 289,303 | 1.2 | −12.8 | 1.8 | | | |
| その他の教育，学習支援業 | 326,112 | 284,300 | 289,303 | 1.2 | −12.8 | 1.8 | 1.19 | −12.82 | 1.76 |
| うち社会教育，職業・教育支援施設 | 68,537 | 53,854 | 51,786 | −2.1 | −21.4 | −3.8 | −0.45 | −4.50 | −0.73 |
| うち学習塾，教養・技能教授業 | 200,289 | 173,043 | 184,931 | −2.1 | −13.6 | 6.9 | −1.32 | −8.35 | 4.18 |

注５）「教育，学習支援業」については、「その他の教育，学習支援業」の中に、「社会教育，職業・教育支援施設」及び「学習塾，教養・技能教授業」に分類されない教育、学習支援業が含まれるため、各産業細分類別の寄与度の合計と「教育，学習支援業」の前年（同月）比とは一致しない。以下、「教育，学習支援業」の同種の表について同じ。

産業細分類別に前年と比べると、「うち学習塾，教養・技能教授業」が 6.9%の増加となったが、「うち社会教育，職業・教育支援施設」が 3.8%の減少となった。

（表Ⅱ－７－１－１、図Ⅱ－７－１－２）

図Ⅱ－７－１－２
産業細分類別各月売上高平均の前年比の推移

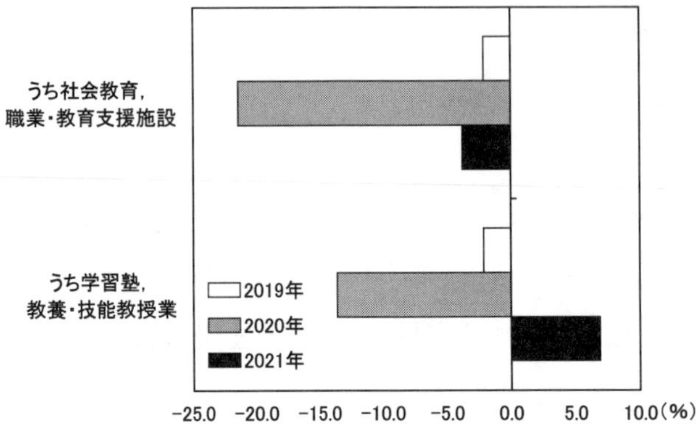


## ②平均事業従事者数

2021年各月において把握した「教育，学習支援業」の事業従事者数の平均は100万人となり、前年と比べると0.2%の減少となった。

（図Ⅱ－７－１－３、表Ⅱ－７－１－２）

図Ⅱ－７－１－３　教育，学習支援業の
平均事業従事者数の前年比及び寄与度の推移

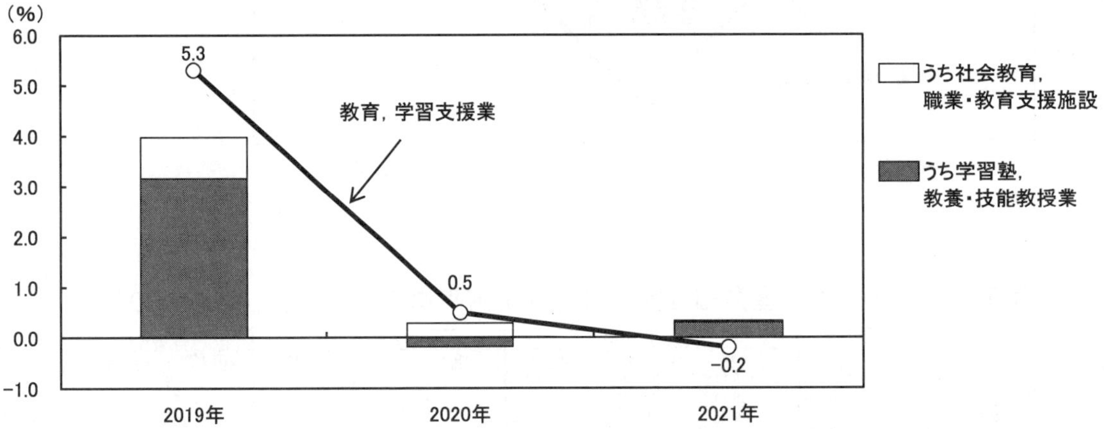


表Ⅱ－７－１－２　産業細分類別平均事業従事者数の前年比及び寄与度の推移

| | 実数（人） | | | 前年比（%） | | | 寄与度 | | |
|---|---|---|---|---|---|---|---|---|---|
| | 2019年 | 2020年 | 2021年 | 2019年 | 2020年 | 2021年 | 2019年 | 2020年 | 2021年 |
| 教育，学習支援業 | 993,000 | 997,800 | 996,100 | 5.3 | 0.5 | −0.2 | | | |
| その他の教育，学習支援業 | 993,000 | 997,800 | 996,100 | 5.3 | 0.5 | −0.2 | 5.27 | 0.48 | −0.17 |
| うち社会教育，職業・教育支援施設 | 234,500 | 237,400 | 237,700 | 3.4 | 1.3 | 0.1 | 0.82 | 0.29 | 0.03 |
| うち学習塾，教養・技能教授業 | 679,300 | 677,500 | 680,500 | 4.6 | −0.3 | 0.4 | 3.16 | −0.18 | 0.30 |

産業細分類別に前年と比べると、「うち学習塾，教養・技能教授業」が0.4%の増加、「うち社会教育，職業・教育支援施設」が0.1%の増加となった。

（表Ⅱ－７－１－２、図Ⅱ－７－１－４）

図Ⅱ－７－１－４
産業細分類別平均事業従事者数の前年比の推移

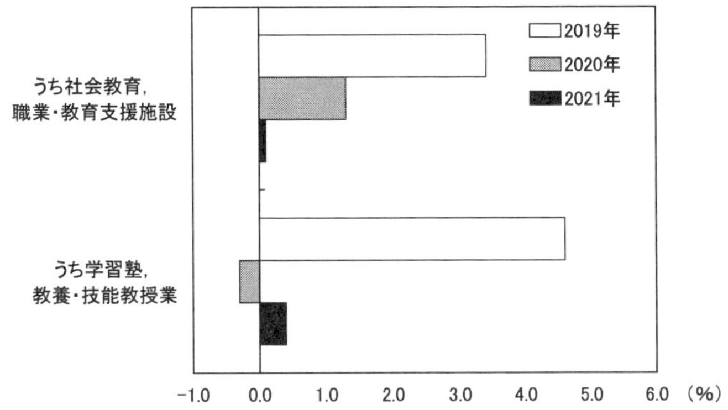


## （２）月別の状況

### ①売上高

2021年各月の「教育，学習支援業」の売上高の前年同月比の推移をみると、増加幅では５月、減少幅では９月が最も大きくなった。５月の増加、９月の減少共に「うち学習塾，教養・技能教授業」が最も寄与している。

（図Ⅱ－７－２－１、表Ⅱ－７－２－１）

図Ⅱ－７－２－１　教育，学習支援業の各月売上高の
前年同月比及び寄与度の推移

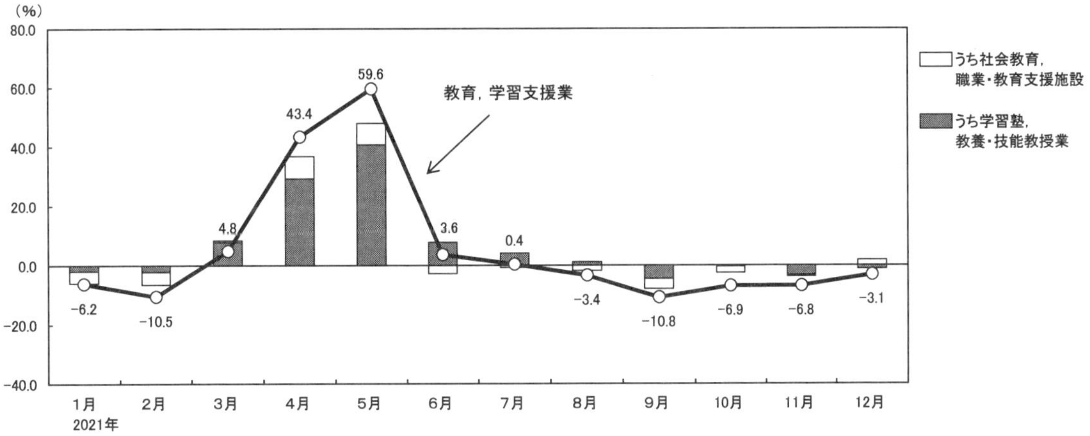


表Ⅱ－７－２－１　産業細分類別各月売上高の前年同月比及び寄与度

| | | 2021年 | | | | | | | | | | | |
|---|---|---|---|---|---|---|---|---|---|---|---|---|---|
| | | 1月 | 2月 | 3月 | 4月 | 5月 | 6月 | 7月 | 8月 | 9月 | 10月 | 11月 | 12月 |
| 前年同月比（％） | 教育，学習支援業 | -6.2 | -10.5 | 4.8 | 43.4 | 59.6 | 3.6 | 0.4 | -3.4 | -10.8 | -6.9 | -6.8 | -3.1 |
| | その他の教育，学習支援業 | -6.2 | -10.5 | 4.8 | 43.4 | 59.6 | 3.6 | 0.4 | -3.4 | -10.8 | -6.9 | -6.8 | -3.1 |
| | うち社会教育，職業・教育支援施設 | -24.0 | -24.1 | 2.7 | 38.4 | 33.6 | -12.1 | -4.0 | -10.3 | -17.7 | -10.3 | -2.5 | 11.2 |
| | うち学習塾，教養・技能教授業 | -3.0 | -3.8 | 13.7 | 47.6 | 65.9 | 13.5 | 6.6 | 1.9 | -7.2 | -0.6 | -5.3 | -1.8 |
| 寄与度 | その他の教育，学習支援業 | -6.17 | -10.51 | 4.81 | 43.39 | 59.65 | 3.61 | 0.44 | -3.36 | -10.83 | -6.88 | -6.80 | -3.08 |
| | うち社会教育，職業・教育支援施設 | -4.02 | -4.22 | 0.51 | 7.58 | 7.28 | -2.72 | -0.75 | -1.80 | -3.41 | -2.09 | -0.51 | 1.85 |
| | うち学習塾，教養・技能教授業 | -1.93 | -2.21 | 7.83 | 29.34 | 40.73 | 7.84 | 4.10 | 1.15 | -4.48 | -0.34 | -3.22 | -1.14 |

### ②事業従事者数

2021年各月において把握した「教育，学習支援業」の事業従事者数の前年同月比の推移をみると、増加幅では5月、減少幅では11月が最も大きくなった。5月の増加、11月の減少共に「うち学習塾，教養・技能教授業」が最も寄与している。

（図Ⅱ－７－２－２、表Ⅱ－７－２－２）

図Ⅱ－７－２－２　教育，学習支援業の各月事業従事者数の前年同月比及び寄与度の推移

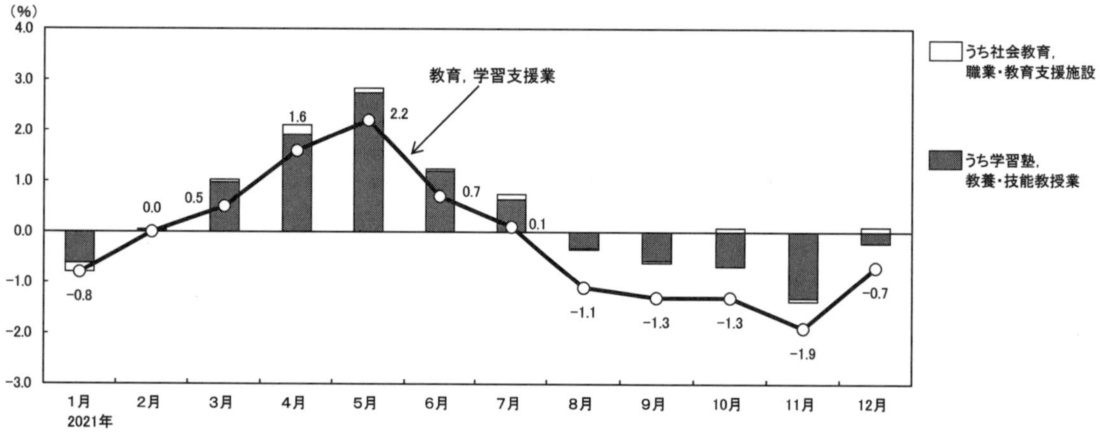


表Ⅱ－７－２－２　産業細分類別各月事業従事者数の前年同月比及び寄与度

| | | 2021年 1月 | 2月 | 3月 | 4月 | 5月 | 6月 | 7月 | 8月 | 9月 | 10月 | 11月 | 12月 |
|---|---|---|---|---|---|---|---|---|---|---|---|---|---|
| 前年同月比（％） | 教育，学習支援業 | −0.8 | 0.0 | 0.5 | 1.6 | 2.2 | 0.7 | 0.1 | −1.1 | −1.3 | −1.3 | −1.9 | −0.7 |
| | その他の教育，学習支援業 | −0.8 | 0.0 | 0.5 | 1.6 | 2.2 | 0.7 | 0.1 | −1.1 | −1.3 | −1.3 | −1.9 | −0.7 |
| | うち社会教育，職業・教育支援施設 | −0.8 | 0.1 | 0.2 | 0.8 | 0.4 | 0.2 | 0.4 | −0.1 | −0.2 | 0.3 | −0.3 | 0.4 |
| | うち学習塾，教養・技能教授業 | −0.9 | 0.0 | 1.4 | 2.9 | 4.1 | 1.8 | 0.9 | −0.5 | −0.8 | −1.0 | −1.9 | −0.3 |
| 寄与度 | その他の教育，学習支援業 | −0.78 | −0.04 | 0.54 | 1.65 | 2.23 | 0.66 | 0.08 | −1.05 | −1.30 | −1.27 | −1.93 | −0.69 |
| | うち社会教育，職業・教育支援施設 | −0.18 | 0.02 | 0.05 | 0.19 | 0.09 | 0.04 | 0.10 | −0.03 | −0.04 | 0.08 | −0.06 | 0.10 |
| | うち学習塾，教養・技能教授業 | −0.62 | 0.03 | 0.97 | 1.91 | 2.74 | 1.20 | 0.64 | −0.32 | −0.57 | −0.68 | −1.31 | −0.22 |

## ８　Ｐ　医療，福祉

| | | |
|---|---|---|
| 各月売上高の平均 | 4兆9071億円 | （前年比　2.4%増） |
| 平均事業従事者数 | 849万人 | （　同　0.1%増） |

### （１）各月平均の状況

#### ①各月売上高の平均

2021年各月の「医療，福祉」の売上高の平均は４兆9071億円となり、前年と比べると2.4%の増加となった。

増加に寄与した主な分類は「医療業」（寄与度2.04）などとなっている。

（図Ⅱ－８－１－１、表Ⅱ－８－１－１）

図Ⅱ－８－１－１　医療，福祉の各月売上高平均の前年比及び寄与度の推移

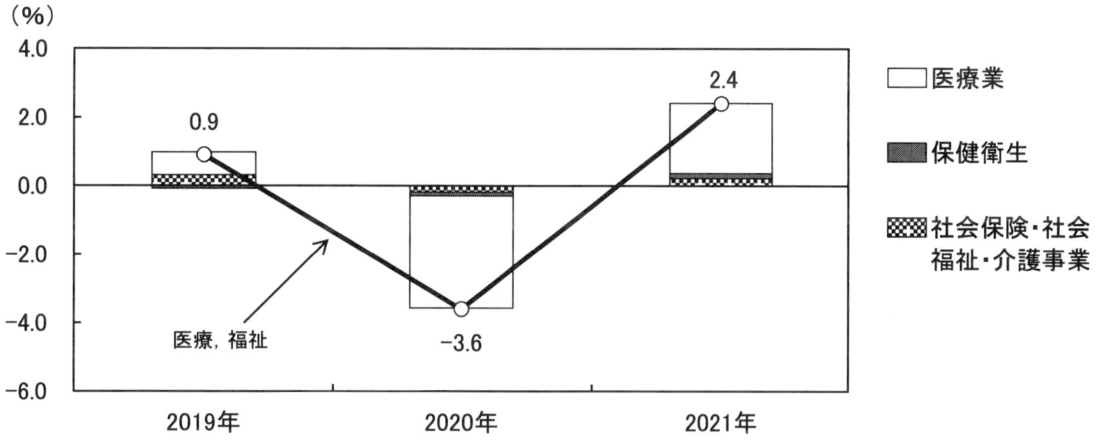


表Ⅱ－８－１－１　産業中分類別各月売上高平均の前年比及び寄与度の推移

| | 実数(百万円) | | | 前年比(%) | | | 寄与度 | | |
|---|---|---|---|---|---|---|---|---|---|
| | 2019年 | 2020年 | 2021年 | 2019年 | 2020年 | 2021年 | 2019年 | 2020年 | 2021年 |
| 医療，福祉 | 4,969,351 | 4,789,946 | 4,907,139 | 0.9 | −3.6 | 2.4 | | | |
| 医療業 | 3,542,528 | 3,379,778 | 3,477,594 | 0.9 | −4.6 | 2.9 | 0.66 | −3.28 | 2.04 |
| 保健衛生 | 55,499 | 50,067 | 57,145 | −6.9 | −9.8 | 14.1 | −0.08 | −0.11 | 0.15 |
| 社会保険・社会福祉・介護事業 | 1,370,965 | 1,361,750 | 1,372,399 | 1.1 | −0.7 | 0.8 | 0.31 | −0.19 | 0.22 |

産業中分類別に前年と比べると、「保健衛生」が14.1%の増加、「医療業」が2.9%の増加、「社会保険・社会福祉・介護事業」が0.8%の増加となった。

（表Ⅱ－８－１－１、図Ⅱ－８－１－２）

産業中分類別の構成比をみると、「医療業」が70.9%（３兆4776億円）と最も高く、「医療，福祉」の７割を超えている。

（表Ⅱ－８－１－１、図Ⅱ－８－１－３）

図Ⅱ－８－１－２
産業中分類別
各月売上高平均の前年比の推移

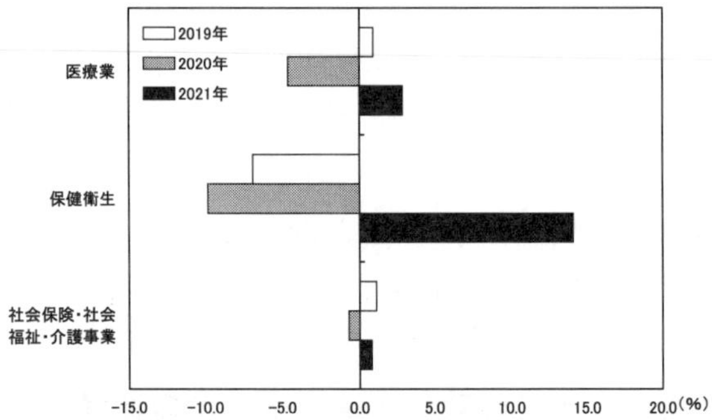


図Ⅱ－８－１－３
産業中分類別
各月売上高平均の
構成比（2021 年）

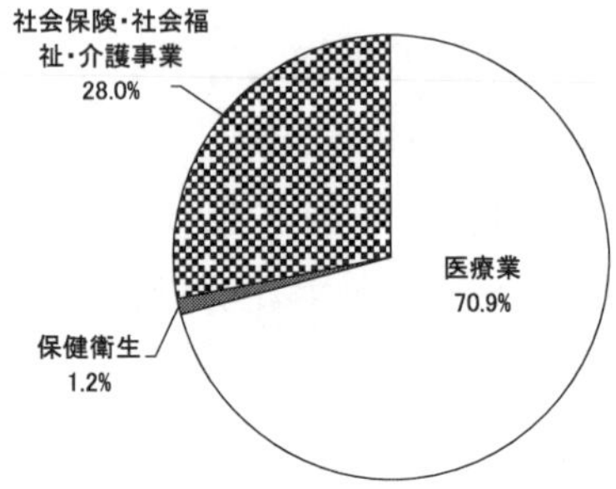


## ②平均事業従事者数

2021 年各月において把握した「医療，福祉」の事業従事者数の平均は 849 万人となり、前年と比べると 0.1%の増加となった。

増加に寄与した主な分類は「医療業」（寄与度 0.19）などとなっている。

（図Ⅱ－８－１－４、表Ⅱ－８－１－２）

図Ⅱ－８－１－４　医療，福祉の平均事業従事者数の前年比及び寄与度の推移

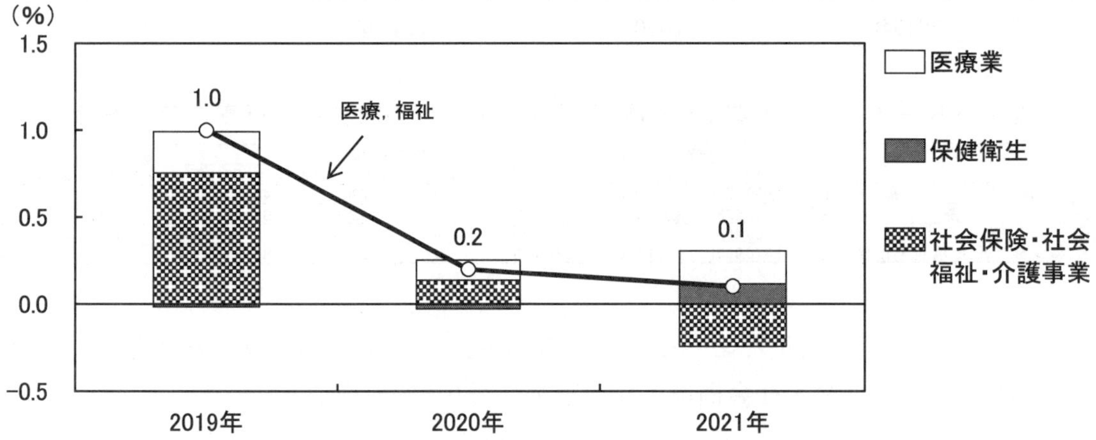


表Ⅱ－８－１－２　産業中分類別平均事業従事者数の前年比及び寄与度の推移

| | 実数（人） | | | 前年比（%） | | | 寄与度 | | |
|---|---|---|---|---|---|---|---|---|---|
| | 2019年 | 2020年 | 2021年 | 2019年 | 2020年 | 2021年 | 2019年 | 2020年 | 2021年 |
| 医療，福祉 | 8,470,600 | 8,489,600 | 8,494,900 | 1.0 | 0.2 | 0.1 | | | |
| 医療業 | 4,279,200 | 4,289,100 | 4,305,400 | 0.5 | 0.2 | 0.4 | 0.24 | 0.12 | 0.19 |
| 保健衛生 | 115,700 | 113,400 | 123,100 | -1.2 | -2.0 | 8.6 | -0.02 | -0.03 | 0.11 |
| 社会保険・社会福祉・介護事業 | 4,075,400 | 4,087,000 | 4,066,300 | 1.6 | 0.3 | -0.5 | 0.75 | 0.14 | -0.24 |

産業中分類別に前年と比べると、「保健衛生」が 8.6%の増加、「医療業」が 0.4%の増加となったが、「社会保険・社会福祉・介護事業」が 0.5%の減少となった。

（表Ⅱ－８－１－２、図Ⅱ－８－１－５）

産業中分類別の構成比をみると、「医療業」が 50.7％（431 万人）と最も高く、次いで「社会保険・社会福祉・介護事業」が 47.9％（407 万人）となっており、この２分類で「医療，福祉」のほとんどを占めている。

（表Ⅱ－８－１－２、図Ⅱ－８－１－６）

**図Ⅱ－８－１－５**
**産業中分類別**
**平均事業従事者数の前年比の推移**

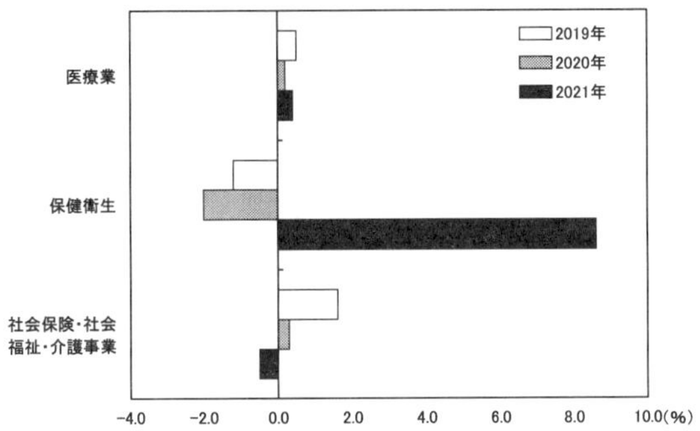


**図Ⅱ－８－１－６**
**産業中分類別**
**平均事業従事者数の構成比**
**（2021 年）**

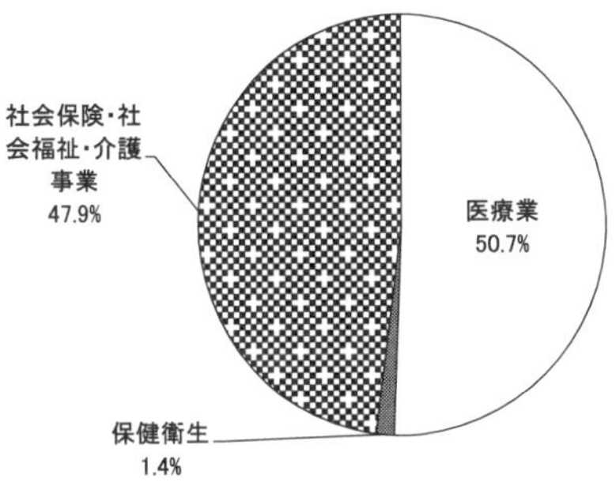


## （２）月別の状況

### ①売上高

2021 年各月の「医療，福祉」の売上高の前年同月比の推移をみると、１月、２月及び 10 月で減少となったものの、それ以外の月では増加となり、５月の増加幅が最も大きくなった。これは、主に「医療業」が増加に寄与したことなどによる。

（図Ⅱ－８－２－１、表Ⅱ－８－２－１）

**図Ⅱ－８－２－１　医療，福祉の各月売上高の前年同月比及び寄与度の推移**

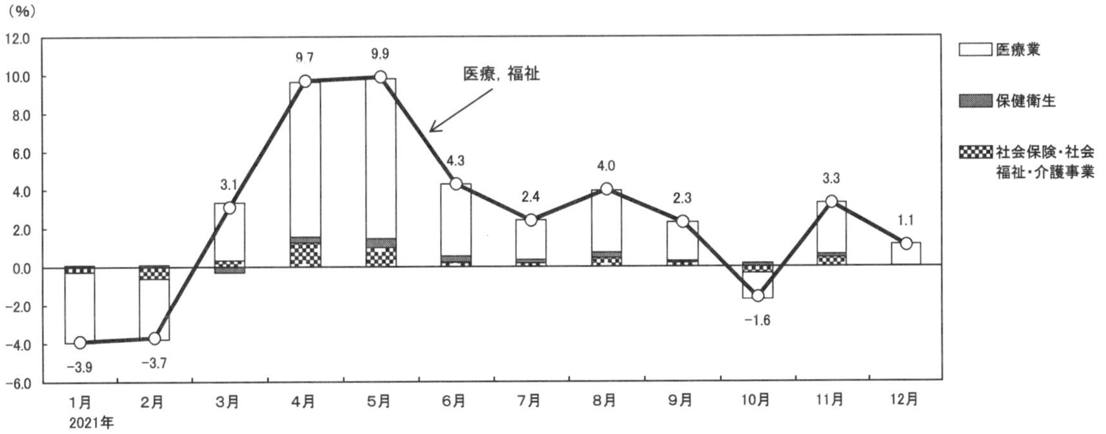

### 表Ⅱ－８－２－１　産業中分類別各月売上高の前年同月比及び寄与度

| | | 2021年 | | | | | | | | | | | |
|---|---|---|---|---|---|---|---|---|---|---|---|---|---|
| | | 1月 | 2月 | 3月 | 4月 | 5月 | 6月 | 7月 | 8月 | 9月 | 10月 | 11月 | 12月 |
| 前年同月比（%） | 医療，福祉 | -3.9 | -3.7 | 3.1 | 9.7 | 9.9 | 4.3 | 2.4 | 4.0 | 2.3 | -1.6 | 3.3 | 1.1 |
| | 医療業 | -5.2 | -4.5 | 4.3 | 11.6 | 12.1 | 5.3 | 2.9 | 4.6 | 2.9 | -1.9 | 3.8 | 1.6 |
| | 保健衛生 | 9.5 | 11.5 | -22.7 | 41.8 | 74.3 | 30.5 | 14.9 | 27.4 | 6.4 | 13.1 | 14.6 | 0.8 |
| | 社会保険・社会福祉・介護事業 | -1.0 | -2.2 | 1.2 | 4.2 | 3.3 | 0.8 | 0.7 | 1.6 | 0.7 | -1.3 | 1.7 | 0.0 |
| 寄与度 | 医療業 | -3.68 | -3.17 | 3.01 | 8.07 | 8.35 | 3.75 | 2.06 | 3.22 | 2.01 | -1.38 | 2.66 | 1.14 |
| | 保健衛生 | 0.08 | 0.10 | -0.29 | 0.30 | 0.45 | 0.31 | 0.17 | 0.28 | 0.08 | 0.16 | 0.18 | 0.01 |
| | 社会保険・社会福祉・介護事業 | -0.27 | -0.62 | 0.33 | 1.25 | 1.00 | 0.23 | 0.18 | 0.45 | 0.21 | -0.35 | 0.46 | 0.00 |

## ②事業従事者数

2021年各月において把握した「医療，福祉」の事業従事者数の前年同月比の推移をみると、５月で最も増加幅が大きくなった。これは、主に「医療業」が増加に寄与したことなどによる。

（図Ⅱ－８－２－２、表Ⅱ－８－２－２）

### 図Ⅱ－８－２－２　医療，福祉の各月事業従事者数の前年同月比及び寄与度の推移

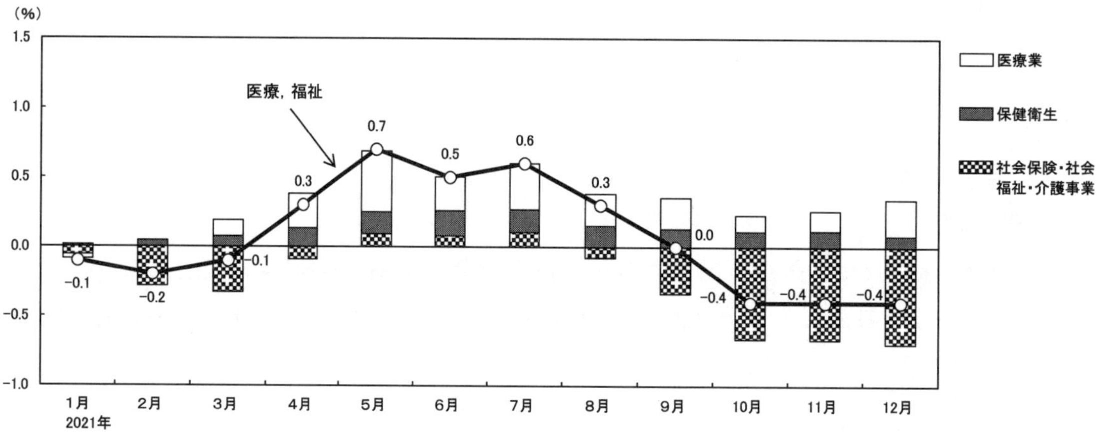


### 表Ⅱ－８－２－２　産業中分類別各月事業従事者数の前年同月比及び寄与度

| | | 2021年 | | | | | | | | | | | |
|---|---|---|---|---|---|---|---|---|---|---|---|---|---|
| | | 1月 | 2月 | 3月 | 4月 | 5月 | 6月 | 7月 | 8月 | 9月 | 10月 | 11月 | 12月 |
| 前年同月比（%） | 医療，福祉 | -0.1 | -0.2 | -0.1 | 0.3 | 0.7 | 0.5 | 0.6 | 0.3 | 0.0 | -0.4 | -0.4 | -0.4 |
| | 医療業 | -0.1 | 0.0 | 0.2 | 0.5 | 0.9 | 0.5 | 0.7 | 0.5 | 0.4 | 0.2 | 0.3 | 0.5 |
| | 保健衛生 | 1.1 | 3.5 | 5.6 | 10.3 | 12.0 | 13.7 | 12.3 | 11.5 | 9.9 | 8.3 | 8.7 | 6.1 |
| | 社会保険・社会福祉・介護事業 | -0.1 | -0.6 | -0.7 | -0.2 | 0.2 | 0.2 | 0.2 | -0.2 | -0.7 | -1.4 | -1.4 | -1.4 |
| 寄与度 | 医療業 | -0.03 | 0.00 | 0.12 | 0.25 | 0.44 | 0.24 | 0.33 | 0.23 | 0.22 | 0.12 | 0.14 | 0.26 |
| | 保健衛生 | 0.01 | 0.05 | 0.07 | 0.13 | 0.16 | 0.18 | 0.16 | 0.15 | 0.13 | 0.11 | 0.12 | 0.08 |
| | 社会保険・社会福祉・介護事業 | -0.06 | -0.28 | -0.33 | -0.09 | 0.09 | 0.08 | 0.11 | -0.08 | -0.34 | -0.66 | -0.67 | -0.70 |

## ９　Ｒ　サービス業（他に分類されないもの）

| | | |
|---|---|---|
| 各月売上高の平均 | 3兆4532億円 | （前年比　2.3%増） |
| 平均事業従事者数 | 374万人 | （　同　1.2%減） |

### （１）各月平均の状況

#### ①各月売上高の平均

2021年各月の「サービス業（他に分類されないもの）」の売上高の平均は３兆4532億円となり、前年と比べると2.3%の増加となった。

増加に寄与した主な分類は「その他の事業サービス業」（寄与度1.37）などとなっている。

（図Ⅱ－９－１－１、表Ⅱ－９－１－１）

図Ⅱ－９－１－１　サービス業（他に分類されないもの）の
各月売上高平均の前年比及び寄与度の推移

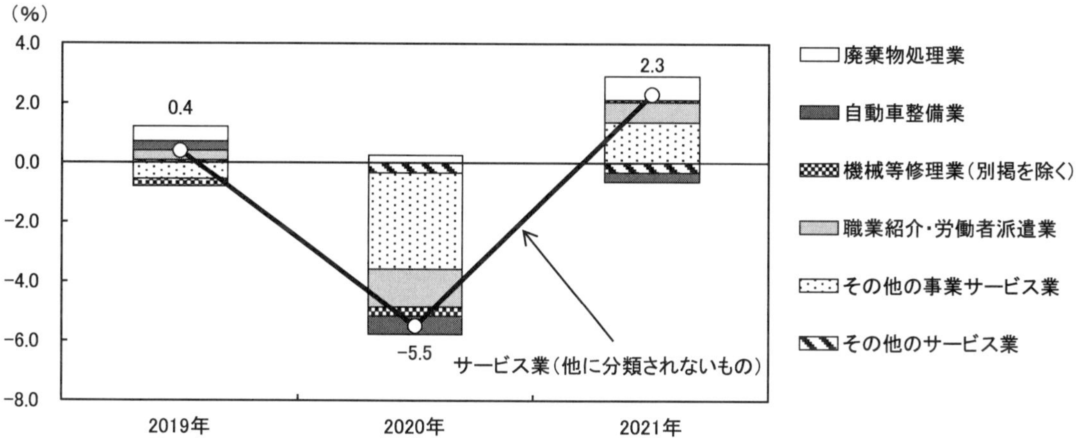


表Ⅱ－９－１－１　産業中分類別各月売上高平均の前年比及び寄与度の推移

| | 実数（百万円） | | | 前年比（%） | | | 寄与度 | | |
|---|---|---|---|---|---|---|---|---|---|
| | 2019年 | 2020年 | 2021年 | 2019年 | 2020年 | 2021年 | 2019年 | 2020年 | 2021年 |
| サービス業（他に分類されないもの） | 3,571,631 | 3,376,345 | 3,453,173 | 0.4 | −5.5 | 2.3 | | | |
| 廃棄物処理業 | 413,703 | 422,923 | 449,709 | 4.4 | 2.2 | 6.3 | 0.49 | 0.26 | 0.79 |
| 自動車整備業 | 293,269 | 271,239 | 260,627 | 3.9 | −7.5 | −3.9 | 0.31 | −0.62 | −0.31 |
| 機械等修理業（別掲を除く） | 374,066 | 363,037 | 365,791 | −2.4 | −2.9 | 0.8 | −0.26 | −0.31 | 0.08 |
| 職業紹介・労働者派遣業 | 633,998 | 588,276 | 611,164 | 1.9 | −7.2 | 3.9 | 0.32 | −1.28 | 0.68 |
| その他の事業サービス業 | 1,799,849 | 1,684,608 | 1,730,801 | −1.1 | −6.4 | 2.7 | −0.55 | −3.23 | 1.37 |
| その他のサービス業 | 58,628 | 46,173 | 35,082 | 5.3 | −21.2 | −24.0 | 0.08 | −0.35 | −0.33 |

産業中分類別に前年と比べると、「廃棄物処理業」が6.3%の増加、「職業紹介・労働者派遣業」が3.9%の増加、「その他の事業サービス業」が2.7%の増加、「機械等修理業（別掲を除く）」が0.8%の増加となったが、「その他のサービス業」が24.0%の減少、「自動車整備業」が3.9%の減少となった。

（表Ⅱ－９－１－１、図Ⅱ－９－１－２）

産業中分類別の構成比をみると、「その他の事業サービス業」が50.1%（１兆7308億円）と最も高く、「サービス業（他に分類されないもの）」の５割を超えている。

（表Ⅱ－９－１－１、図Ⅱ－９－１－３）

図Ⅱ－９－１－２
産業中分類別
各月売上高平均の前年比の推移

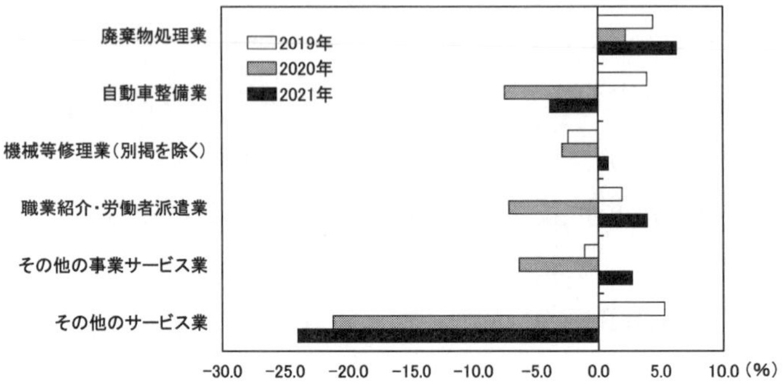


図Ⅱ－９－１－３
産業中分類別
各月売上高平均の
構成比（2021 年）

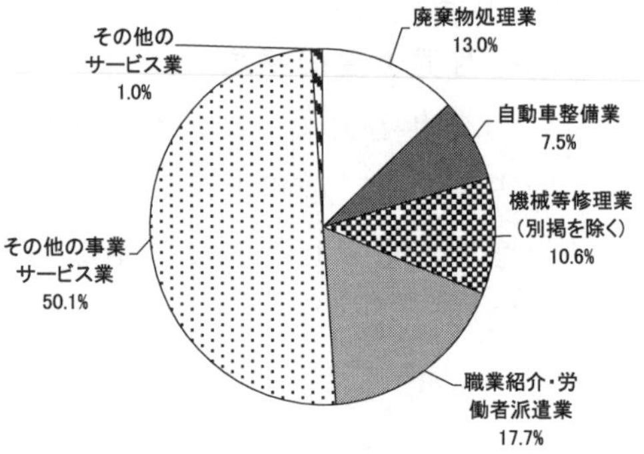


## ②平均事業従事者数

2021 年各月において把握した「サービス業（他に分類されないもの）」の事業従事者数の平均は 374 万人となり、前年と比べると 1.2%の減少となった。

減少に寄与した主な分類は「職業紹介・労働者派遣業」（寄与度-1.51）などとなっている。

（図Ⅱ－９－１－４、表Ⅱ－９－１－２）

図Ⅱ－９－１－４　サービス業（他に分類されないもの）の
平均事業従事者数の前年比及び寄与度の推移

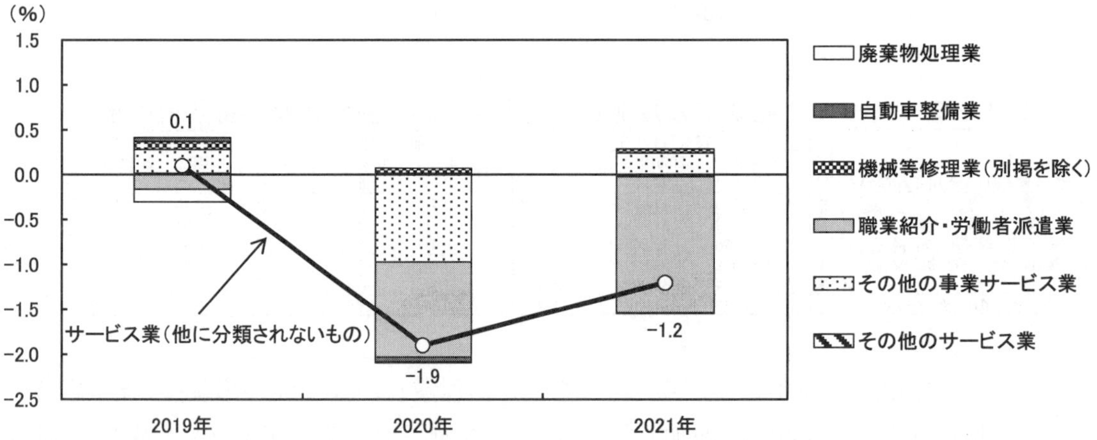


表Ⅱ－９－１－２　産業中分類別平均事業従事者数の前年比及び寄与度の推移

| | 実数（人） | | | 前年比（%） | | | 寄与度 | | |
|---|---|---|---|---|---|---|---|---|---|
| | 2019年 | 2020年 | 2021年 | 2019年 | 2020年 | 2021年 | 2019年 | 2020年 | 2021年 |
| サービス業（他に分類されないもの） | 3,855,300 | 3,782,900 | 3,737,500 | 0.1 | −1.9 | −1.2 | | | |
| 廃棄物処理業 | 337,800 | 337,400 | 337,100 | −1.6 | −0.1 | −0.1 | −0.14 | −0.01 | −0.01 |
| 自動車整備業 | 254,800 | 252,800 | 252,800 | 0.7 | −0.8 | 0.0 | 0.04 | −0.05 | 0.00 |
| 機械等修理業（別掲を除く） | 238,400 | 240,700 | 242,400 | 1.4 | 0.9 | 0.7 | 0.09 | 0.06 | 0.04 |
| 職業紹介・労働者派遣業 | 520,000 | 479,100 | 421,800 | −1.2 | −7.9 | −12.0 | −0.16 | −1.06 | −1.51 |
| その他の事業サービス業 | 2,452,600 | 2,415,200 | 2,424,400 | 0.4 | −1.5 | 0.4 | 0.27 | −0.97 | 0.24 |
| その他のサービス業 | 59,400 | 59,900 | 59,000 | 0.9 | 0.7 | −1.5 | 0.01 | 0.01 | −0.02 |

産業中分類別に前年と比べると、「職業紹介・労働者派遣業」が 12.0％の減少、「その他のサービス業」が 1.5％の減少、「廃棄物処理業」が 0.1％の減少となったが、「機械等修理業（別掲を除く）」が 0.7％の増加、「その他の事業サービス業」が 0.4％の増加、「自動車整備業」が前年と同水準となった。

（表Ⅱ－９－１－２、図Ⅱ－９－１－５）

産業中分類別の構成比をみると、「その他の事業サービス業」が 64.9％（242 万人）と最も高く、「サービス業（他に分類されないもの）」の６割を超えている。

（表Ⅱ－９－１－２、図Ⅱ－９－１－６）

図Ⅱ－９－１－５
産業中分類別
平均事業従事者数の前年比の推移

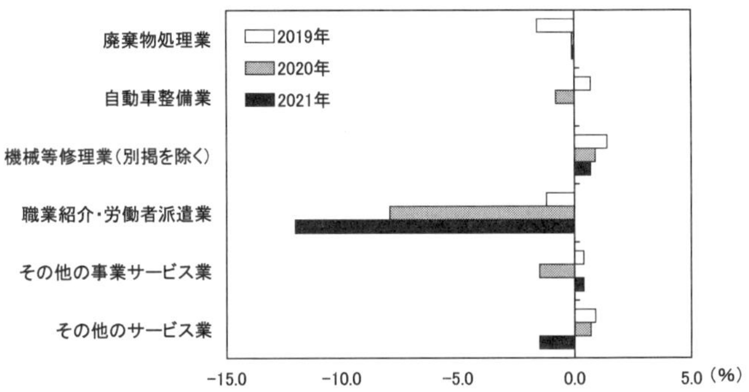


図Ⅱ－９－１－６
産業中分類別
平均事業従事者数の構成比
（2021 年）

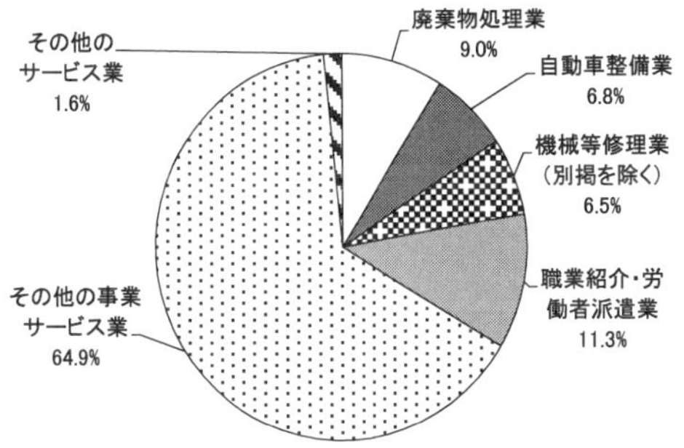


## （２）月別の状況

### ①売上高

2021 年各月の「サービス業（他に分類されないもの）」の売上高の前年同月比の推移をみると、１月から３月まで減少となったものの、４月以降の月では増加となり、５月の増加幅が最も大きくなった。これは、主に「その他の事業サービス業」が増加に寄与したことなどによる。

（図Ⅱ－９－２－１、表Ⅱ－９－２－１）

図Ⅱ－９－２－１　サービス業（他に分類されないもの）の
各月売上高の前年同月比及び寄与度の推移

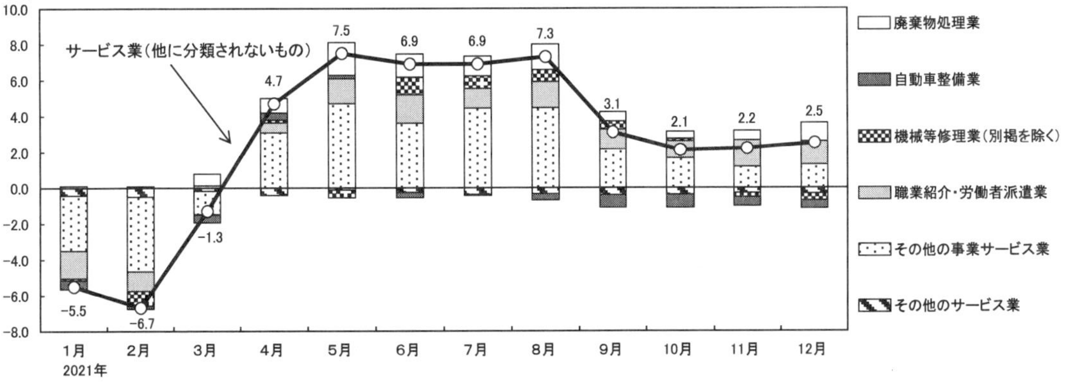

### 表Ⅱ－９－２－１　産業中分類別各月売上高の前年同月比及び寄与度

| | | 2021年 1月 | 2月 | 3月 | 4月 | 5月 | 6月 | 7月 | 8月 | 9月 | 10月 | 11月 | 12月 |
|---|---|---|---|---|---|---|---|---|---|---|---|---|---|
| 前年同月比（%） | サービス業（他に分類されないもの） | -5.5 | -6.7 | -1.3 | 4.7 | 7.5 | 6.9 | 6.9 | 7.3 | 3.1 | 2.1 | 2.2 | 2.5 |
| | 廃棄物処理業 | 0.9 | 0.7 | 5.5 | 6.1 | 14.0 | 10.3 | 8.7 | 11.1 | 4.2 | 3.0 | 4.2 | 8.3 |
| | 自動車整備業 | -6.8 | -2.3 | -5.5 | 4.7 | 2.5 | -3.6 | -0.9 | -4.4 | -8.5 | -8.8 | -6.0 | -5.7 |
| | 機械等修理業（別掲を除く） | -1.1 | -7.6 | -0.3 | 1.7 | -4.0 | 9.2 | 6.7 | 6.1 | 4.1 | 1.4 | -2.2 | -3.4 |
| | 職業紹介・労働者派遣業 | -8.6 | -6.3 | 0.8 | 2.9 | 7.9 | 8.8 | 5.9 | 8.4 | 6.5 | 5.3 | 8.5 | 7.7 |
| | その他の事業サービス業 | -6.0 | -8.2 | -2.5 | 6.4 | 9.5 | 7.3 | 9.1 | 9.0 | 4.3 | 3.4 | 2.4 | 2.5 |
| | その他のサービス業 | -26.3 | -32.8 | -16.5 | -27.3 | -9.5 | -20.1 | -25.8 | -24.2 | -29.5 | -26.2 | -20.3 | -23.6 |
| 寄与度 | 廃棄物処理業 | 0.11 | 0.09 | 0.66 | 0.81 | 1.82 | 1.29 | 1.10 | 1.41 | 0.52 | 0.39 | 0.53 | 1.04 |
| | 自動車整備業 | -0.50 | -0.18 | -0.43 | 0.40 | 0.19 | -0.30 | -0.07 | -0.35 | -0.70 | -0.74 | -0.49 | -0.45 |
| | 機械等修理業（別掲を除く） | -0.11 | -0.85 | -0.03 | 0.16 | -0.44 | 0.99 | 0.71 | 0.67 | 0.45 | 0.15 | -0.24 | -0.38 |
| | 職業紹介・労働者派遣業 | -1.54 | -1.08 | 0.13 | 0.55 | 1.39 | 1.57 | 1.08 | 1.45 | 1.11 | 0.95 | 1.48 | 1.30 |
| | その他の事業サービス業 | -3.07 | -4.17 | -1.29 | 3.09 | 4.71 | 3.61 | 4.45 | 4.46 | 2.15 | 1.66 | 1.18 | 1.29 |
| | その他のサービス業 | -0.42 | -0.49 | -0.17 | -0.42 | -0.11 | -0.25 | -0.36 | -0.34 | -0.40 | -0.38 | -0.28 | -0.32 |

### ②事業従事者数

2021 年各月において把握した「サービス業（他に分類されないもの）」の事業従事者数の前年同月比の推移をみると、５月に増加となったものの、それ以外の月では減少となった。これは、主に「職業紹介・労働者派遣業」が減少に寄与したことなどによる。

（図Ⅱ－９－２－２、表Ⅱ－９－２－２）

### 図Ⅱ－９－２－２　サービス業（他に分類されないもの）の各月事業従事者数の前年同月比及び寄与度の推移

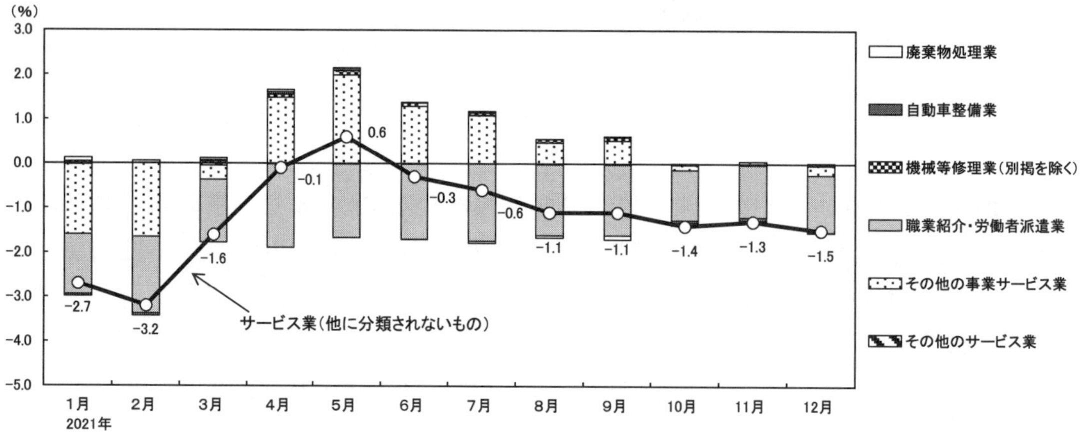


### 表Ⅱ－９－２－２　産業中分類別各月事業従事者数の前年同月比及び寄与度

| | | 2021年 1月 | 2月 | 3月 | 4月 | 5月 | 6月 | 7月 | 8月 | 9月 | 10月 | 11月 | 12月 |
|---|---|---|---|---|---|---|---|---|---|---|---|---|---|
| 前年同月比（%） | サービス業（他に分類されないもの） | -2.7 | -3.2 | -1.6 | -0.1 | 0.6 | -0.3 | -0.6 | -1.1 | -1.1 | -1.4 | -1.3 | -1.5 |
| | 廃棄物処理業 | 1.0 | 0.6 | 0.5 | 0.6 | 0.0 | -0.1 | -0.6 | -0.6 | -1.1 | -0.7 | -0.4 | -0.1 |
| | 自動車整備業 | -0.6 | -0.7 | 0.4 | 0.7 | 0.9 | 0.2 | 0.5 | 0.0 | 0.4 | -0.8 | -1.0 | 0.1 |
| | 機械等修理業（別掲を除く） | 0.6 | 0.0 | 0.7 | 1.2 | 1.6 | 1.2 | 1.0 | 1.2 | 1.1 | 0.0 | 0.0 | 0.2 |
| | 職業紹介・労働者派遣業 | -10.1 | -13.2 | -11.0 | -14.5 | -12.9 | -13.3 | -13.8 | -12.8 | -12.8 | -9.1 | -9.5 | -10.4 |
| | その他の事業サービス業 | -2.4 | -2.6 | -0.5 | 2.3 | 3.1 | 2.0 | 1.7 | 0.7 | 0.8 | -0.2 | 0.1 | -0.3 |
| | その他のサービス業 | -2.0 | 0.2 | -3.5 | -1.2 | -1.0 | -1.0 | -0.3 | -1.3 | -1.5 | -2.0 | -2.0 | -2.3 |
| 寄与度 | 廃棄物処理業 | 0.08 | 0.05 | 0.05 | 0.05 | 0.00 | -0.01 | -0.05 | -0.05 | -0.10 | -0.06 | -0.03 | -0.01 |
| | 自動車整備業 | -0.04 | -0.05 | 0.02 | 0.05 | 0.06 | 0.01 | 0.03 | 0.00 | 0.02 | -0.05 | -0.07 | 0.01 |
| | 機械等修理業（別掲を除く） | 0.04 | 0.00 | 0.04 | 0.08 | 0.10 | 0.07 | 0.06 | 0.08 | 0.07 | 0.00 | 0.00 | 0.01 |
| | 職業紹介・労働者派遣業 | -1.35 | -1.73 | -1.41 | -1.87 | -1.65 | -1.68 | -1.73 | -1.59 | -1.59 | -1.13 | -1.17 | -1.28 |
| | その他の事業サービス業 | -1.57 | -1.65 | -0.31 | 1.48 | 1.99 | 1.29 | 1.08 | 0.48 | 0.52 | -0.11 | 0.05 | -0.22 |
| | その他のサービス業 | -0.03 | 0.00 | -0.06 | -0.02 | -0.02 | -0.02 | -0.01 | -0.02 | -0.02 | -0.03 | -0.03 | -0.04 |

# Summary of the Results

| | |
|---|---|
| Sales (Average per Month) | 30.35 trillion yen (0.4%) |
| Number of the Persons Working at the Location of Establishment (Annual Average) | |
| | 29.19 million persons (-1.2%) |
| | *The figures in parenthesis indicate change over the year. |

## 1. Annual Average

### (1) Sales (Average per Month)

The sales (average per month) of service industries amounted to 30.35 trillion yen in 2021, up 0.4% from the previous year and increasing for the first time in two years since 2019.

The main positive contributors to the increase in sales of service industries were "Transport and postal activities" contributing 0.51 percentage points; "Medical, health care and welfare" contributing 0.39 percentage points; and "Information and communications" contributing 0.29 percentage points, while the main negative contributor was "Accommodations, eating and drinking services" contributing -0.78 percentage points.

(Figure 1-1, Table 1-1)

**Figure1-1 Change over the Year and Contribution to Change in Sales (Average per Month) of Service Industries**

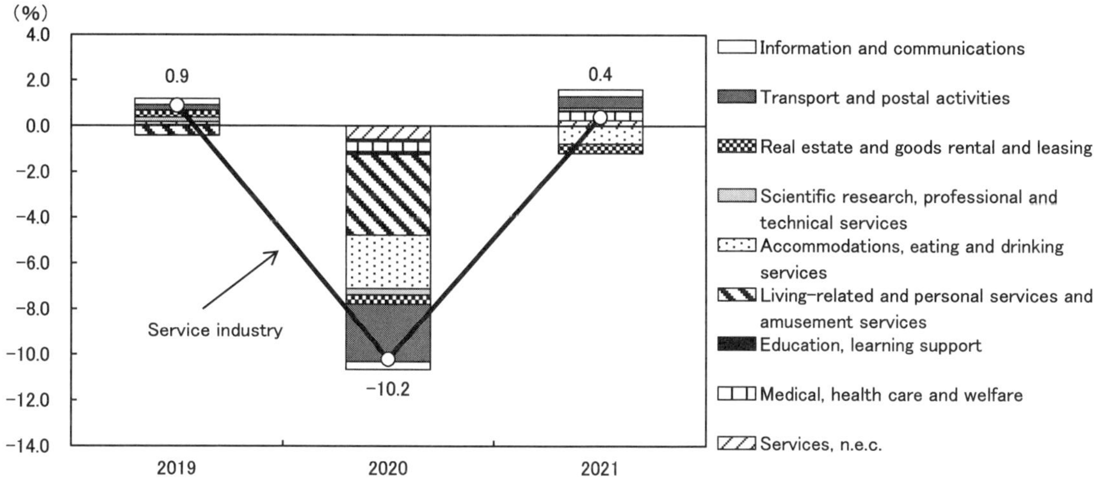

**Table 1-1 Change over the Year and Contribution to Change in Sales (Average per Month) by Industry (Major Groups)**

| | Actual figures (million yen) 1) | | | Change over the year (%) | | | Contribution to change 2) | | |
|---|---|---|---|---|---|---|---|---|---|
| | 2019 | 2020 | 2021 | 2019 | 2020 | 2021 | 2019 | 2020 | 2021 |
| Service industry | 33,685,154 | 30,240,087 | 30,346,077 | 0.9 | −10.2 | 0.4 | | | |
| Information and communications | 5,009,130 | 4,894,688 | 4,983,495 | 1.8 | −2.3 | 1.8 | 0.27 | −0.34 | 0.29 |
| Transport and postal activities | 5,382,396 | 4,529,930 | 4,682,977 | 1.5 | −15.8 | 3.4 | 0.24 | −2.53 | 0.51 |
| Real estate and goods rental and leasing | 4,353,824 | 4,217,742 | 4,093,893 | 2.5 | −3.1 | −2.9 | 0.31 | −0.40 | −0.41 |
| Scientific research, professional and technical services | 2,890,659 | 2,797,143 | 2,834,406 | 2.2 | −3.2 | 1.3 | 0.19 | −0.28 | 0.12 |
| Accommodations, eating and drinking services | 2,796,027 | 2,009,904 | 1,775,411 | 0.0 | −28.1 | −11.7 | 0.00 | −2.33 | −0.78 |
| Living-related and personal services and amusement services | 4,513,404 | 3,320,526 | 3,326,280 | −2.9 | −26.4 | 0.2 | −0.41 | −3.54 | 0.02 |
| Education, learning support | 326,112 | 284,300 | 289,303 | 1.2 | −12.8 | 1.8 | 0.01 | −0.12 | 0.02 |
| Medical, health care and welfare | 4,969,351 | 4,789,946 | 4,907,139 | 0.9 | −3.6 | 2.4 | 0.13 | −0.53 | 0.39 |
| Services, n.e.c. | 3,571,631 | 3,376,345 | 3,453,173 | 0.4 | −5.5 | 2.3 | 0.04 | −0.58 | 0.25 |

Note: 1) The population of the survey was changed and the sample establishments were replaced in January 2021. To remove the gaps caused by this change, the actual figures for 2020 and earlier have been adjusted in this annual report.

2) The contributions to change of each year were calculated using the adjusted figures of the previous year respectively. Since the adjusted figures were calculated individually for each industry, the sum of contributions from each industry to the total change of service industries may not equal the total change over the year of service industries. The same applies hereinafter.

By industry, the sales (average per month) increased in 7 industries: "Transport and postal activities" (an increase of 3.4%), "Medical, health care and welfare" (an increase of 2.4%), "Services, n.e.c" (an increase of 2.3%), "Information and communications" and "Education, learning support" (an increase of 1.8%), "Scientific research, professional and technical services" (an increase of 1.3%), and "Living-related and personal services and amusement services" (an increase of 0.2%).

On the other hand, the sales decreased in 2 industries: "Accommodations, eating and drinking services" (a decrease of 11.7%), and "Real estate and goods rental and leasing" (a decrease of 2.9%).

(Table 1-1, Figure 1-2)

"Information and communications" accounted for the largest proportion (16.4% of service industries or 4.98 trillion yen), while "Education, learning support" accounted for the smallest proportion (1.0% or 0.29 trillion yen).

(Table 1-1, Figure 1-3)

**Figure 1-2 Change over the Year of Sales (Average per Month) by Industry (Major Groups)**

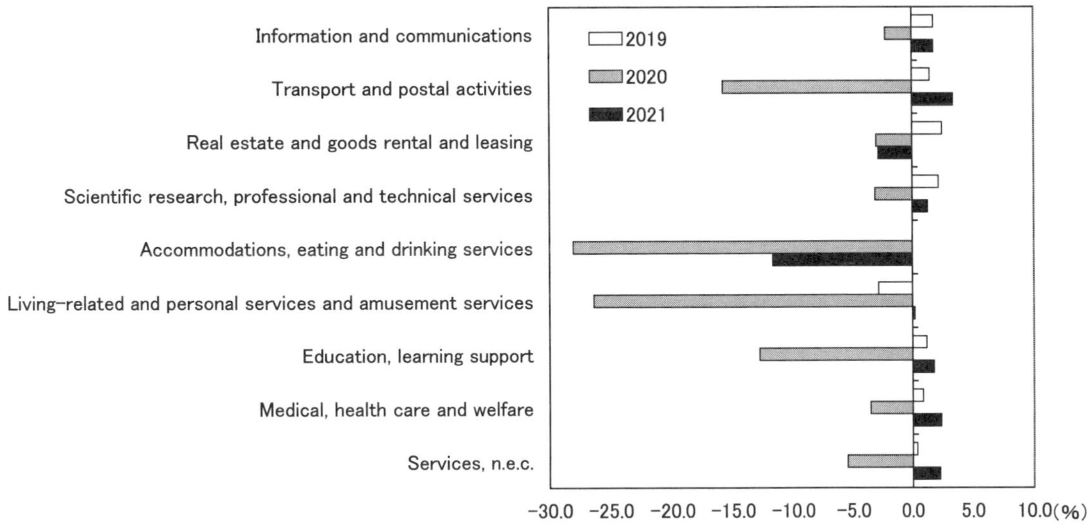


**Figure 1-3 Composition of Sales (Average per Month) by Industry (Major Groups) in 2021**

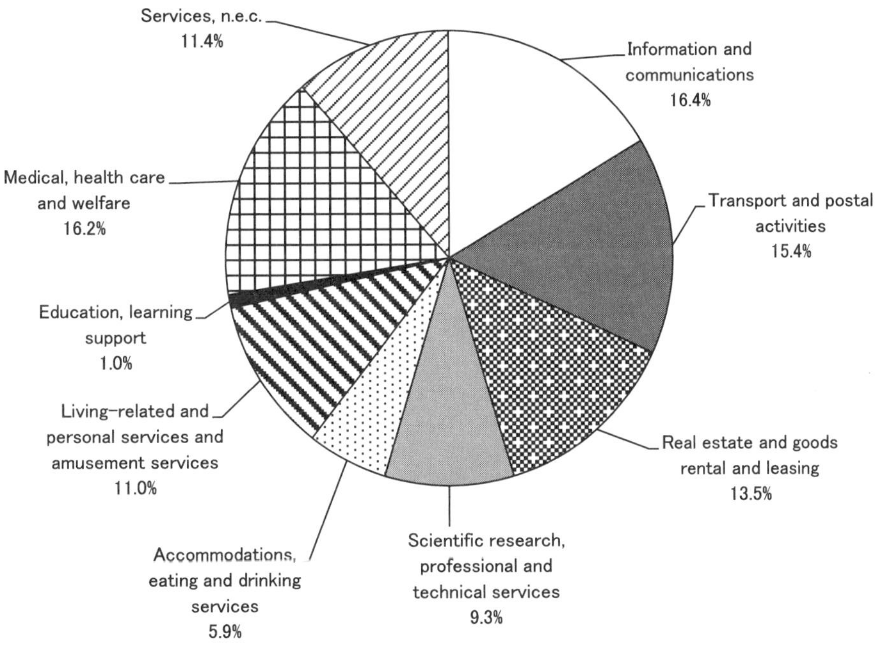


## (2) Number of Persons Working at the Location of Establishment

The number of persons working at the location of establishment (annual average) of service industries amounted to 29.19 million in 2021, down 1.2% from the previous year and marking a decrease for the second consecutive year.

The main negative contributors to the decrease in the number of persons of service industries were "Accommodations, eating and drinking services" contributing -0.82 percentage points; "Living-related and personal services and amusement services" contributing -0.26 percentage points; and "Services, n.e.c." contributing -0.15 percentage points, while the main positive contributor was "Information and communications" contributing 0.06 percentage points.

(Figure 1-4, Table 1-2)

**Figure 1-4 Change over the Year and Contribution to Change in the Number of Persons Working at the Location of Establishment (Annual Average) of Service Industries**

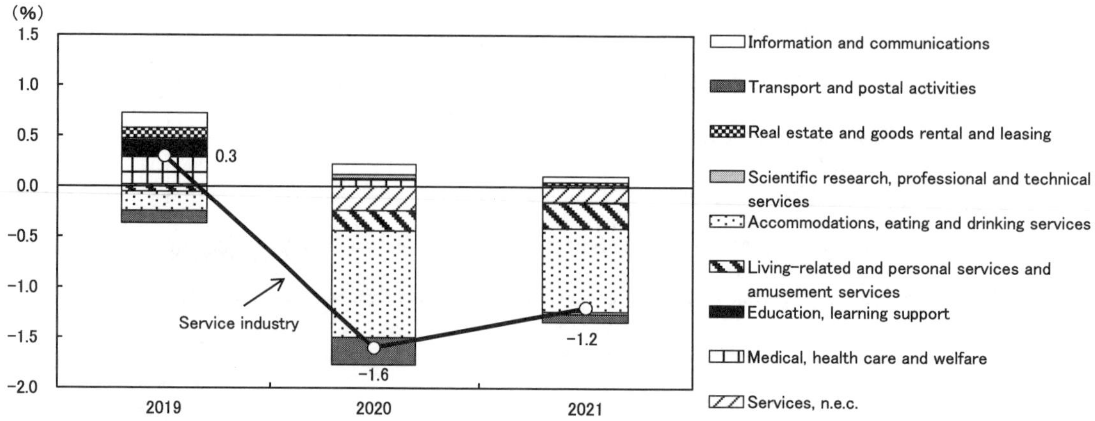


**Table 1-2 Change over the Year and Contribution to Change in the Number of Persons Working at the Location of Establishment (Annual Average) by Industry (Major Groups)**

| | Actual figures (person) | | | Change over the year (%) | | | Contribution to change | | |
|---|---|---|---|---|---|---|---|---|---|
| | 2019 | 2020 | 2021 | 2019 | 2020 | 2021 | 2019 | 2020 | 2021 |
| Service industry | 30,027,600 | 29,555,800 | 29,192,800 | 0.3 | −1.6 | −1.2 | | | |
| Information and communications | 1,938,100 | 1,968,600 | 1,986,300 | 2.3 | 1.6 | 0.9 | 0.15 | 0.10 | 0.06 |
| Transport and postal activities | 3,455,000 | 3,372,700 | 3,349,100 | −1.0 | −2.4 | −0.7 | −0.12 | −0.27 | −0.08 |
| Real estate and goods rental and leasing | 1,578,200 | 1,578,800 | 1,586,500 | 2.0 | 0.0 | 0.5 | 0.10 | 0.00 | 0.03 |
| Scientific research, professional and technical services | 1,752,700 | 1,763,700 | 1,756,200 | 0.3 | 0.6 | −0.4 | 0.02 | 0.04 | −0.03 |
| Accommodations, eating and drinking services | 5,470,300 | 5,154,600 | 4,911,500 | −1.0 | −5.8 | −4.7 | −0.19 | −1.05 | −0.82 |
| Living-related and personal services and amusement services | 2,511,400 | 2,450,200 | 2,374,600 | −0.6 | −2.4 | −3.1 | −0.05 | −0.20 | −0.26 |
| Education, learning support | 993,000 | 997,800 | 996,100 | 5.3 | 0.5 | −0.2 | 0.17 | 0.02 | −0.01 |
| Medical, health care and welfare | 8,470,600 | 8,489,600 | 8,494,900 | 1.0 | 0.2 | 0.1 | 0.27 | 0.06 | 0.02 |
| Services, n.e.c. | 3,855,300 | 3,782,900 | 3,737,500 | 0.1 | −1.9 | −1.2 | 0.02 | −0.24 | −0.15 |

By industry, the number of persons working at the location of establishment (annual average) decreased in 6 industries: "Accommodations, eating and drinking services" (a decrease of 4.7%), "Living-related and personal services and amusement services" (a decrease of 3.1%), "Services, n.e.c." (a decrease of 1.2%), "Transport and postal activities" (a decrease of 0.7%), "Scientific research, professional and technical services" (a decrease of 0.4%), and "Education, learning support" (a decrease of 0.2%).

On the other hand, the number of persons working at the location of establishment (annual average) increased in 3 industries: "Information and communications" (an increase of 0.9%), "Real estate and goods rental and leasing" (an increase of 0.5%), and "Medical, health care and welfare" (an increase of 0.1%).

(Table 1-2, Figure 1-5)

"Medical, health care and welfare" accounted for the largest proportion (29.1% of service industries or 8.49 million persons), followed by "Accommodations, eating and drinking services" (16.8% or 4.91 million persons). These two industries thus cover more than 40 percent of service industries.

(Table 1-2, Figure 1-6)

**Figure 1-5 Change over the Year of the Number of Persons Working at the Location of Establishment (Annual Average) by Industry (Major Groups)**

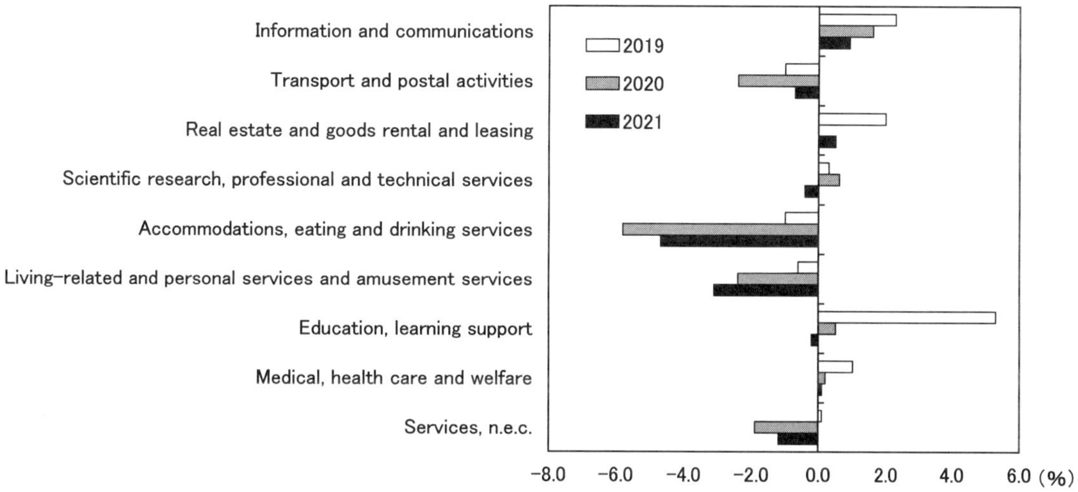


**Figure 1-6 Composition of the Number of Persons Working at the Location of Establishment (Annual Average) by Industry (Major Groups) in 2021**

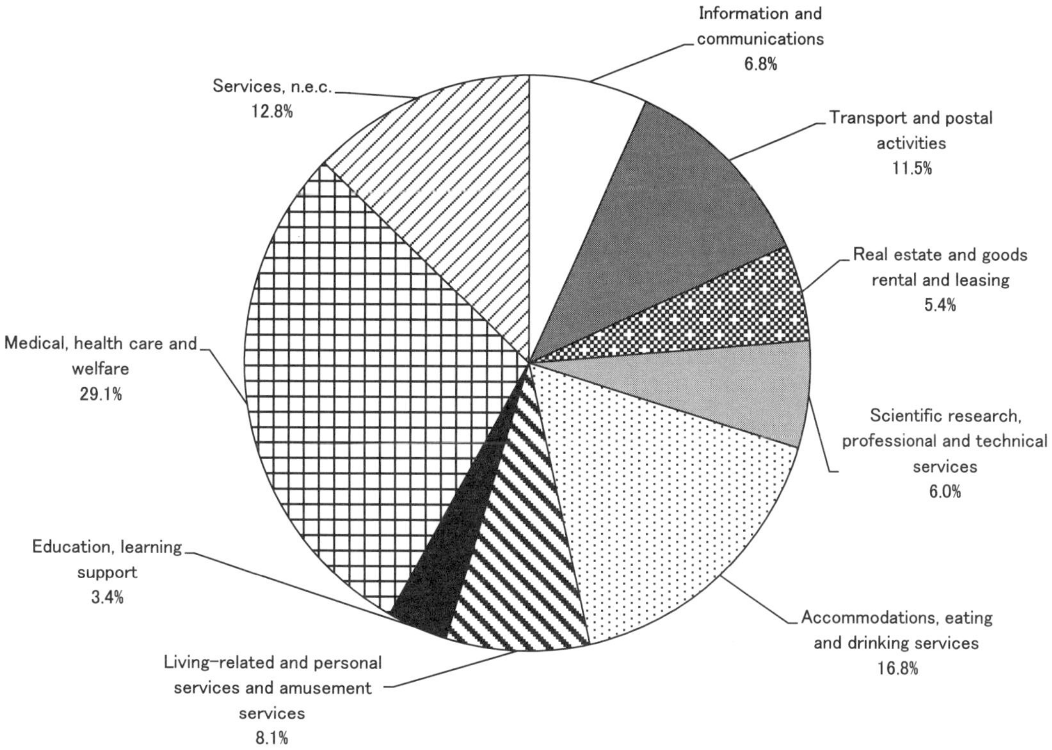

## 2. Monthly Change

### (1) Sales

The monthly sales of service industries increased significantly in April and May, compared with the previous year. The largest increase of monthly sales was in May by 14.0%, mainly due to an increase in "Living-related and personal services and amusement services" and "Transport and postal activities".

However, the monthly sales of service industries were still low compared with 2019, before the spread of the novel coronavirus disease (COVID-19).

(Figure 2-1, Table 2-1)

**Figure 2-1 Change over the Year and Contribution to Change in Monthly Sales of Service Industries**

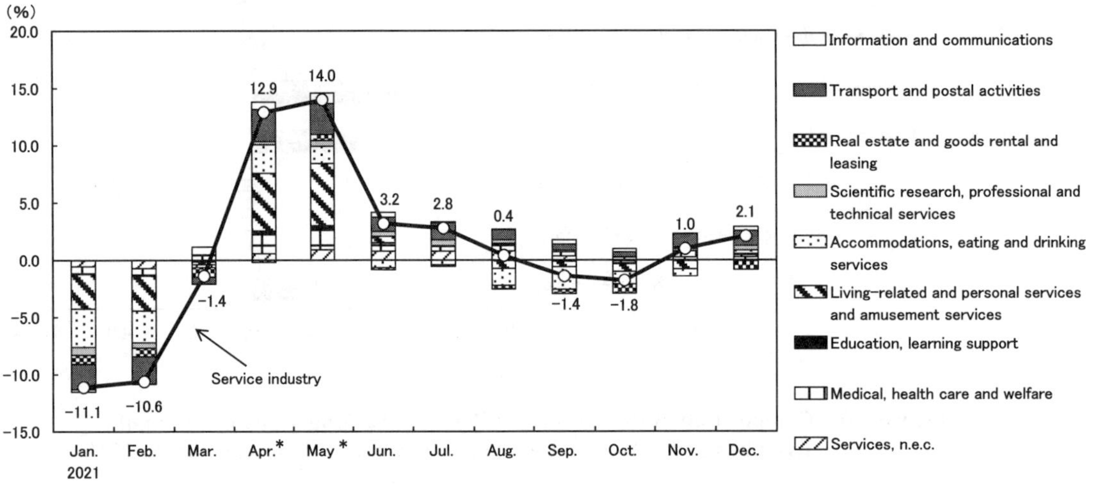


* Compared with same months of 2019, the monthly sales decreased by 10.1% in April and decreased by 12.5% in May.

**Table 2-1 Change over the Year and Contribution to Change in Monthly Sales by Industry (Major Groups)**

| | | 2021 | | | | | | | | | | | |
|---|---|---|---|---|---|---|---|---|---|---|---|---|---|
| | | Jan. | Feb. | Mar. | Apr. | May | Jun. | Jul. | Aug. | Sep. | Oct. | Nov. | Dec. |
| Change over the year (%) | Service industry | -11.1 | -10.6 | -1.4 | 12.9 | 14.0 | 3.2 | 2.8 | 0.4 | -1.4 | -1.8 | 1.0 | 2.1 |
| | Information and communications | -1.3 | 0.0 | 3.8 | 3.9 | 5.5 | 2.6 | 0.5 | 0.2 | 2.1 | 2.0 | 0.1 | 2.1 |
| | Transport and postal activities | -14.5 | -15.3 | -4.3 | 18.4 | 18.4 | 8.6 | 9.9 | 6.1 | 3.6 | 2.8 | 7.5 | 8.8 |
| | Real estate and goods rental and leasing | -6.1 | -5.5 | -5.7 | -1.1 | 3.4 | -1.2 | -1.1 | -2.4 | -2.8 | -6.0 | 1.2 | -5.8 |
| | Scientific research, professional and technical services | -8.2 | -5.5 | 0.2 | 2.8 | 5.3 | 4.5 | 6.1 | 3.7 | 1.7 | 0.1 | 2.3 | 4.2 |
| | Accommodations, eating and drinking services | -39.9 | -36.2 | -4.8 | 59.6 | 31.7 | -11.3 | -6.0 | -20.4 | -30.2 | -14.9 | -8.4 | 4.5 |
| | Living-related and personal services and amusement services | -22.6 | -24.3 | -2.5 | 65.7 | 65.2 | 5.3 | 0.5 | -5.7 | -4.5 | -5.8 | -6.1 | 0.9 |
| | Education, learning support | -6.2 | -10.5 | 4.8 | 43.4 | 59.6 | 3.6 | 0.4 | -3.4 | -10.8 | -6.9 | -6.8 | -3.1 |
| | Medical, health care and welfare | -3.9 | -3.7 | 3.1 | 9.7 | 9.9 | 4.3 | 2.4 | 4.0 | 2.3 | -1.6 | 3.3 | 1.1 |
| | Services, n.e.c. | -5.5 | -6.7 | -1.3 | 4.7 | 7.5 | 6.9 | 6.9 | 7.3 | 3.1 | 2.1 | 2.2 | 2.5 |
| Contribution to change | Information and communications | -0.20 | -0.01 | 0.68 | 0.64 | 0.92 | 0.44 | 0.07 | 0.03 | 0.37 | 0.30 | 0.02 | 0.35 |
| | Transport and postal activities | -2.22 | -2.38 | -0.62 | 2.83 | 2.73 | 1.24 | 1.48 | 0.89 | 0.52 | 0.44 | 1.16 | 1.30 |
| | Real estate and goods rental and leasing | -0.79 | -0.76 | -0.85 | -0.18 | 0.52 | -0.17 | -0.15 | -0.33 | -0.38 | -0.79 | 0.16 | -0.80 |
| | Scientific research, professional and technical services | -0.69 | -0.47 | 0.02 | 0.28 | 0.50 | 0.43 | 0.52 | 0.31 | 0.16 | 0.01 | 0.20 | 0.40 |
| | Accommodations, eating and drinking services | -3.34 | -2.77 | -0.26 | 2.49 | 1.50 | -0.66 | -0.41 | -1.50 | -2.00 | -1.12 | -0.64 | 0.31 |
| | Living-related and personal services and amusement services | -3.02 | -3.04 | -0.24 | 5.02 | 5.41 | 0.55 | 0.06 | -0.70 | -0.48 | -0.68 | -0.72 | 0.10 |
| | Education, learning support | -0.06 | -0.11 | 0.04 | 0.34 | 0.39 | 0.03 | 0.00 | -0.04 | -0.11 | -0.07 | -0.07 | -0.03 |
| | Medical, health care and welfare | -0.60 | -0.56 | 0.41 | 1.65 | 1.73 | 0.70 | 0.41 | 0.66 | 0.36 | -0.26 | 0.53 | 0.17 |
| | Services, n.e.c. | -0.58 | -0.74 | -0.14 | 0.57 | 0.90 | 0.78 | 0.78 | 0.80 | 0.34 | 0.23 | 0.25 | 0.27 |

## (2) Number of Persons Working at the Location of Establishment

The monthly number of persons working at the location of establishment of service industries decreased in all months of 2021 except May, compared with the previous year. The largest decrease of monthly number of persons working at the location of establishment was in February by 2.9%, mainly due to a decrease in "Accommodations, eating and drinking services".

"Accommodations, eating and drinking services" and "Living-related and personal services and amusement services" contributed to the decrease every month.

(Figure 2-2, Table 2-2)

**Figure 2-2　Change over the Year and Contribution to Change in the Number of Persons Working at the Location of Establishment of Service Industries**

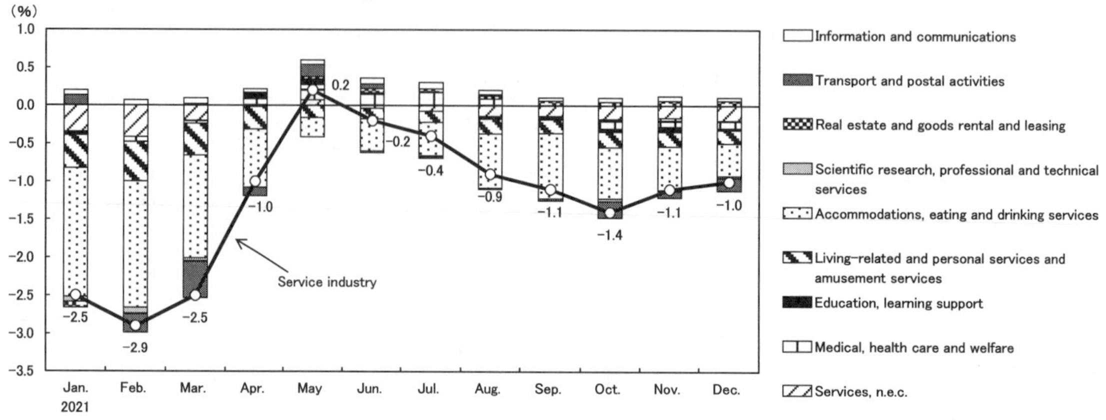


**Table 2-2　Change over the Year and Contribution to Change in the Number of Persons Working at the Location of Establishment by Industry (Major Groups)**

| | | 2021 | | | | | | | | | | | |
|---|---|---|---|---|---|---|---|---|---|---|---|---|---|
| | | Jan. | Feb. | Mar. | Apr. | May | Jun. | Jul. | Aug. | Sep. | Oct. | Nov. | Dec. |
| Change over the year (%) | Service industry | −2.5 | −2.9 | −2.5 | −1.0 | 0.2 | −0.2 | −0.4 | −0.9 | −1.1 | −1.4 | −1.1 | −1.0 |
| | Information and communications | 1.0 | 1.0 | 1.2 | 0.7 | 0.9 | 1.1 | 1.2 | 0.8 | 0.6 | 0.8 | 0.9 | 0.6 |
| | Transport and postal activities | 1.2 | −2.1 | −4.1 | −1.0 | 1.5 | 0.5 | −0.2 | 0.2 | 0.0 | −1.9 | −0.7 | −1.5 |
| | Real estate and goods rental and leasing | −1.4 | −0.2 | −0.2 | 0.4 | 0.5 | 1.0 | 0.8 | 0.7 | 1.1 | 0.9 | 1.2 | 1.2 |
| | Scientific research, professional and technical services | −1.1 | −1.3 | −0.6 | 0.2 | 0.0 | −0.4 | −0.1 | −0.2 | −0.4 | −0.6 | −0.2 | −0.4 |
| | Accommodations, eating and drinking services | −9.2 | −9.2 | −7.6 | −4.4 | −1.5 | −2.5 | −2.6 | −4.1 | −4.9 | −3.9 | −3.3 | −2.4 |
| | Living-related and personal services and amusement services | −5.2 | −6.1 | −5.0 | −3.5 | −1.9 | −1.7 | −1.8 | −2.4 | −2.2 | −2.5 | −2.4 | −2.2 |
| | Education, learning support | −0.8 | 0.0 | 0.5 | 1.6 | 2.2 | 0.7 | 0.1 | −1.1 | −1.3 | −1.3 | −1.9 | −0.7 |
| | Medical, health care and welfare | −0.1 | −0.2 | −0.1 | 0.3 | 0.7 | 0.5 | 0.6 | 0.3 | 0.0 | −0.4 | −0.4 | −0.4 |
| | Services, n.e.c. | −2.7 | −3.2 | −1.6 | −0.1 | 0.6 | −0.3 | −0.6 | −1.1 | −1.1 | −1.4 | −1.3 | −1.5 |
| Contribution to change | Information and communications | 0.06 | 0.07 | 0.08 | 0.04 | 0.06 | 0.08 | 0.08 | 0.06 | 0.04 | 0.05 | 0.06 | 0.04 |
| | Transport and postal activities | 0.13 | −0.24 | −0.47 | −0.11 | 0.17 | 0.06 | −0.02 | 0.02 | 0.00 | −0.22 | −0.09 | −0.17 |
| | Real estate and goods rental and leasing | −0.08 | −0.01 | −0.01 | 0.02 | 0.03 | 0.05 | 0.04 | 0.04 | 0.06 | 0.05 | 0.06 | 0.06 |
| | Scientific research, professional and technical services | −0.07 | −0.08 | −0.03 | 0.01 | 0.00 | −0.02 | −0.01 | −0.01 | −0.02 | −0.04 | −0.01 | −0.02 |
| | Accommodations, eating and drinking services | −1.69 | −1.66 | −1.35 | −0.76 | −0.25 | −0.42 | −0.44 | −0.71 | −0.85 | −0.67 | −0.57 | −0.42 |
| | Living-related and personal services and amusement services | −0.43 | −0.51 | −0.42 | −0.30 | −0.16 | −0.14 | −0.15 | −0.20 | −0.18 | −0.20 | −0.19 | −0.18 |
| | Education, learning support | −0.03 | 0.00 | 0.02 | 0.05 | 0.07 | 0.02 | 0.00 | −0.04 | −0.04 | −0.04 | −0.07 | −0.02 |
| | Medical, health care and welfare | −0.02 | −0.07 | −0.04 | 0.08 | 0.20 | 0.14 | 0.17 | 0.09 | 0.00 | −0.13 | −0.12 | −0.10 |
| | Services, n.e.c. | −0.35 | −0.41 | −0.20 | −0.02 | 0.07 | −0.04 | −0.07 | −0.14 | −0.14 | −0.18 | −0.16 | −0.20 |

# 統　　計　　表

## 統計表利用上の注意

1　結果数値は表章単位未満を四捨五入（事業従事者数は百人未満を四捨五入）しているため、総数と内訳の合計とは必ずしも一致しない。

2　四半期及び年は、それぞれ、当該３か月又は12か月の四捨五入前の月間数値の平均を四捨五入（事業従事者数は百人未満を四捨五入）しているため、各月の結果数値の平均とは必ずしも一致しない。

3　サービス産業動向調査では、２年ごとに標本交替を行っている。このため、第１－１表及び第１－２表に掲載する実数（売上高及び事業従事者数）については、この標本交替により生じる変動を過去に遡って調整している。本報告書においては、2020年以前の実数について、標本交替により生じた変動を調整した値（調整値）を掲載している。なお、調整は産業分類ごとに行っているため、上位分類の調整値は下位分類の調整値の合計とは必ずしも一致しない。

4　前期比の算出方法は、以下のとおりである。

前期比（%）＝｛(当期値－前期値）／前期値｝×100

5　統計表中の「－」は該当数値のないことを、「X」は該当数値を秘匿したことを示す。

# Statistical Tables

## Notes regarding Statistical Tables

1 Details may not equal totals since the figures are rounded (the number of persons working at the location of establishment is rounded to the nearest hundred).

2 The quarterly and annual averages may not equal the arithmetic mean of the monthly figures given in the tables since they are arithmetic means of the monthly figures before rounding.

3 The sample establishments are replaced every 2 years. Therefore, differences arising from replacement of the sample establishments for actual figures (sales and the number of persons working at the location of establishment) are adjusted retrospectively in tables 1-1 and 1-2. In this annual report, actual figures for 2020 and earlier are the adjusted figures, which were calculated in accordance with the replacements of sample establishments. Furthermore, the sum of adjusted figures for lower-level industrial groups may not equal those for upper-level groups since the adjusted figures were calculated individually for each industry group.

4 "Change over the year" is calculated as follows:

Change over the year (%) = {(Current value – Previous value)/ Previous value}*100

5 In the statistical tables, “-” indicates that there is no relevant data and “X” indicates that the relevant figure is kept confidential.

| 年 | 月 | 合計<br>Total | サービス産業計<br>Service industry | G<br>情報通信業<br>Information and communications | 37<br>通信業<br>Communications | 38<br>放送業<br>Broadcasting | 39<br>情報サービス業<br>Information services | 40<br>インターネット附随サービス業<br>Internet based services | 41<br>映像・音声・文字情報制作業<br>Video picture, sound information, character information production and distribution |
|---|---|---|---|---|---|---|---|---|---|
| 実数（百万円）※ | | | | | | | | | |
| 年平均 | | | | | | | | | |
| 2013年 | | 31,322,651 | 30,724,663 | 4,317,424 | 1,481,782 | 303,716 | 1,754,816 | 225,993 | 531,112 |
| 2014年 | | 31,893,221 | 31,384,699 | 4,470,638 | 1,522,253 | 317,483 | 1,858,576 | 227,694 | 526,404 |
| 2015年 | | 32,844,820 | 32,138,324 | 4,608,888 | 1,511,060 | 317,479 | 1,973,897 | 245,222 | 544,525 |
| 2016年 | | 33,132,672 | 32,302,376 | 4,696,047 | 1,536,676 | 320,887 | 2,019,725 | 275,483 | 529,635 |
| 2017年 | | 33,740,685 | 32,915,724 | 4,756,944 | 1,560,022 | 317,086 | 2,072,450 | 293,540 | 513,895 |
| 2018年 | | 34,309,525 | 33,380,752 | 4,920,353 | 1,663,997 | 321,291 | 2,121,678 | 300,121 | 514,667 |
| 2019年 | | 34,636,485 | 33,685,154 | 5,009,130 | 1,643,671 | 316,547 | 2,189,118 | 328,803 | 532,736 |
| 2020年 | | 31,170,571 | 30,240,087 | 4,894,688 | 1,607,364 | 289,676 | 2,172,314 | 336,898 | 490,589 |
| 2021年 | | 31,304,907 | 30,346,077 | 4,983,495 | 1,581,731 | 297,542 | 2,267,879 | 345,691 | 490,652 |
| 四半期平均 | | | | | | | | | |
| 2020年 | 1～3月期 | 34,688,383 | 33,542,007 | 5,405,806 | 1,686,127 | 313,572 | 2,510,722 | 339,239 | 554,643 |
| | 4～6月期 | 27,368,771 | 26,571,419 | 4,480,055 | 1,534,282 | 266,028 | 1,928,203 | 322,307 | 432,949 |
| | 7～9月期 | 30,435,158 | 29,542,349 | 4,810,812 | 1,575,727 | 277,854 | 2,158,283 | 333,410 | 467,384 |
| | 10～12月期 | 32,189,972 | 31,304,574 | 4,882,078 | 1,633,319 | 301,250 | 2,092,047 | 352,636 | 507,381 |
| 2021年 | 1～3月期 | 32,068,560 | 31,081,177 | 5,468,440 | 1,680,612 | 307,193 | 2,581,824 | 357,157 | 541,654 |
| | 4～6月期 | 30,051,288 | 29,142,496 | 4,654,099 | 1,540,015 | 290,372 | 2,037,771 | 328,040 | 457,901 |
| | 7～9月期 | 30,664,596 | 29,712,601 | 4,858,371 | 1,531,629 | 288,621 | 2,230,447 | 340,846 | 466,828 |
| | 10～12月期 | 32,435,185 | 31,448,034 | 4,953,070 | 1,574,669 | 303,983 | 2,221,473 | 356,721 | 496,224 |
| 月次 | | | | | | | | | |
| 2020年 | 1月 | 32,823,230 | 31,695,714 | 4,786,247 | 1,650,701 | 311,178 | 1,987,879 | 331,206 | 509,661 |
| | 2月 | 32,613,928 | 31,694,928 | 4,714,512 | 1,636,298 | 292,647 | 1,940,008 | 323,154 | 526,929 |
| | 3月 | 38,627,991 | 37,235,378 | 6,716,660 | 1,771,382 | 336,890 | 3,604,280 | 363,358 | 627,337 |
| | 4月 | 26,834,475 | 26,040,417 | 4,336,992 | 1,538,350 | 278,936 | 1,725,814 | 336,862 | 464,777 |
| | 5月 | 25,412,808 | 24,657,306 | 4,177,115 | 1,509,033 | 260,632 | 1,703,007 | 305,878 | 403,753 |
| | 6月 | 29,859,030 | 29,016,534 | 4,926,057 | 1,555,463 | 258,515 | 2,355,789 | 324,180 | 430,317 |
| | 7月 | 29,745,152 | 28,928,256 | 4,498,968 | 1,573,334 | 273,116 | 1,876,690 | 334,135 | 447,125 |
| | 8月 | 29,470,742 | 28,673,255 | 4,473,254 | 1,553,207 | 272,245 | 1,858,982 | 329,350 | 464,912 |
| | 9月 | 32,089,580 | 31,025,535 | 5,460,215 | 1,600,641 | 288,201 | 2,739,177 | 336,744 | 490,113 |
| | 10月 | 31,504,111 | 30,635,484 | 4,552,914 | 1,606,330 | 289,424 | 1,833,298 | 334,192 | 496,134 |
| | 11月 | 31,210,756 | 30,353,439 | 4,660,279 | 1,639,570 | 297,164 | 1,887,026 | 353,871 | 489,849 |
| | 12月 | 33,855,048 | 32,924,800 | 5,433,041 | 1,654,059 | 317,162 | 2,555,816 | 369,844 | 536,161 |
| 2021年 | 1月 | 29,040,871 | 28,188,978 | 4,723,507 | 1,670,994 | 301,263 | 1,928,485 | 344,217 | 478,549 |
| | 2月 | 29,229,542 | 28,338,172 | 4,712,244 | 1,649,201 | 283,390 | 1,976,718 | 330,292 | 472,643 |
| | 3月 | 37,935,267 | 36,716,380 | 6,969,570 | 1,721,642 | 336,928 | 3,840,268 | 396,963 | 673,770 |
| | 4月 | 30,287,951 | 29,387,672 | 4,504,417 | 1,540,083 | 290,036 | 1,847,865 | 328,378 | 498,054 |
| | 5月 | 28,976,426 | 28,106,872 | 4,404,774 | 1,538,526 | 290,460 | 1,835,639 | 320,515 | 419,635 |
| | 6月 | 30,889,487 | 29,932,944 | 5,053,106 | 1,541,436 | 290,619 | 2,429,809 | 335,227 | 456,015 |
| | 7月 | 30,698,522 | 29,752,512 | 4,519,936 | 1,524,678 | 286,602 | 1,908,056 | 345,133 | 455,466 |
| | 8月 | 29,689,211 | 28,782,962 | 4,481,117 | 1,501,140 | 283,973 | 1,920,806 | 334,031 | 441,168 |
| | 9月 | 31,606,056 | 30,602,330 | 5,574,060 | 1,569,069 | 295,288 | 2,862,479 | 343,375 | 503,849 |
| | 10月 | 31,013,517 | 30,080,665 | 4,644,216 | 1,574,609 | 296,026 | 1,953,922 | 338,856 | 480,803 |
| | 11月 | 31,604,392 | 30,657,524 | 4,666,514 | 1,554,616 | 298,415 | 1,983,218 | 347,942 | 482,323 |
| | 12月 | 34,687,647 | 33,605,913 | 5,548,482 | 1,594,781 | 317,510 | 2,727,281 | 383,366 | 525,545 |
| 前年（同期・同月）比（%） | | | | | | | | | |
| 年平均 | | | | | | | | | |
| 2014年 | | 1.8 | 2.1 | 3.5 | 2.7 | 4.5 | 5.9 | 0.8 | -0.9 |
| 2015年 | | 3.0 | 2.4 | 3.1 | -0.7 | 0.0 | 6.2 | 7.7 | 3.4 |
| 2016年 | | 0.9 | 0.5 | 1.9 | 1.7 | 1.1 | 2.3 | 12.3 | -2.7 |
| 2017年 | | 1.8 | 1.9 | 1.3 | 1.5 | -1.2 | 2.6 | 6.6 | -3.0 |
| 2018年 | | 1.7 | 1.4 | 3.4 | 6.7 | 1.3 | 2.4 | 2.2 | 0.2 |
| 2019年 | | 1.0 | 0.9 | 1.8 | -1.2 | -1.5 | 3.2 | 9.6 | 3.5 |
| 2020年 | | -10.0 | -10.2 | -2.3 | -2.2 | -8.5 | -0.8 | 2.5 | -7.9 |
| 2021年 | | 0.4 | 0.4 | 1.8 | -1.6 | 2.7 | 4.4 | 2.6 | 0.0 |
| 四半期平均 | | | | | | | | | |
| 2021年 | 1～3月期 | -7.6 | -7.3 | 1.2 | -0.3 | -2.0 | 2.8 | 5.3 | -2.3 |
| | 4～6月期 | 9.8 | 9.7 | 3.9 | 0.4 | 9.2 | 5.7 | 1.8 | 5.8 |
| | 7～9月期 | 0.8 | 0.6 | 1.0 | -2.8 | 3.9 | 3.3 | 2.2 | -0.1 |
| | 10～12月期 | 0.8 | 0.5 | 1.5 | -3.6 | 0.9 | 6.2 | 1.2 | -2.2 |
| 月次 | | | | | | | | | |
| 2021年 | 1月 | -11.5 | -11.1 | -1.3 | 1.2 | -3.2 | -3.0 | 3.9 | -6.1 |
| | 2月 | -10.4 | -10.6 | 0.0 | 0.8 | -3.2 | 1.9 | 2.2 | -10.3 |
| | 3月 | -1.8 | -1.4 | 3.8 | -2.8 | 0.0 | 6.5 | 9.2 | 7.4 |
| | 4月 | 12.9 | 12.9 | 3.9 | 0.1 | 4.0 | 7.1 | -2.5 | 7.2 |
| | 5月 | 14.0 | 14.0 | 5.5 | 2.0 | 11.4 | 7.8 | 4.8 | 3.9 |
| | 6月 | 3.5 | 3.2 | 2.6 | -0.9 | 12.4 | 3.1 | 3.4 | 6.0 |
| | 7月 | 3.2 | 2.8 | 0.5 | -3.1 | 4.9 | 1.7 | 3.3 | 1.9 |
| | 8月 | 0.7 | 0.4 | 0.2 | -3.4 | 4.3 | 3.3 | 1.4 | -5.1 |
| | 9月 | -1.5 | -1.4 | 2.1 | -2.0 | 2.5 | 4.5 | 2.0 | 2.8 |
| | 10月 | -1.6 | -1.8 | 2.0 | -2.0 | 2.3 | 6.6 | 1.4 | -3.1 |
| | 11月 | 1.3 | 1.0 | 0.1 | -5.2 | 0.4 | 5.1 | -1.7 | -1.5 |
| | 12月 | 2.5 | 2.1 | 2.1 | -3.6 | 0.1 | 6.7 | 3.7 | -2.0 |

※　2020年以前の実数は、2021年１月までの標本交替により生じた変動を調整した値である。

（中分類）別売上高
Groups) of Business Activity

合計、サービス産業計、産業（G～H）

（単位　百万円、％　　Unit 1 mil.yen, %）

| H 運輸業，郵便業 Transport and postal activities | 42 鉄道業 Railway transport | 43 道路旅客運送業 Road passenger transport | 44 道路貨物運送業 Road freight transport | 45 水運業 Water transport | 47 倉庫業 Warehousing | 48 運輸に附帯するサービス業 Services incidental to transport | 4* 航空運輸業，郵便業（信書便事業を含む） Air transport, postal activities, including mail delivery | Year and month |
|---|---|---|---|---|---|---|---|---|
| | | | | | | | | Actual figures (1 mil.yen) * |
| | | | | | | | | Annual average |
| 4, 677, 142 | 619, 932 | 293, 126 | 1, 736, 096 | 528, 153 | 306, 485 | 966, 870 | 257, 283 | 2013 |
| 4, 816, 261 | 635, 268 | 291, 281 | 1, 780, 195 | 563, 005 | 310, 195 | 1, 007, 829 | 261, 723 | 2014 |
| 4, 947, 746 | 664, 041 | 305, 637 | 1, 782, 953 | 582, 159 | 323, 861 | 1, 050, 983 | 273, 829 | 2015 |
| 4, 909, 914 | 672, 489 | 311, 477 | 1, 798, 854 | 511, 257 | 327, 878 | 1, 043, 870 | 277, 581 | 2016 |
| 5, 144, 555 | 688, 729 | 311, 638 | 1, 864, 030 | 526, 798 | 351, 498 | 1, 148, 593 | 297, 851 | 2017 |
| 5, 303, 488 | 687, 538 | 306, 576 | 1, 977, 581 | 508, 237 | 367, 777 | 1, 189, 447 | 306, 485 | 2018 |
| 5, 382, 396 | 692, 654 | 310, 869 | 2, 011, 415 | 511, 898 | 354, 991 | 1, 221, 104 | 311, 365 | 2019 |
| 4, 529, 930 | 419, 533 | 212, 710 | 1, 934, 427 | 402, 295 | 349, 131 | 1, 066, 351 | 148, 863 | 2020 |
| 4, 682, 977 | 399, 159 | 191, 699 | 2, 003, 402 | 452, 465 | 365, 473 | 1, 120, 527 | 150, 253 | 2021 |
| | | | | | | | | Quarter average |
| 5, 073, 897 | 597, 790 | 264, 734 | 1, 946, 455 | 449, 603 | 344, 171 | 1, 247, 012 | 238, 823 | Jan. - Mar. 2020 |
| 3, 943, 631 | 274, 874 | 149, 327 | 1, 861, 958 | 344, 381 | 339, 836 | 895, 771 | 69, 477 | Apr. - Jun. |
| 4, 328, 891 | 378, 651 | 206, 747 | 1, 880, 702 | 388, 549 | 349, 836 | 1, 001, 630 | 126, 402 | Jul. - Sep. |
| 4, 773, 301 | 426, 818 | 230, 034 | 2, 048, 592 | 426, 647 | 362, 682 | 1, 120, 992 | 160, 752 | Oct. - Dec. |
| 4, 510, 245 | 366, 542 | 179, 668 | 1, 980, 841 | 396, 082 | 348, 700 | 1, 111, 502 | 126, 911 | Jan. - Mar. 2021 |
| 4, 532, 922 | 368, 315 | 178, 226 | 1, 939, 256 | 427, 629 | 356, 624 | 1, 132, 344 | 130, 528 | Apr. - Jun. |
| 4, 610, 966 | 385, 097 | 184, 716 | 1, 972, 385 | 466, 133 | 366, 367 | 1, 084, 909 | 151, 359 | Jul. - Sep. |
| 5, 077, 776 | 476, 680 | 224, 185 | 2, 121, 125 | 520, 015 | 390, 203 | 1, 153, 354 | 192, 214 | Oct. - Dec. |
| | | | | | | | | Monthly |
| 4, 859, 224 | 667, 118 | 288, 985 | 1, 795, 473 | 449, 126 | 324, 527 | 1, 077, 672 | 292, 281 | Jan. 2020 |
| 4, 949, 911 | 594, 324 | 269, 685 | 1, 937, 918 | 453, 799 | 348, 999 | 1, 103, 099 | 268, 046 | Feb. |
| 5, 412, 555 | 531, 928 | 235, 531 | 2, 105, 975 | 445, 886 | 358, 988 | 1, 560, 264 | 156, 141 | Mar. |
| 3, 991, 696 | 260, 956 | 136, 750 | 1, 966, 323 | 365, 671 | 343, 884 | 845, 074 | 63, 663 | Apr. |
| 3, 657, 817 | 240, 490 | 125, 811 | 1, 704, 796 | 321, 606 | 327, 156 | 873, 744 | 51, 672 | May |
| 4, 181, 379 | 323, 175 | 185, 420 | 1, 914, 756 | 345, 865 | 348, 467 | 968, 497 | 93, 097 | Jun. |
| 4, 334, 659 | 359, 631 | 207, 529 | 1, 929, 824 | 370, 164 | 352, 551 | 995, 996 | 121, 978 | Jul. |
| 4, 167, 795 | 356, 822 | 196, 124 | 1, 785, 531 | 396, 331 | 344, 859 | 966, 410 | 124, 434 | Aug. |
| 4, 484, 219 | 419, 500 | 216, 588 | 1, 926, 751 | 399, 151 | 352, 098 | 1, 042, 483 | 132, 793 | Sep. |
| 4, 764, 243 | 443, 528 | 237, 559 | 2, 026, 424 | 433, 949 | 358, 986 | 1, 110, 096 | 159, 502 | Oct. |
| 4, 678, 748 | 418, 883 | 230, 793 | 1, 971, 651 | 430, 113 | 355, 868 | 1, 108, 600 | 166, 691 | Nov. |
| 4, 876, 912 | 418, 044 | 221, 750 | 2, 147, 702 | 415, 879 | 373, 191 | 1, 144, 281 | 156, 064 | Dec. |
| 4, 154, 512 | 341, 728 | 167, 535 | 1, 855, 908 | 377, 454 | 333, 909 | 967, 459 | 110, 519 | Jan. 2021 |
| 4, 194, 502 | 332, 987 | 161, 932 | 1, 898, 267 | 361, 952 | 333, 257 | 996, 311 | 109, 797 | Feb. |
| 5, 181, 722 | 424, 911 | 209, 536 | 2, 188, 346 | 448, 840 | 378, 932 | 1, 370, 738 | 160, 418 | Mar. |
| 4, 727, 733 | 402, 705 | 188, 674 | 2, 015, 124 | 410, 987 | 363, 304 | 1, 199, 959 | 146, 980 | Apr. |
| 4, 330, 102 | 341, 804 | 166, 884 | 1, 812, 679 | 427, 462 | 338, 931 | 1, 122, 565 | 119, 777 | May |
| 4, 540, 931 | 360, 438 | 179, 118 | 1, 989, 966 | 444, 438 | 367, 638 | 1, 074, 508 | 124, 826 | Jun. |
| 4, 762, 523 | 401, 175 | 207, 883 | 2, 053, 356 | 476, 590 | 369, 055 | 1, 098, 338 | 156, 126 | Jul. |
| 4, 423, 909 | 356, 205 | 175, 599 | 1, 872, 083 | 469, 374 | 355, 581 | 1, 040, 313 | 154, 753 | Aug. |
| 4, 646, 467 | 397, 911 | 170, 665 | 1, 991, 715 | 452, 436 | 374, 466 | 1, 116, 077 | 143, 197 | Sep. |
| 4, 899, 042 | 464, 093 | 210, 511 | 2, 036, 489 | 512, 348 | 381, 939 | 1, 121, 446 | 172, 217 | Oct. |
| 5, 029, 636 | 464, 104 | 226, 021 | 2, 096, 512 | 521, 214 | 387, 207 | 1, 142, 793 | 191, 783 | Nov. |
| 5, 304, 651 | 501, 844 | 236, 024 | 2, 230, 373 | 526, 485 | 401, 462 | 1, 195, 823 | 212, 641 | Dec. |
| | | | | | | | | Change over the year (%) |
| | | | | | | | | Annual average |
| 3. 0 | 2. 5 | -0. 6 | 2. 5 | 6. 6 | 1. 2 | 4. 2 | 1. 7 | 2014 |
| 2. 7 | 4. 5 | 4. 9 | 0. 2 | 3. 4 | 4. 4 | 4. 3 | 4. 6 | 2015 |
| -0. 8 | 1. 3 | 1. 9 | 0. 9 | -12. 2 | 1. 2 | -0. 7 | 1. 4 | 2016 |
| 4. 8 | 2. 4 | 0. 1 | 3. 6 | 3. 0 | 7. 2 | 10. 0 | 7. 3 | 2017 |
| 3. 1 | -0. 2 | -1. 6 | 6. 1 | -3. 5 | 4. 6 | 3. 6 | 2. 9 | 2018 |
| 1. 5 | 0. 7 | 1. 4 | 1. 7 | 0. 7 | -3. 5 | 2. 7 | 1. 6 | 2019 |
| -15. 8 | -39. 4 | -31. 6 | -3. 8 | -21. 4 | -1. 7 | -12. 7 | -52. 2 | 2020 |
| 3. 4 | -4. 9 | -9. 9 | 3. 6 | 12. 5 | 4. 7 | 5. 1 | 0. 9 | 2021 |
| | | | | | | | | Quarter average |
| -11. 1 | -38. 7 | -32. 1 | 1. 8 | -11. 9 | 1. 3 | -10. 9 | -46. 9 | Jan. - Mar. 2021 |
| 14. 9 | 34. 0 | 19. 4 | 4. 2 | 24. 2 | 4. 9 | 26. 4 | 87. 9 | Apr. - Jun. |
| 6. 5 | 1. 7 | -10. 7 | 4. 9 | 20. 0 | 4. 7 | 8. 3 | 19. 7 | Jul. - Sep. |
| 6. 4 | 11. 7 | -2. 5 | 3. 5 | 21. 9 | 7. 6 | 2. 9 | 19. 6 | Oct. - Dec. |
| | | | | | | | | Monthly |
| -14. 5 | -48. 8 | -42. 0 | 3. 4 | -16. 0 | 2. 9 | -10. 2 | -62. 2 | Jan. 2021 |
| -15. 3 | -44. 0 | -40. 0 | -2. 0 | -20. 2 | -4. 5 | -9. 7 | -59. 0 | Feb. |
| -4. 3 | -20. 1 | -11. 0 | 3. 9 | 0. 7 | 5. 6 | -12. 1 | 2. 7 | Mar. |
| 18. 4 | 54. 3 | 38. 0 | 2. 5 | 12. 4 | 5. 6 | 42. 0 | 130. 9 | Apr. |
| 18. 4 | 42. 1 | 32. 6 | 6. 3 | 32. 9 | 3. 6 | 28. 5 | 131. 8 | May |
| 8. 6 | 11. 5 | -3. 4 | 3. 9 | 28. 5 | 5. 5 | 10. 9 | 34. 1 | Jun. |
| 9. 9 | 11. 6 | 0. 2 | 6. 4 | 28. 8 | 4. 7 | 10. 3 | 28. 0 | Jul. |
| 6. 1 | -0. 2 | -10. 5 | 4. 8 | 18. 4 | 3. 1 | 7. 6 | 24. 4 | Aug. |
| 3. 6 | -5. 1 | -21. 2 | 3. 4 | 13. 3 | 6. 4 | 7. 1 | 7. 8 | Sep. |
| 2. 8 | 4. 6 | -11. 4 | 0. 5 | 18. 1 | 6. 4 | 1. 0 | 8. 0 | Oct. |
| 7. 5 | 10. 8 | -2. 1 | 6. 3 | 21. 2 | 8. 8 | 3. 1 | 15. 1 | Nov. |
| 8. 8 | 20. 0 | 6. 4 | 3. 8 | 26. 6 | 7. 6 | 4. 5 | 36. 3 | Dec. |

* The actual figures for 2020 and earlier are the adjusted figures, which were calculated in accordance with the replacements of sample establishments until 2021.

| 年　月 | K 不動産業，物品賃貸業 Real estate and goods rental and leasing | 68 不動産取引業 Real estate agencies | 69 不動産賃貸業・管理業 Real estate lessors and managers | 70 物品賃貸業 Goods rental and leasing | L 学術研究，専門・技術サービス業 1) Scientific research, professional and technical services 1) | 72 専門サービス業（他に分類されないもの） 2) Professional services, n.e.c. 2) | 73 広告業 Advertising | 74 技術サービス業（他に分類されないもの） Technical services, n.e.c. |
|---|---|---|---|---|---|---|---|---|
| 実数（百万円）※ | | | | | | | | |
| 年平均 | | | | | | | | |
| 2013年 | 3, 745, 348 | 1, 218, 058 | 1, 597, 814 | 915, 202 | 2, 431, 279 | 665, 981 | 801, 260 | 967, 816 |
| 2014年 | 3, 883, 529 | 1, 310, 482 | 1, 599, 930 | 954, 961 | 2, 544, 009 | 677, 122 | 834, 011 | 1, 033, 077 |
| 2015年 | 3, 932, 539 | 1, 310, 464 | 1, 631, 441 | 975, 271 | 2, 717, 097 | 733, 253 | 852, 934 | 1, 131, 008 |
| 2016年 | 4, 007, 768 | 1, 294, 616 | 1, 704, 694 | 987, 120 | 2, 821, 234 | 766, 390 | 893, 433 | 1, 161, 483 |
| 2017年 | 4, 161, 751 | 1, 376, 382 | 1, 743, 322 | 1, 024, 853 | 2, 825, 273 | 790, 202 | 877, 044 | 1, 156, 258 |
| 2018年 | 4, 249, 138 | 1, 425, 260 | 1, 771, 323 | 1, 039, 732 | 2, 828, 673 | 815, 601 | 854, 595 | 1, 158, 977 |
| 2019年 | 4, 353, 824 | 1, 397, 076 | 1, 837, 394 | 1, 091, 656 | 2, 890, 659 | 818, 762 | 843, 484 | 1, 228, 168 |
| 2020年 | 4, 217, 742 | 1, 307, 255 | 1, 806, 678 | 1, 068, 576 | 2, 797, 143 | 808, 878 | 737, 249 | 1, 248, 993 |
| 2021年 | 4, 093, 893 | 1, 255, 999 | 1, 781, 983 | 1, 055, 912 | 2, 834, 406 | 800, 897 | 793, 893 | 1, 239, 616 |
| 四半期平均 | | | | | | | | |
| 2020年　1～ 3月期 | 4, 670, 964 | 1, 656, 808 | 1, 891, 686 | 1, 121, 518 | 3, 277, 042 | 873, 312 | 880, 471 | 1, 524, 651 |
| 4～ 6月期 | 3, 969, 383 | 1, 223, 594 | 1, 713, 877 | 997, 549 | 2, 556, 002 | 774, 996 | 633, 067 | 1, 143, 866 |
| 7～ 9月期 | 4, 014, 156 | 1, 099, 577 | 1, 805, 106 | 1, 049, 632 | 2, 602, 823 | 777, 536 | 665, 029 | 1, 156, 923 |
| 10～12月期 | 4, 216, 463 | 1, 249, 040 | 1, 816, 043 | 1, 105, 607 | 2, 752, 705 | 809, 667 | 770, 430 | 1, 170, 531 |
| 2021年　1～ 3月期 | 4, 402, 294 | 1, 498, 961 | 1, 831, 344 | 1, 071, 989 | 3, 157, 335 | 847, 923 | 848, 223 | 1, 461, 188 |
| 4～ 6月期 | 3, 980, 337 | 1, 196, 612 | 1, 761, 057 | 1, 022, 668 | 2, 662, 991 | 765, 213 | 723, 722 | 1, 174, 056 |
| 7～ 9月期 | 3, 929, 816 | 1, 121, 312 | 1, 763, 370 | 1, 045, 134 | 2, 699, 500 | 783, 516 | 783, 450 | 1, 132, 535 |
| 10～12月期 | 4, 063, 124 | 1, 207, 110 | 1, 772, 159 | 1, 083, 855 | 2, 817, 799 | 806, 937 | 820, 178 | 1, 190, 684 |
| 月次 | | | | | | | | |
| 2020年　1月 | 4, 066, 363 | 1, 013, 787 | 1, 850, 575 | 1, 123, 123 | 2, 652, 564 | 759, 810 | 835, 250 | 1, 057, 645 |
| 2月 | 4, 387, 907 | 1, 390, 787 | 1, 869, 031 | 1, 097, 047 | 2, 706, 317 | 783, 102 | 725, 630 | 1, 195, 759 |
| 3月 | 5, 558, 621 | 2, 565, 849 | 1, 955, 451 | 1, 144, 383 | 4, 472, 246 | 1, 077, 025 | 1, 080, 533 | 2, 320, 549 |
| 4月 | 4, 054, 951 | 1, 288, 100 | 1, 740, 499 | 998, 202 | 2, 607, 238 | 763, 611 | 688, 445 | 1, 152, 852 |
| 5月 | 3, 759, 410 | 1, 091, 240 | 1, 659, 177 | 964, 136 | 2, 302, 560 | 760, 095 | 553, 211 | 982, 411 |
| 6月 | 4, 093, 788 | 1, 291, 441 | 1, 741, 955 | 1, 030, 310 | 2, 758, 209 | 801, 282 | 657, 546 | 1, 296, 335 |
| 7月 | 3, 915, 123 | 1, 062, 637 | 1, 769, 748 | 1, 022, 591 | 2, 466, 747 | 786, 526 | 658, 729 | 1, 016, 318 |
| 8月 | 3, 889, 667 | 966, 488 | 1, 806, 222 | 1, 040, 956 | 2, 406, 588 | 763, 656 | 609, 730 | 1, 027, 916 |
| 9月 | 4, 237, 679 | 1, 269, 608 | 1, 839, 348 | 1, 085, 347 | 2, 935, 135 | 782, 426 | 726, 629 | 1, 426, 536 |
| 10月 | 4, 083, 853 | 1, 095, 407 | 1, 840, 045 | 1, 083, 274 | 2, 534, 435 | 796, 332 | 707, 895 | 1, 025, 846 |
| 11月 | 3, 986, 241 | 1, 022, 105 | 1, 785, 229 | 1, 106, 717 | 2, 609, 829 | 770, 869 | 750, 472 | 1, 086, 616 |
| 12月 | 4, 579, 294 | 1, 629, 609 | 1, 822, 855 | 1, 126, 830 | 3, 113, 853 | 861, 801 | 852, 922 | 1, 399, 130 |
| 2021年　1月 | 3, 817, 415 | 983, 750 | 1, 788, 110 | 1, 045, 555 | 2, 433, 933 | 738, 942 | 701, 402 | 993, 588 |
| 2月 | 4, 147, 211 | 1, 311, 900 | 1, 801, 723 | 1, 033, 588 | 2, 558, 221 | 747, 003 | 714, 637 | 1, 096, 581 |
| 3月 | 5, 242, 256 | 2, 201, 232 | 1, 904, 199 | 1, 136, 825 | 4, 479, 850 | 1, 057, 823 | 1, 128, 631 | 2, 293, 396 |
| 4月 | 4, 008, 462 | 1, 220, 745 | 1, 768, 678 | 1, 019, 039 | 2, 680, 112 | 779, 555 | 785, 550 | 1, 115, 006 |
| 5月 | 3, 887, 883 | 1, 153, 289 | 1, 743, 682 | 990, 912 | 2, 425, 233 | 730, 805 | 667, 014 | 1, 027, 413 |
| 6月 | 4, 044, 667 | 1, 215, 802 | 1, 770, 811 | 1, 058, 053 | 2, 883, 630 | 785, 280 | 718, 601 | 1, 379, 749 |
| 7月 | 3, 872, 564 | 1, 077, 535 | 1, 751, 544 | 1, 043, 485 | 2, 618, 381 | 778, 942 | 805, 502 | 1, 033, 937 |
| 8月 | 3, 796, 079 | 1, 036, 335 | 1, 746, 381 | 1, 013, 362 | 2, 495, 203 | 749, 651 | 722, 740 | 1, 022, 813 |
| 9月 | 4, 120, 806 | 1, 250, 065 | 1, 792, 185 | 1, 078, 556 | 2, 984, 917 | 821, 954 | 822, 108 | 1, 340, 855 |
| 10月 | 3, 840, 582 | 1, 018, 927 | 1, 765, 563 | 1, 056, 092 | 2, 538, 212 | 773, 336 | 758, 685 | 1, 006, 191 |
| 11月 | 4, 033, 752 | 1, 200, 368 | 1, 754, 052 | 1, 079, 331 | 2, 670, 476 | 791, 544 | 762, 784 | 1, 116, 148 |
| 12月 | 4, 315, 039 | 1, 402, 034 | 1, 796, 863 | 1, 116, 142 | 3, 244, 710 | 855, 932 | 939, 066 | 1, 449, 712 |
| 前年（同期・同月）比（%） | | | | | | | | |
| 年平均 | | | | | | | | |
| 2014年 | 3. 7 | 7. 6 | 0. 1 | 4. 3 | 4. 6 | 1. 7 | 4. 1 | 6. 7 |
| 2015年 | 1. 3 | 0. 0 | 2. 0 | 2. 1 | 6. 8 | 8. 3 | 2. 3 | 9. 5 |
| 2016年 | 1. 9 | -1. 2 | 4. 5 | 1. 2 | 3. 8 | 4. 5 | 4. 7 | 2. 7 |
| 2017年 | 3. 8 | 6. 3 | 2. 3 | 3. 8 | 0. 1 | 3. 1 | -1. 8 | -0. 4 |
| 2018年 | 2. 1 | 3. 6 | 1. 6 | 1. 5 | 0. 1 | 3. 2 | -2. 6 | 0. 2 |
| 2019年 | 2. 5 | -2. 0 | 3. 7 | 5. 0 | 2. 2 | 0. 4 | -1. 3 | 6. 0 |
| 2020年 | -3. 1 | -6. 4 | -1. 7 | -2. 1 | -3. 2 | -1. 2 | -12. 6 | 1. 7 |
| 2021年 | -2. 9 | -3. 9 | -1. 4 | -1. 2 | 1. 3 | -1. 0 | 7. 7 | -0. 8 |
| 四半期平均 | | | | | | | | |
| 2021年　1～ 3月期 | -5. 8 | -9. 5 | -3. 2 | -4. 4 | -3. 7 | -2. 9 | -3. 7 | -4. 2 |
| 4～ 6月期 | 0. 3 | -2. 2 | 2. 8 | 2. 5 | 4. 2 | -1. 3 | 14. 3 | 2. 6 |
| 7～ 9月期 | -2. 1 | 2. 0 | -2. 3 | -0. 4 | 3. 7 | 0. 8 | 17. 8 | -2. 1 |
| 10～12月期 | -3. 6 | -3. 4 | -2. 4 | -2. 0 | 2. 4 | -0. 3 | 6. 5 | 1. 7 |
| 月次 | | | | | | | | |
| 2021年　1月 | -6. 1 | -3. 0 | -3. 4 | -6. 9 | -8. 2 | -2. 7 | -16. 0 | -6. 1 |
| 2月 | -5. 5 | -5. 7 | -3. 6 | -5. 8 | -5. 5 | -4. 6 | -1. 5 | -8. 3 |
| 3月 | -5. 7 | -14. 2 | -2. 6 | -0. 7 | 0. 2 | -1. 8 | 4. 5 | -1. 2 |
| 4月 | -1. 1 | -5. 2 | 1. 6 | 2. 1 | 2. 8 | 2. 1 | 14. 1 | -3. 3 |
| 5月 | 3. 4 | 5. 7 | 5. 1 | 2. 8 | 5. 3 | -3. 9 | 20. 6 | 4. 6 |
| 6月 | -1. 2 | -5. 9 | 1. 7 | 2. 7 | 4. 5 | -2. 0 | 9. 3 | 6. 4 |
| 7月 | -1. 1 | 1. 4 | -1. 0 | 2. 0 | 6. 1 | -1. 0 | 22. 3 | 1. 7 |
| 8月 | -2. 4 | 7. 2 | -3. 3 | -2. 7 | 3. 7 | -1. 8 | 18. 5 | -0. 5 |
| 9月 | -2. 8 | -1. 5 | -2. 6 | -0. 6 | 1. 7 | 5. 1 | 13. 1 | -6. 0 |
| 10月 | -6. 0 | -7. 0 | -4. 0 | -2. 5 | 0. 1 | -2. 9 | 7. 2 | -1. 9 |
| 11月 | 1. 2 | 17. 4 | -1. 7 | -2. 5 | 2. 3 | 2. 7 | 1. 6 | 2. 7 |
| 12月 | -5. 8 | -14. 0 | -1. 4 | -0. 9 | 4. 2 | -0. 7 | 10. 1 | 3. 6 |

※　2020年以前の実数は、2021年１月までの標本交替により生じた変動を調整した値である。

1)「学術・開発研究機関」を除く。
2)「純粋持株会社」を除く。
3)「家事サービス業」を除く。

（中分類）別売上高（続き）
Groups) of Business Activity - Continued



（単位　百万円、％　　Unit 1 mil.yen, %）

| M 宿泊業，飲食サービス業 Accommodations, eating and drinking services | 75 宿泊業 Accommodations | 76 飲食店 Eating and drinking places | 77 持ち帰り・配達飲食サービス業 Food take out and delivery services | N 生活関連サービス業，娯楽業 Living-related and personal services and amusement services | 78 洗濯・理容・美容・浴場業 Laundry, beauty and bath services | 79 その他の生活関連サービス業 3) Miscellaneous living-related and personal services 3) | 80 娯楽業 Services for amusement and hobbies | Year and month |
|---|---|---|---|---|---|---|---|---|
| | | | | | | | | Actual figures (1 mil.yen) * |
| | | | | | | | | Annual average |
| 2, 690, 267 | 488, 315 | 1, 948, 515 | 246, 813 | 5, 570, 529 | 575, 990 | 886, 132 | 4, 111, 573 | 2013 |
| 2, 709, 864 | 491, 030 | 1, 964, 884 | 247, 443 | 5, 475, 388 | 552, 399 | 940, 930 | 3, 972, 599 | 2014 |
| 2, 769, 979 | 502, 588 | 2, 014, 410 | 248, 303 | 5, 356, 497 | 550, 108 | 944, 571 | 3, 842, 639 | 2015 |
| 2, 801, 887 | 521, 283 | 2, 022, 524 | 250, 825 | 4, 989, 429 | 542, 986 | 923, 207 | 3, 503, 262 | 2016 |
| 2, 810, 452 | 519, 490 | 2, 037, 673 | 252, 971 | 4, 794, 030 | 524, 361 | 901, 792 | 3, 352, 132 | 2017 |
| 2, 796, 703 | 511, 856 | 2, 033, 298 | 251, 677 | 4, 649, 302 | 509, 897 | 879, 441 | 3, 244, 834 | 2018 |
| 2, 796, 027 | 542, 191 | 1, 995, 461 | 260, 714 | 4, 513, 404 | 515, 194 | 875, 244 | 3, 099, 135 | 2019 |
| 2, 009, 904 | 324, 832 | 1, 453, 259 | 231, 593 | 3, 320, 526 | 439, 588 | 466, 520 | 2, 415, 993 | 2020 |
| 1, 775, 411 | 323, 153 | 1, 214, 230 | 238, 029 | 3, 326, 280 | 437, 419 | 383, 236 | 2, 505, 624 | 2021 |
| | | | | | | | | Quarter average |
| 2, 376, 258 | 387, 478 | 1, 755, 714 | 235, 162 | 3, 906, 431 | 459, 069 | 641, 833 | 2, 801, 259 | Jan. - Mar. 2020 |
| 1, 317, 566 | 136, 681 | 974, 868 | 203, 644 | 2, 357, 788 | 401, 475 | 292, 874 | 1, 657, 422 | Apr. - Jun. |
| 2, 051, 192 | 350, 537 | 1, 464, 722 | 235, 513 | 3, 391, 115 | 432, 966 | 391, 027 | 2, 584, 598 | Jul. - Sep. |
| 2, 294, 601 | 424, 634 | 1, 617, 731 | 252, 053 | 3, 626, 772 | 464, 841 | 540, 344 | 2, 620, 695 | Oct. - Dec. |
| 1, 697, 710 | 257, 572 | 1, 204, 676 | 235, 461 | 3, 237, 053 | 406, 814 | 371, 952 | 2, 458, 288 | Jan. - Mar. 2021 |
| 1, 593, 326 | 262, 907 | 1, 088, 681 | 241, 738 | 3, 291, 237 | 459, 020 | 345, 612 | 2, 486, 605 | Apr. - Jun. |
| 1, 660, 941 | 349, 472 | 1, 083, 583 | 227, 886 | 3, 280, 865 | 425, 442 | 350, 216 | 2, 505, 206 | Jul. - Sep. |
| 2, 149, 666 | 422, 658 | 1, 479, 979 | 247, 029 | 3, 495, 963 | 458, 400 | 465, 164 | 2, 572, 399 | Oct. - Dec. |
| | | | | | | | | Monthly |
| 2, 655, 075 | 464, 540 | 1, 938, 282 | 254, 686 | 4, 242, 441 | 450, 764 | 703, 714 | 3, 089, 334 | Jan. 2020 |
| 2, 423, 241 | 417, 369 | 1, 761, 741 | 245, 618 | 3, 963, 053 | 453, 764 | 728, 783 | 2, 765, 662 | Feb. |
| 2, 050, 458 | 280, 525 | 1, 567, 118 | 205, 182 | 3, 513, 798 | 472, 678 | 493, 003 | 2, 548, 781 | Mar. |
| 1, 088, 606 | 123, 876 | 758, 660 | 201, 879 | 1, 988, 893 | 349, 988 | 294, 724 | 1, 329, 892 | Apr. |
| 1, 167, 883 | 107, 082 | 872, 496 | 186, 041 | 2, 046, 222 | 398, 793 | 267, 674 | 1, 364, 950 | May |
| 1, 696, 210 | 179, 086 | 1, 293, 448 | 223, 012 | 3, 038, 249 | 455, 643 | 316, 224 | 2, 277, 423 | Jun. |
| 1, 989, 660 | 290, 432 | 1, 454, 207 | 244, 274 | 3, 364, 803 | 443, 452 | 368, 031 | 2, 571, 773 | Jul. |
| 2, 104, 011 | 406, 889 | 1, 474, 597 | 222, 654 | 3, 533, 920 | 434, 426 | 395, 558 | 2, 726, 515 | Aug. |
| 2, 059, 905 | 354, 289 | 1, 465, 361 | 239, 612 | 3, 274, 620 | 421, 020 | 409, 492 | 2, 455, 505 | Sep. |
| 2, 300, 399 | 445, 113 | 1, 604, 197 | 250, 774 | 3, 599, 486 | 460, 343 | 527, 404 | 2, 612, 407 | Oct. |
| 2, 290, 660 | 451, 654 | 1, 592, 154 | 246, 619 | 3, 563, 115 | 435, 536 | 566, 213 | 2, 558, 025 | Nov. |
| 2, 292, 744 | 377, 134 | 1, 656, 842 | 258, 768 | 3, 717, 714 | 498, 644 | 527, 417 | 2, 691, 653 | Dec. |
| 1, 595, 842 | 232, 471 | 1, 128, 331 | 235, 041 | 3, 284, 443 | 372, 083 | 340, 163 | 2, 572, 197 | Jan. 2021 |
| 1, 544, 934 | 216, 109 | 1, 098, 846 | 229, 980 | 3, 000, 630 | 384, 085 | 321, 908 | 2, 294, 637 | Feb. |
| 1, 952, 354 | 324, 138 | 1, 386, 853 | 241, 363 | 3, 426, 087 | 464, 273 | 453, 785 | 2, 508, 029 | Mar. |
| 1, 737, 381 | 270, 348 | 1, 224, 724 | 242, 308 | 3, 295, 336 | 470, 323 | 363, 394 | 2, 461, 618 | Apr. |
| 1, 537, 861 | 281, 972 | 1, 015, 238 | 240, 651 | 3, 380, 586 | 450, 616 | 334, 128 | 2, 595, 841 | May |
| 1, 504, 737 | 236, 402 | 1, 026, 081 | 242, 254 | 3, 197, 790 | 456, 121 | 339, 314 | 2, 402, 355 | Jun. |
| 1, 870, 378 | 363, 719 | 1, 267, 309 | 239, 350 | 3, 382, 477 | 463, 557 | 373, 206 | 2, 545, 713 | Jul. |
| 1, 674, 350 | 407, 881 | 1, 051, 110 | 215, 359 | 3, 333, 233 | 416, 850 | 347, 019 | 2, 569, 365 | Aug. |
| 1, 438, 096 | 276, 817 | 932, 329 | 228, 951 | 3, 126, 884 | 395, 920 | 330, 424 | 2, 400, 540 | Sep. |
| 1, 957, 028 | 380, 901 | 1, 330, 725 | 245, 402 | 3, 391, 033 | 447, 799 | 423, 608 | 2, 519, 625 | Oct. |
| 2, 097, 195 | 428, 069 | 1, 430, 104 | 239, 022 | 3, 345, 180 | 432, 223 | 485, 225 | 2, 427, 731 | Nov. |
| 2, 394, 774 | 459, 005 | 1, 679, 108 | 256, 661 | 3, 751, 678 | 495, 178 | 486, 660 | 2, 769, 840 | Dec. |
| | | | | | | | | Change over the year (%) |
| | | | | | | | | Annual average |
| 0. 7 | 0. 6 | 0. 8 | 0. 3 | -1. 7 | -4. 1 | 6. 2 | -3. 4 | 2014 |
| 2. 2 | 2. 4 | 2. 5 | 0. 3 | -2. 2 | -0. 4 | 0. 4 | -3. 3 | 2015 |
| 1. 2 | 3. 7 | 0. 4 | 1. 0 | -6. 9 | -1. 3 | -2. 3 | -8. 8 | 2016 |
| 0. 3 | -0. 3 | 0. 7 | 0. 9 | -3. 9 | -3. 4 | -2. 3 | -4. 3 | 2017 |
| -0. 5 | -1. 5 | -0. 2 | -0. 5 | -3. 0 | -2. 8 | -2. 5 | -3. 2 | 2018 |
| 0. 0 | 5. 9 | -1. 9 | 3. 6 | -2. 9 | 1. 0 | -0. 5 | -4. 5 | 2019 |
| -28. 1 | -40. 1 | -27. 2 | -11. 2 | -26. 4 | -14. 7 | -46. 7 | -22. 0 | 2020 |
| -11. 7 | -0. 5 | 16. 4 | 2. 8 | 0. 2 | -0. 5 | -17. 9 | 3. 7 | 2021 |
| | | | | | | | | Quarter average |
| -28. 6 | -33. 5 | -31. 4 | 0. 1 | -17. 1 | -11. 4 | -42. 0 | -12. 2 | Jan. - Mar. 2021 |
| 20. 9 | 92. 4 | 11. 7 | 18. 7 | 39. 6 | 14. 3 | 18. 0 | 50. 0 | Apr. - Jun. |
| -19. 0 | -0. 3 | -26. 0 | -3. 2 | -3. 3 | -1. 7 | -10. 4 | -3. 1 | Jul. - Sep. |
| -6. 3 | -0. 5 | -8. 5 | -2. 0 | -3. 6 | -1. 4 | -13. 9 | -1. 8 | Oct. - Dec. |
| | | | | | | | | Monthly |
| -39. 9 | -50. 0 | -41. 8 | -7. 7 | -22. 6 | -17. 5 | -51. 7 | -16. 7 | Jan. 2021 |
| -36. 2 | -48. 2 | -37. 6 | -6. 4 | -24. 3 | -15. 4 | -55. 8 | -17. 0 | Feb. |
| -4. 8 | 15. 5 | -11. 5 | 17. 6 | -2. 5 | -1. 8 | -8. 0 | -1. 6 | Mar. |
| 59. 6 | 118. 2 | 61. 4 | 20. 0 | 65. 7 | 34. 4 | 23. 3 | 85. 1 | Apr. |
| 31. 7 | 163. 3 | 16. 4 | 29. 4 | 65. 2 | 13. 0 | 24. 8 | 90. 2 | May |
| -11. 3 | 32. 0 | -20. 7 | 8. 6 | 5. 3 | 0. 1 | 7. 3 | 5. 5 | Jun. |
| -6. 0 | 25. 2 | -12. 9 | -2. 0 | 0. 5 | 4. 5 | 1. 4 | -1. 0 | Jul. |
| -20. 4 | 0. 2 | -28. 7 | -3. 3 | -5. 7 | -4. 0 | -12. 3 | -5. 8 | Aug. |
| -30. 2 | -21. 9 | -36. 4 | -4. 4 | -4. 5 | -6. 0 | -19. 3 | -2. 2 | Sep. |
| -14. 9 | -14. 4 | -17. 0 | -2. 1 | -5. 8 | -2. 7 | -19. 7 | -3. 6 | Oct. |
| -8. 4 | -5. 2 | -10. 2 | -3. 1 | -6. 1 | -0. 8 | -14. 3 | -5. 1 | Nov. |
| 4. 5 | 21. 7 | 1. 3 | -0. 8 | 0. 9 | -0. 7 | -7. 7 | 2. 9 | Dec. |

* The actual figures for 2020 and earlier are the adjusted figures, which were calculated in accordance with the replacements of sample establishments until 2021.

1) Excluding "scientific and development research institutes"
2) Excluding "pure holding companies"
3) Excluding "domestic services"

| 年　月 | O 教育，学習支援業 4) Education, learning support 4) | 82 その他の教育，学習支援業 Miscellaneous education, learning support | 82a うち社会教育，職業・教育支援施設 of which social education and vocational and educational support facilities | 82b うち学習塾，教養・技能教授業 of which supplementary tutorial schools and instruction service for arts, culture and technicals | P 医療，福祉 Medical, health care and welfare | 83 医療業 Medical and other health services | 84 保健衛生 5) Public health and hygiene 5) | 85 社会保険・社会福祉・介護事業 6) Social insurance and social welfare 6) |
|---|---|---|---|---|---|---|---|---|
| 実数（百万円）※ | | | | | | | | |
| 年平均 | | | | | | | | |
| 2013年 | 326, 688 | 326, 688 | 79, 534 | 201, 784 | 4, 451, 745 | 3, 230, 289 | 51, 824 | 1, 166, 059 |
| 2014年 | 312, 786 | 312, 786 | 79, 623 | 188, 811 | 4, 524, 042 | 3, 266, 136 | 54, 503 | 1, 205, 197 |
| 2015年 | 308, 954 | 308, 954 | 76, 241 | 190, 054 | 4, 675, 679 | 3, 391, 844 | 52, 002 | 1, 230, 289 |
| 2016年 | 307, 291 | 307, 291 | 76, 591 | 189, 460 | 4, 800, 103 | 3, 479, 180 | 54, 747 | 1, 265, 440 |
| 2017年 | 316, 678 | 316, 678 | 74, 654 | 195, 967 | 4, 859, 978 | 3, 476, 880 | 60, 854 | 1, 323, 045 |
| 2018年 | 322, 282 | 322, 282 | 69, 975 | 204, 536 | 4, 925, 263 | 3, 509, 925 | 59, 599 | 1, 355, 570 |
| 2019年 | 326, 112 | 326, 112 | 68, 537 | 200, 289 | 4, 969, 351 | 3, 542, 528 | 55, 499 | 1, 370, 965 |
| 2020年 | 284, 300 | 284, 300 | 53, 854 | 173, 043 | 4, 789, 946 | 3, 379, 778 | 50, 067 | 1, 361, 750 |
| 2021年 | 289, 303 | 289, 303 | 51, 786 | 184, 931 | 4, 907, 139 | 3, 477, 594 | 57, 145 | 1, 372, 399 |
| 四半期平均 | | | | | | | | |
| 2020年　1～ 3月期 | 312, 729 | 312, 729 | 55, 634 | 186, 759 | 4, 900, 626 | 3, 476, 978 | 49, 846 | 1, 374, 499 |
| 4～ 6月期 | 207, 298 | 207, 298 | 44, 201 | 124, 704 | 4, 473, 244 | 3, 116, 176 | 35, 670 | 1, 325, 464 |
| 7～ 9月期 | 302, 623 | 302, 623 | 55, 897 | 187, 034 | 4, 790, 244 | 3, 372, 211 | 54, 731 | 1, 365, 224 |
| 10～12月期 | 314, 553 | 314, 553 | 59, 682 | 193, 673 | 4, 995, 672 | 3, 553, 749 | 60, 023 | 1, 381, 813 |
| 2021年　1～ 3月期 | 299, 675 | 299, 675 | 47, 358 | 190, 119 | 4, 829, 848 | 3, 416, 249 | 47, 936 | 1, 365, 664 |
| 4～ 6月期 | 271, 872 | 271, 872 | 50, 922 | 173, 215 | 4, 826, 922 | 3, 413, 507 | 51, 584 | 1, 361, 831 |
| 7～ 9月期 | 288, 534 | 288, 534 | 49, 834 | 187, 650 | 4, 930, 275 | 3, 488, 287 | 63, 204 | 1, 378, 784 |
| 10～12月期 | 297, 130 | 297, 130 | 59, 029 | 188, 742 | 5, 041, 509 | 3, 592, 335 | 65, 856 | 1, 383, 318 |
| 月次 | | | | | | | | |
| 2020年　1月 | 317, 430 | 317, 430 | 53, 102 | 203, 520 | 4, 913, 580 | 3, 501, 005 | 42, 947 | 1, 369, 749 |
| 2月 | 322, 688 | 322, 688 | 56, 401 | 186, 941 | 4, 786, 735 | 3, 402, 684 | 42, 183 | 1, 342, 404 |
| 3月 | 298, 068 | 298, 068 | 57, 399 | 169, 816 | 5, 001, 562 | 3, 527, 244 | 64, 408 | 1, 411, 344 |
| 4月 | 203, 200 | 203, 200 | 40, 097 | 125, 325 | 4, 428, 913 | 3, 084, 116 | 32, 247 | 1, 316, 738 |
| 5月 | 161, 379 | 161, 379 | 34, 946 | 99, 770 | 4, 285, 532 | 2, 955, 490 | 26, 193 | 1, 309, 618 |
| 6月 | 257, 314 | 257, 314 | 57, 560 | 149, 017 | 4, 705, 287 | 3, 308, 922 | 48, 570 | 1, 350, 037 |
| 7月 | 291, 094 | 291, 094 | 54, 523 | 179, 702 | 4, 841, 342 | 3, 415, 211 | 55, 369 | 1, 372, 322 |
| 8月 | 311, 311 | 311, 311 | 54, 273 | 191, 756 | 4, 729, 436 | 3, 326, 509 | 48, 471 | 1, 356, 688 |
| 9月 | 305, 462 | 305, 462 | 58, 896 | 189, 645 | 4, 799, 954 | 3, 374, 912 | 60, 354 | 1, 366, 663 |
| 10月 | 306, 771 | 306, 771 | 62, 239 | 187, 327 | 5, 113, 975 | 3, 648, 781 | 64, 061 | 1, 400, 372 |
| 11月 | 310, 427 | 310, 427 | 62, 825 | 188, 873 | 4, 849, 906 | 3, 438, 584 | 59, 445 | 1, 352, 374 |
| 12月 | 326, 459 | 326, 459 | 53, 981 | 204, 819 | 5, 023, 135 | 3, 573, 881 | 56, 562 | 1, 392, 693 |
| 2021年　1月 | 297, 857 | 297, 857 | 40, 352 | 197, 389 | 4, 723, 430 | 3, 320, 157 | 47, 020 | 1, 356, 253 |
| 2月 | 288, 770 | 288, 770 | 42, 799 | 179, 819 | 4, 610, 737 | 3, 250, 944 | 47, 024 | 1, 312, 769 |
| 3月 | 312, 399 | 312, 399 | 58, 922 | 193, 149 | 5, 155, 378 | 3, 677, 645 | 49, 763 | 1, 427, 970 |
| 4月 | 291, 373 | 291, 373 | 55, 497 | 184, 944 | 4, 859, 582 | 3, 441, 652 | 45, 735 | 1, 372, 196 |
| 5月 | 257, 637 | 257, 637 | 46, 695 | 165, 502 | 4, 711, 583 | 3, 313, 525 | 45, 644 | 1, 352, 413 |
| 6月 | 266, 606 | 266, 606 | 50, 573 | 169, 198 | 4, 909, 601 | 3, 485, 344 | 63, 373 | 1, 360, 884 |
| 7月 | 292, 362 | 292, 362 | 52, 347 | 191, 647 | 4, 959, 864 | 3, 514, 961 | 63, 624 | 1, 381, 278 |
| 8月 | 300, 861 | 300, 861 | 48, 678 | 195, 338 | 4, 918, 627 | 3, 478, 668 | 61, 760 | 1, 378, 199 |
| 9月 | 272, 378 | 272, 378 | 48, 478 | 175, 966 | 4, 912, 334 | 3, 471, 231 | 64, 228 | 1, 376, 875 |
| 10月 | 285, 675 | 285, 675 | 55, 818 | 186, 269 | 5, 033, 513 | 3, 578, 322 | 72, 470 | 1, 382, 721 |
| 11月 | 289, 322 | 289, 322 | 61, 248 | 178, 873 | 5, 010, 608 | 3, 567, 786 | 68, 102 | 1, 374, 720 |
| 12月 | 316, 394 | 316, 394 | 60, 021 | 201, 084 | 5, 080, 406 | 3, 630, 898 | 56, 995 | 1, 392, 513 |
| 前年（同期・同月）比（%） | | | | | | | | |
| 年平均 | | | | | | | | |
| 2014年 | -4. 3 | -4. 3 | 0. 1 | -6. 4 | 1. 6 | 1. 1 | 5. 2 | 3. 4 |
| 2015年 | -1. 2 | -1. 2 | -4. 2 | 0. 7 | 3. 4 | 3. 8 | -4. 6 | 2. 1 |
| 2016年 | -0. 5 | -0. 5 | 0. 5 | -0. 3 | 2. 7 | 2. 6 | 5. 3 | 2. 9 |
| 2017年 | 3. 1 | 3. 1 | -2. 5 | 3. 4 | 1. 2 | -0. 1 | 11. 2 | 4. 6 |
| 2018年 | 1. 8 | 1. 8 | -6. 3 | 4. 4 | 1. 3 | 1. 0 | -2. 1 | 2. 5 |
| 2019年 | 1. 2 | 1. 2 | -2. 1 | -2. 1 | 0. 9 | 0. 9 | -6. 9 | 1. 1 |
| 2020年 | -12. 8 | -12. 8 | -21. 4 | -13. 6 | -3. 6 | -4. 6 | -9. 8 | -0. 7 |
| 2021年 | 1. 8 | 1. 8 | -3. 8 | 6. 9 | 2. 4 | 2. 9 | 14. 1 | 0. 8 |
| 四半期平均 | | | | | | | | |
| 2021年　1～ 3月期 | -4. 2 | -4. 2 | -14. 9 | 1. 8 | -1. 4 | -1. 7 | -3. 8 | -0. 6 |
| 4～ 6月期 | 31. 2 | 31. 2 | 15. 2 | 38. 9 | 7. 9 | 9. 5 | 44. 6 | 2. 7 |
| 7～ 9月期 | -4. 7 | -4. 7 | -10. 8 | 0. 3 | 2. 9 | 3. 4 | 15. 5 | 1. 0 |
| 10～12月期 | -5. 5 | -5. 5 | -1. 1 | -2. 5 | 0. 9 | 1. 1 | 9. 7 | 0. 1 |
| 月次 | | | | | | | | |
| 2021年　1月 | -6. 2 | -6. 2 | -24. 0 | -3. 0 | -3. 9 | -5. 2 | 9. 5 | -1. 0 |
| 2月 | -10. 5 | -10. 5 | -24. 1 | -3. 8 | -3. 7 | -4. 5 | 11. 5 | -2. 2 |
| 3月 | 4. 8 | 4. 8 | 2. 7 | 13. 7 | 3. 1 | 4. 3 | -22. 7 | 1. 2 |
| 4月 | 43. 4 | 43. 4 | 38. 4 | 47. 6 | 9. 7 | 11. 6 | 41. 8 | 4. 2 |
| 5月 | 59. 6 | 59. 6 | 33. 6 | 65. 9 | 9. 9 | 12. 1 | 74. 3 | 3. 3 |
| 6月 | 3. 6 | 3. 6 | -12. 1 | 13. 5 | 4. 3 | 5. 3 | 30. 5 | 0. 8 |
| 7月 | 0. 4 | 0. 4 | -4. 0 | 6. 6 | 2. 4 | 2. 9 | 14. 9 | 0. 7 |
| 8月 | -3. 4 | -3. 4 | -10. 3 | 1. 9 | 4. 0 | 4. 6 | 27. 4 | 1. 6 |
| 9月 | -10. 8 | -10. 8 | -17. 7 | -7. 2 | 2. 3 | 2. 9 | 6. 4 | 0. 7 |
| 10月 | -6. 9 | -6. 9 | -10. 3 | -0. 6 | -1. 6 | -1. 9 | 13. 1 | -1. 3 |
| 11月 | -6. 8 | -6. 8 | -2. 5 | -5. 3 | 3. 3 | 3. 8 | 14. 6 | 1. 7 |
| 12月 | -3. 1 | -3. 1 | 11. 2 | -1. 8 | 1. 1 | 1. 6 | 0. 8 | 0. 0 |

※　2020年以前の実数は、2021年１月までの標本交替により生じた変動を調整した値である。

4)「学校教育」を除く。
5)「保健所」を除く。
6)「社会保険事業団体」及び「福祉事務所」を除く。
7)「政治・経済・文化団体」、「宗教」及び「外国公務」を除く。

（中分類）別売上高（続き）
Groups) of Business Activity - Continued



（単位　百万円、％　Unit 1 mil.yen, %）

| R サービス業（他に分類されないもの） 7) Services, n.e.c. 7) | 88 廃棄物処理業 Waste disposal business | 89 自動車整備業 Automobile maintenance services | 90 機械等修理業（別掲を除く） Machine, etc. repair services, except otherwise classified | 91 職業紹介・労働者派遣業 Employment and worker dispatching services | 92 その他の事業サービス業 Miscellaneous business services | 95 その他のサービス業 Miscellaneous services | その他 Others | Year and month |
|---|---|---|---|---|---|---|---|---|
| | | | | | | | | Actual figures (1 mil.yen) * |
| | | | | | | | | Annual average |
| 2, 961, 180 | 297, 616 | 248, 836 | 289, 880 | 504, 068 | 1, 599, 698 | 42, 618 | 673, 691 | 2013 |
| 3, 025, 998 | 307, 704 | 260, 037 | 289, 325 | 509, 772 | 1, 640, 646 | 43, 676 | 617, 790 | 2014 |
| 3, 165, 509 | 329, 686 | 268, 402 | 340, 182 | 539, 492 | 1, 647, 193 | 49, 536 | 756, 037 | 2015 |
| 3, 259, 282 | 349, 622 | 279, 082 | 351, 542 | 582, 578 | 1, 651, 018 | 53, 442 | 838, 102 | 2016 |
| 3, 455, 712 | 380, 460 | 283, 737 | 385, 605 | 596, 231 | 1, 756, 300 | 54, 569 | 831, 459 | 2017 |
| 3, 556, 919 | 396, 230 | 282, 246 | 383, 155 | 622, 442 | 1, 819, 438 | 55, 680 | 928, 501 | 2018 |
| 3, 571, 631 | 413, 703 | 293, 269 | 374, 066 | 633, 998 | 1, 799, 849 | 58, 628 | 951, 351 | 2019 |
| 3, 376, 345 | 422, 923 | 271, 239 | 363, 037 | 588, 276 | 1, 684, 608 | 46, 173 | 926, 767 | 2020 |
| 3, 453, 173 | 449, 709 | 260, 627 | 365, 791 | 611, 164 | 1, 730, 801 | 35, 082 | 958, 830 | 2021 |
| | | | | | | | | Quarter average |
| 3, 635, 083 | 436, 979 | 277, 352 | 403, 899 | 611, 243 | 1, 854, 610 | 49, 591 | 1, 136, 671 | Jan. - Mar. 2020 |
| 3, 130, 387 | 404, 814 | 256, 684 | 325, 590 | 567, 112 | 1, 534, 968 | 41, 016 | 795, 075 | Apr. - Jun. |
| 3, 266, 131 | 411, 284 | 267, 834 | 352, 156 | 571, 485 | 1, 618, 359 | 45, 445 | 889, 970 | Jul. - Sep. |
| 3, 473, 780 | 438, 614 | 283, 087 | 370, 504 | 603, 265 | 1, 730, 495 | 48, 639 | 885, 352 | Oct. - Dec. |
| 3, 478, 576 | 448, 164 | 263, 927 | 392, 345 | 583, 213 | 1, 754, 094 | 36, 833 | 987, 383 | Jan. - Mar. 2021 |
| 3, 328, 790 | 445, 329 | 259, 452 | 333, 916 | 603, 895 | 1, 653, 350 | 32, 848 | 908, 792 | Apr. - Jun. |
| 3, 453, 332 | 443, 939 | 255, 424 | 371, 945 | 611, 043 | 1, 737, 598 | 33, 382 | 951, 995 | Jul. - Sep. |
| 3, 551, 996 | 461, 403 | 263, 703 | 364, 961 | 646, 502 | 1, 778, 162 | 37, 265 | 987, 151 | Oct. - Dec. |
| | | | | | | | | Monthly |
| 3, 340, 990 | 404, 236 | 244, 999 | 322, 447 | 598, 649 | 1, 718, 758 | 53, 803 | 1, 116, 184 | Jan. 2020 |
| 3, 515, 777 | 418, 039 | 267, 497 | 391, 801 | 602, 127 | 1, 783, 843 | 52, 013 | 917, 853 | Feb. |
| 4, 048, 481 | 488, 663 | 319, 560 | 497, 449 | 632, 952 | 2, 061, 230 | 42, 956 | 1, 375, 977 | Mar. |
| 3, 135, 911 | 417, 293 | 263, 832 | 303, 696 | 590, 374 | 1, 516, 154 | 47, 794 | 791, 210 | Apr. |
| 2, 950, 134 | 382, 174 | 231, 938 | 318, 924 | 519, 521 | 1, 461, 013 | 34, 629 | 752, 627 | May |
| 3, 305, 117 | 414, 975 | 274, 284 | 354, 151 | 591, 442 | 1, 627, 737 | 40, 626 | 841, 388 | Jun. |
| 3, 248, 962 | 412, 503 | 273, 054 | 341, 632 | 591, 435 | 1, 585, 247 | 45, 689 | 816, 918 | Jul. |
| 3, 130, 076 | 399, 193 | 249, 287 | 340, 967 | 538, 663 | 1, 558, 658 | 44, 148 | 798, 105 | Aug. |
| 3, 419, 356 | 422, 156 | 281, 160 | 373, 868 | 584, 357 | 1, 711, 173 | 46, 497 | 1, 054, 888 | Sep. |
| 3, 420, 365 | 439, 393 | 289, 102 | 352, 417 | 613, 292 | 1, 678, 924 | 49, 060 | 868, 477 | Oct. |
| 3, 439, 328 | 432, 210 | 282, 279 | 367, 845 | 595, 658 | 1, 714, 191 | 47, 797 | 857, 331 | Nov. |
| 3, 561, 648 | 444, 239 | 277, 881 | 391, 252 | 600, 846 | 1, 798, 370 | 49, 060 | 930, 248 | Dec. |
| 3, 158, 039 | 407, 858 | 228, 322 | 318, 848 | 547, 262 | 1, 616, 092 | 39, 657 | 851, 892 | Jan. 2021 |
| 3, 280, 924 | 421, 159 | 261, 330 | 362, 085 | 564, 067 | 1, 637, 324 | 34, 959 | 891, 369 | Feb. |
| 3, 996, 764 | 515, 476 | 302, 129 | 496, 101 | 638, 310 | 2, 008, 864 | 35, 885 | 1, 218, 888 | Mar. |
| 3, 283, 278 | 442, 547 | 276, 340 | 308, 867 | 607, 760 | 1, 613, 015 | 34, 750 | 900, 279 | Apr. |
| 3, 171, 215 | 435, 719 | 237, 650 | 306, 037 | 560, 569 | 1, 599, 902 | 31, 339 | 869, 554 | May |
| 3, 531, 877 | 457, 721 | 264, 367 | 386, 844 | 643, 358 | 1, 747, 132 | 32, 456 | 956, 542 | Jun. |
| 3, 474, 026 | 448, 323 | 270, 661 | 364, 652 | 626, 591 | 1, 729, 885 | 33, 914 | 946, 010 | Jul. |
| 3, 359, 583 | 443, 452 | 238, 305 | 361, 822 | 584, 180 | 1, 698, 377 | 33, 446 | 906, 249 | Aug. |
| 3, 526, 387 | 440, 043 | 257, 305 | 389, 360 | 622, 359 | 1, 784, 533 | 32, 786 | 1, 003, 726 | Sep. |
| 3, 491, 365 | 452, 627 | 263, 708 | 357, 394 | 645, 850 | 1, 735, 562 | 36, 224 | 932, 852 | Oct. |
| 3, 514, 842 | 450, 466 | 265, 401 | 359, 701 | 646, 438 | 1, 754, 754 | 38, 082 | 946, 868 | Nov. |
| 3, 649, 780 | 481, 117 | 262, 000 | 377, 787 | 647, 219 | 1, 844, 169 | 37, 488 | 1, 081, 734 | Dec. |
| | | | | | | | | Change over the year (%) |
| | | | | | | | | Annual average |
| 2. 2 | 3. 4 | 4. 5 | -0. 2 | 1. 1 | 2. 6 | 2. 5 | -8. 3 | 2014 |
| 4. 6 | 7. 1 | 3. 2 | 17. 6 | 5. 8 | 0. 4 | 13. 4 | 22. 4 | 2015 |
| 3. 0 | 6. 0 | 4. 0 | 3. 3 | 8. 0 | 0. 2 | 7. 9 | 10. 9 | 2016 |
| 6. 0 | 8. 8 | 1. 7 | 9. 7 | 2. 3 | 6. 4 | 2. 1 | -0. 8 | 2017 |
| 2. 9 | 4. 1 | -0. 5 | -0. 6 | 4. 4 | 3. 6 | 2. 0 | 11. 7 | 2018 |
| 0. 4 | 4. 4 | 3. 9 | -2. 4 | 1. 9 | -1. 1 | 5. 3 | 2. 5 | 2019 |
| -5. 5 | 2. 2 | -7. 5 | -2. 9 | -7. 2 | -6. 4 | -21. 2 | 2. 6 | 2020 |
| 2. 3 | 6. 3 | -3. 9 | 0. 8 | 3. 9 | 2. 7 | -24. 0 | 3. 5 | 2021 |
| | | | | | | | | Quarter average |
| -4. 3 | 2. 6 | -4. 8 | -2. 9 | -4. 6 | -5. 4 | -25. 7 | -13. 1 | Jan. - Mar. 2021 |
| 6. 3 | 10. 0 | 1. 1 | 2. 6 | 6. 5 | 7. 7 | -19. 9 | 14. 3 | Apr. - Jun. |
| 5. 7 | 7. 9 | -4. 6 | 5. 6 | 6. 9 | 7. 4 | -26. 5 | 7. 0 | Jul. - Sep. |
| 2. 3 | 5. 2 | -6. 8 | -1. 5 | 7. 2 | 2. 8 | -23. 4 | 11. 5 | Oct. - Dec. |
| | | | | | | | | Monthly |
| -5. 5 | 0. 9 | -6. 8 | -1. 1 | -8. 6 | -6. 0 | -26. 3 | -23. 7 | Jan. 2021 |
| -6. 7 | 0. 7 | -2. 3 | -7. 6 | -6. 3 | -8. 2 | -32. 8 | -2. 9 | Feb. |
| -1. 3 | 5. 5 | -5. 5 | -0. 3 | 0. 8 | -2. 5 | -16. 5 | -11. 4 | Mar. |
| 4. 7 | 6. 1 | 4. 7 | 1. 7 | 2. 9 | 6. 4 | -27. 3 | 13. 8 | Apr. |
| 7. 5 | 14. 0 | 2. 5 | -4. 0 | 7. 9 | 9. 5 | -9. 5 | 15. 5 | May |
| 6. 9 | 10. 3 | -3. 6 | 9. 2 | 8. 8 | 7. 3 | -20. 1 | 13. 7 | Jun. |
| 6. 9 | 8. 7 | -0. 9 | 6. 7 | 5. 9 | 9. 1 | -25. 8 | 15. 8 | Jul. |
| 7. 3 | 11. 1 | -4. 4 | 6. 1 | 8. 4 | 9. 0 | -24. 2 | 13. 6 | Aug. |
| 3. 1 | 4. 2 | -8. 5 | 4. 1 | 6. 5 | 4. 3 | -29. 5 | -4. 8 | Sep. |
| 2. 1 | 3. 0 | -8. 8 | 1. 4 | 5. 3 | 3. 4 | -26. 2 | 7. 4 | Oct. |
| 2. 2 | 4. 2 | -6. 0 | -2. 2 | 8. 5 | 2. 4 | -20. 3 | 10. 4 | Nov. |
| 2. 5 | 8. 3 | -5. 7 | -3. 4 | 7. 7 | 2. 5 | -23. 6 | 16. 3 | Dec. |

* The actual figures for 2020 and earlier are the adjusted figures, which were calculated in accordance with the replacements of sample establishments until 2021.

4) Excluding "school education"
5) Excluding "public health centers"
6) Excluding "social insurance organizations" and "welfare offices"
7) Excluding "political, business and cultural organizations", "religion" and "foreign governments and international agencies in Japan"

第１－２表　事業所・企業等の産業
Table 1-2 Number of Persons Working at the Location of Establishment

| 年　月 | 合計 Total | サービス産業計 Service industry | G 情報通信業 Information and communications | 37 通信業 Communications | 38 放送業 Broadcasting | 39 情報サービス業 Information services | 40 インターネット附随サービス業 Internet based services | 41 映像・音声・文字情報制作業 Video picture, sound information, character information production and distribution |
|---|---|---|---|---|---|---|---|---|
| 実数（人）※ | | | | | | | | |
| 年平均 | | | | | | | | |
| 2013年 | 28, 765, 800 | 28, 794, 100 | 1, 697, 900 | 167, 400 | 80, 200 | 1, 097, 600 | 91, 700 | 254, 900 |
| 2014年 | 29, 022, 400 | 29, 043, 800 | 1, 739, 700 | 166, 900 | 80, 200 | 1, 138, 700 | 93, 800 | 254, 700 |
| 2015年 | 29, 207, 600 | 29, 227, 400 | 1, 774, 100 | 171, 600 | 79, 700 | 1, 162, 200 | 97, 600 | 257, 700 |
| 2016年 | 29, 344, 800 | 29, 354, 000 | 1, 804, 200 | 168, 700 | 80, 500 | 1, 184, 900 | 110, 100 | 258, 500 |
| 2017年 | 29, 692, 600 | 29, 700, 400 | 1, 848, 500 | 175, 600 | 82, 700 | 1, 213, 700 | 115, 400 | 259, 500 |
| 2018年 | 29, 921, 300 | 29, 926, 700 | 1, 894, 000 | 187, 700 | 83, 100 | 1, 243, 800 | 122, 100 | 256, 800 |
| 2019年 | 30, 025, 300 | 30, 027, 600 | 1, 938, 100 | 193, 500 | 82, 500 | 1, 281, 300 | 124, 900 | 255, 300 |
| 2020年 | 29, 560, 400 | 29, 555, 800 | 1, 968, 600 | 192, 800 | 82, 200 | 1, 303, 700 | 134, 100 | 255, 800 |
| 2021年 | 29, 199, 100 | 29, 192, 800 | 1, 986, 300 | 201, 800 | 81, 400 | 1, 316, 900 | 137, 600 | 248, 600 |
| 四半期平均 | | | | | | | | |
| 2020年　1～ 3月期 | 30, 026, 000 | 30, 023, 200 | 1, 949, 600 | 189, 500 | 82, 000 | 1, 291, 000 | 131, 500 | 255, 400 |
| 4～ 6月期 | 29, 318, 600 | 29, 314, 100 | 1, 980, 000 | 192, 400 | 82, 500 | 1, 314, 700 | 134, 600 | 255, 800 |
| 7～ 9月期 | 29, 376, 400 | 29, 371, 500 | 1, 974, 400 | 193, 400 | 82, 100 | 1, 307, 100 | 134, 200 | 257, 300 |
| 10～12月期 | 29, 520, 600 | 29, 514, 600 | 1, 970, 400 | 195, 800 | 82, 100 | 1, 301, 900 | 136, 000 | 254, 600 |
| 2021年　1～ 3月期 | 29, 244, 700 | 29, 238, 600 | 1, 970, 200 | 199, 700 | 81, 800 | 1, 298, 500 | 137, 400 | 252, 800 |
| 4～ 6月期 | 29, 223, 400 | 29, 217, 100 | 1, 997, 600 | 204, 200 | 81, 700 | 1, 325, 600 | 137, 200 | 248, 900 |
| 7～ 9月期 | 29, 146, 600 | 29, 140, 300 | 1, 991, 900 | 201, 500 | 81, 400 | 1, 324, 100 | 137, 800 | 247, 100 |
| 10～12月期 | 29, 181, 900 | 29, 175, 300 | 1, 985, 700 | 201, 700 | 80, 700 | 1, 319, 600 | 137, 900 | 245, 800 |
| 月次 | | | | | | | | |
| 2020年　1月 | 30, 066, 500 | 30, 063, 700 | 1, 950, 800 | 188, 700 | 82, 500 | 1, 292, 600 | 131, 500 | 255, 400 |
| 2月 | 30, 077, 500 | 30, 074, 800 | 1, 951, 400 | 190, 100 | 82, 000 | 1, 292, 300 | 131, 800 | 255, 000 |
| 3月 | 29, 934, 100 | 29, 931, 100 | 1, 946, 400 | 189, 600 | 81, 500 | 1, 288, 100 | 131, 400 | 255, 700 |
| 4月 | 29, 555, 400 | 29, 551, 000 | 1, 982, 900 | 192, 900 | 82, 500 | 1, 316, 800 | 134, 300 | 256, 100 |
| 5月 | 29, 143, 000 | 29, 138, 300 | 1, 980, 400 | 192, 000 | 82, 500 | 1, 315, 400 | 135, 100 | 255, 200 |
| 6月 | 29, 257, 500 | 29, 252, 800 | 1, 976, 900 | 192, 100 | 82, 300 | 1, 311, 900 | 134, 300 | 256, 100 |
| 7月 | 29, 383, 300 | 29, 378, 600 | 1, 975, 800 | 193, 200 | 82, 100 | 1, 309, 000 | 134, 000 | 257, 200 |
| 8月 | 29, 387, 000 | 29, 382, 200 | 1, 974, 100 | 193, 400 | 82, 100 | 1, 307, 300 | 134, 500 | 256, 500 |
| 9月 | 29, 359, 000 | 29, 353, 500 | 1, 973, 400 | 193, 600 | 81, 900 | 1, 305, 100 | 134, 300 | 258, 300 |
| 10月 | 29, 496, 500 | 29, 491, 100 | 1, 969, 200 | 193, 800 | 81, 900 | 1, 303, 700 | 135, 000 | 254, 800 |
| 11月 | 29, 528, 000 | 29, 521, 800 | 1, 969, 500 | 194, 600 | 82, 100 | 1, 302, 100 | 136, 000 | 254, 600 |
| 12月 | 29, 537, 200 | 29, 531, 000 | 1, 972, 500 | 199, 000 | 82, 100 | 1, 300, 000 | 137, 000 | 254, 400 |
| 2021年　1月 | 29, 331, 700 | 29, 325, 600 | 1, 970, 000 | 199, 000 | 81, 900 | 1, 297, 800 | 137, 700 | 253, 600 |
| 2月 | 29, 200, 400 | 29, 194, 300 | 1, 971, 200 | 200, 000 | 81, 900 | 1, 299, 200 | 137, 000 | 253, 000 |
| 3月 | 29, 202, 000 | 29, 195, 900 | 1, 969, 500 | 200, 000 | 81, 600 | 1, 298, 500 | 137, 400 | 251, 900 |
| 4月 | 29, 272, 700 | 29, 266, 400 | 1, 996, 000 | 203, 200 | 81, 900 | 1, 324, 700 | 136, 500 | 249, 700 |
| 5月 | 29, 207, 800 | 29, 201, 400 | 1, 997, 600 | 204, 500 | 81, 700 | 1, 325, 500 | 137, 000 | 248, 800 |
| 6月 | 29, 189, 800 | 29, 183, 500 | 1, 999, 200 | 204, 900 | 81, 600 | 1, 326, 400 | 138, 200 | 248, 000 |
| 7月 | 29, 275, 600 | 29, 269, 300 | 1, 999, 700 | 202, 500 | 81, 500 | 1, 329, 500 | 138, 700 | 247, 300 |
| 8月 | 29, 133, 100 | 29, 126, 800 | 1, 990, 800 | 201, 300 | 81, 400 | 1, 324, 200 | 137, 500 | 246, 400 |
| 9月 | 29, 031, 100 | 29, 024, 900 | 1, 985, 200 | 200, 800 | 81, 400 | 1, 318, 500 | 137, 000 | 247, 500 |
| 10月 | 29, 095, 300 | 29, 089, 000 | 1, 985, 200 | 201, 900 | 80, 800 | 1, 318, 000 | 138, 000 | 246, 600 |
| 11月 | 29, 211, 100 | 29, 204, 400 | 1, 986, 900 | 201, 500 | 80, 700 | 1, 320, 800 | 138, 100 | 245, 800 |
| 12月 | 29, 239, 300 | 29, 232, 500 | 1, 984, 800 | 201, 700 | 80, 600 | 1, 319, 900 | 137, 600 | 245, 000 |
| 前年（同期・同月）比（%） | | | | | | | | |
| 年平均 | | | | | | | | |
| 2014年 | 0. 9 | 0. 9 | 2. 5 | −0. 3 | 0. 0 | 3. 7 | 2. 3 | −0. 1 |
| 2015年 | 0. 6 | 0. 6 | 2. 0 | 2. 8 | −0. 6 | 2. 1 | 4. 0 | 1. 2 |
| 2016年 | 0. 5 | 0. 4 | 1. 7 | −1. 7 | 1. 0 | 2. 0 | 12. 8 | 0. 3 |
| 2017年 | 1. 2 | 1. 2 | 2. 5 | 4. 1 | 2. 8 | 2. 4 | 4. 9 | 0. 4 |
| 2018年 | 0. 8 | 0. 8 | 2. 5 | 6. 9 | 0. 4 | 2. 5 | 5. 8 | −1. 1 |
| 2019年 | 0. 3 | 0. 3 | 2. 3 | 3. 1 | −0. 7 | 3. 0 | 2. 3 | −0. 6 |
| 2020年 | −1. 5 | −1. 6 | 1. 6 | −0. 4 | −0. 4 | 1. 7 | 7. 3 | 0. 2 |
| 2021年 | −1. 2 | −1. 2 | 0. 9 | 4. 7 | −1. 0 | 1. 0 | 2. 6 | −2. 8 |
| 四半期平均 | | | | | | | | |
| 2021年　1～ 3月期 | −2. 6 | −2. 6 | 1. 1 | 5. 4 | −0. 2 | 0. 6 | 4. 5 | −1. 0 |
| 4～ 6月期 | −0. 3 | −0. 3 | 0. 9 | 6. 1 | −1. 0 | 0. 8 | 1. 9 | −2. 7 |
| 7～ 9月期 | −0. 8 | −0. 8 | 0. 9 | 4. 2 | −0. 9 | 1. 3 | 2. 7 | −4. 0 |
| 10～12月期 | −1. 1 | −1. 1 | 0. 8 | 3. 0 | −1. 7 | 1. 4 | 1. 4 | −3. 5 |
| 月次 | | | | | | | | |
| 2021年　1月 | −2. 4 | −2. 5 | 1. 0 | 5. 5 | −0. 7 | 0. 4 | 4. 7 | −0. 7 |
| 2月 | −2. 9 | −2. 9 | 1. 0 | 5. 2 | −0. 1 | 0. 5 | 3. 9 | −0. 8 |
| 3月 | −2. 4 | −2. 5 | 1. 2 | 5. 5 | 0. 1 | 0. 8 | 4. 6 | −1. 5 |
| 4月 | −1. 0 | −1. 0 | 0. 7 | 5. 3 | −0. 7 | 0. 6 | 1. 6 | −2. 5 |
| 5月 | 0. 2 | 0. 2 | 0. 9 | 6. 5 | −1. 0 | 0. 8 | 1. 4 | −2. 5 |
| 6月 | −0. 2 | −0. 2 | 1. 1 | 6. 7 | −0. 9 | 1. 1 | 2. 9 | −3. 2 |
| 7月 | −0. 4 | −0. 4 | 1. 2 | 4. 8 | −0. 7 | 1. 6 | 3. 5 | −3. 8 |
| 8月 | −0. 9 | −0. 9 | 0. 8 | 4. 1 | −0. 9 | 1. 3 | 2. 2 | −3. 9 |
| 9月 | −1. 1 | −1. 1 | 0. 6 | 3. 7 | −0. 6 | 1. 0 | 2. 0 | −4. 2 |
| 10月 | −1. 4 | −1. 4 | 0. 8 | 4. 2 | −1. 3 | 1. 1 | 2. 2 | −3. 2 |
| 11月 | −1. 1 | −1. 1 | 0. 9 | 3. 5 | −1. 7 | 1. 4 | 1. 5 | −3. 5 |
| 12月 | −1. 0 | −1. 0 | 0. 6 | 1. 4 | −1. 8 | 1. 5 | 0. 4 | −3. 7 |

※　2020年以前の実数は、2021年１月までの標本交替により生じた変動を調整した値である。

（中分類）別事業従事者数
by Industry (Medium Groups) of Establishment and Enterprise, etc.



（単位　人、％　Unit person, %）

| H 運輸業，郵便業 Transport and postal activities | 42 鉄道業 Railway transport | 43 道路旅客運送業 Road passenger transport | 44 道路貨物運送業 Road freight transport | 45 水運業 Water transport | 47 倉庫業 Warehousing | 48 運輸に附帯するサービス業 Services incidental to transport | 4* 航空運輸業，郵便業（信書便事業を含む） Air transport, postal activities, including mail delivery | Year and month |
|---|---|---|---|---|---|---|---|---|
| | | | | | | | | Actual figures (Person) * |
| | | | | | | | | Annual average |
| 3,321,700 | 285,700 | 583,000 | 1,749,000 | 56,000 | 197,500 | 390,300 | 55,500 | 2013 |
| 3,360,200 | 278,600 | 571,900 | 1,795,400 | 55,900 | 197,500 | 397,700 | 56,100 | 2014 |
| 3,393,200 | 272,600 | 560,900 | 1,825,500 | 56,200 | 195,300 | 427,400 | 54,900 | 2015 |
| 3,426,000 | 270,100 | 544,300 | 1,869,100 | 56,900 | 198,300 | 430,500 | 55,100 | 2016 |
| 3,461,800 | 269,500 | 529,100 | 1,894,600 | 56,900 | 209,000 | 446,200 | 54,100 | 2017 |
| 3,491,100 | 266,700 | 521,400 | 1,920,700 | 57,700 | 209,900 | 456,600 | 56,300 | 2018 |
| 3,455,000 | 266,700 | 518,900 | 1,889,100 | 59,000 | 209,100 | 455,900 | 58,000 | 2019 |
| 3,372,700 | 265,100 | 510,800 | 1,827,400 | 52,500 | 207,600 | 452,500 | 60,400 | 2020 |
| 3,349,100 | 257,800 | 471,800 | 1,837,100 | 54,600 | 211,100 | 457,300 | 59,400 | 2021 |
| | | | | | | | | Quarter average |
| 3,428,900 | 270,900 | 527,500 | 1,866,600 | 51,600 | 207,500 | 449,900 | 58,600 | Jan. - Mar. 2020 |
| 3,324,100 | 263,400 | 518,000 | 1,780,800 | 53,300 | 208,200 | 445,900 | 60,400 | Apr. - Jun. |
| 3,321,600 | 261,800 | 502,000 | 1,794,300 | 52,800 | 207,200 | 446,400 | 61,400 | Jul. - Sep. |
| 3,416,000 | 264,400 | 495,500 | 1,867,700 | 52,400 | 207,400 | 467,900 | 61,300 | Oct. - Dec. |
| 3,371,000 | 265,200 | 483,000 | 1,835,700 | 51,900 | 208,000 | 466,100 | 61,000 | Jan. - Mar. 2021 |
| 3,335,100 | 255,900 | 476,200 | 1,822,200 | 55,000 | 209,100 | 457,300 | 59,300 | Apr. - Jun. |
| 3,320,900 | 253,700 | 464,000 | 1,824,700 | 55,800 | 212,000 | 451,900 | 58,800 | Jul. - Sep. |
| 3,369,200 | 256,400 | 464,100 | 1,865,700 | 55,700 | 215,100 | 453,800 | 58,500 | Oct. - Dec. |
| | | | | | | | | Monthly |
| 3,355,900 | 272,200 | 527,600 | 1,798,300 | 51,900 | 208,400 | 446,200 | 57,800 | Jan. 2020 |
| 3,436,600 | 273,200 | 526,900 | 1,868,600 | 51,200 | 207,000 | 454,600 | 58,600 | Feb. |
| 3,494,100 | 267,300 | 527,900 | 1,933,000 | 51,700 | 207,100 | 448,900 | 59,400 | Mar. |
| 3,375,900 | 264,800 | 521,200 | 1,826,900 | 53,200 | 207,400 | 446,400 | 60,500 | Apr. |
| 3,284,800 | 262,900 | 516,700 | 1,743,600 | 53,200 | 208,500 | 446,800 | 60,200 | May |
| 3,311,600 | 262,500 | 516,100 | 1,772,100 | 53,400 | 208,800 | 444,600 | 60,500 | Jun. |
| 3,345,100 | 262,000 | 506,100 | 1,812,100 | 53,100 | 207,500 | 447,000 | 61,300 | Jul. |
| 3,306,500 | 262,000 | 503,300 | 1,779,200 | 52,500 | 207,100 | 446,000 | 61,400 | Aug. |
| 3,313,200 | 261,500 | 496,700 | 1,791,700 | 52,800 | 207,100 | 446,300 | 61,400 | Sep. |
| 3,400,800 | 261,700 | 496,900 | 1,857,300 | 52,400 | 207,100 | 465,400 | 61,200 | Oct. |
| 3,406,100 | 263,700 | 497,100 | 1,857,500 | 52,200 | 207,900 | 467,500 | 61,300 | Nov. |
| 3,441,100 | 267,900 | 492,700 | 1,888,300 | 52,700 | 207,400 | 470,700 | 61,300 | Dec. |
| 3,395,600 | 268,300 | 489,200 | 1,848,600 | 52,300 | 208,700 | 467,200 | 61,100 | Jan. 2021 |
| 3,365,000 | 267,900 | 482,800 | 1,826,800 | 52,000 | 208,700 | 465,900 | 60,900 | Feb. |
| 3,352,200 | 259,400 | 476,900 | 1,831,700 | 51,500 | 206,600 | 465,300 | 60,900 | Mar. |
| 3,342,500 | 257,300 | 479,400 | 1,822,900 | 53,900 | 208,700 | 460,700 | 59,600 | Apr. |
| 3,333,100 | 255,800 | 477,400 | 1,823,300 | 55,300 | 208,100 | 454,000 | 59,200 | May |
| 3,329,700 | 254,500 | 471,900 | 1,820,400 | 55,800 | 210,600 | 457,300 | 59,200 | Jun. |
| 3,338,200 | 254,000 | 465,400 | 1,838,700 | 55,500 | 211,500 | 454,100 | 59,000 | Jul. |
| 3,312,500 | 253,700 | 463,900 | 1,820,400 | 55,900 | 209,300 | 450,400 | 58,700 | Aug. |
| 3,312,100 | 253,200 | 462,700 | 1,815,100 | 56,000 | 215,000 | 451,300 | 58,700 | Sep. |
| 3,336,700 | 252,900 | 463,600 | 1,838,600 | 56,100 | 215,100 | 451,700 | 58,700 | Oct. |
| 3,380,600 | 255,900 | 463,600 | 1,877,300 | 55,600 | 216,000 | 453,600 | 58,400 | Nov. |
| 3,390,400 | 260,300 | 465,000 | 1,881,100 | 55,500 | 214,300 | 456,000 | 58,400 | Dec. |
| | | | | | | | | Change over the year (%) |
| | | | | | | | | Annual average |
| 1.2 | -2.5 | -1.9 | 2.7 | -0.2 | 0.0 | 1.9 | 1.1 | 2014 |
| 1.0 | -2.1 | -1.9 | 1.7 | 0.6 | -1.1 | 7.5 | -2.1 | 2015 |
| 1.0 | -0.9 | -3.0 | 2.4 | 1.3 | 1.5 | 0.7 | 0.3 | 2016 |
| 1.0 | -0.2 | -2.8 | 1.4 | 0.0 | 5.4 | 3.7 | -1.9 | 2017 |
| 0.8 | -1.1 | -1.4 | 1.4 | 1.4 | 0.4 | 2.3 | 4.0 | 2018 |
| -1.0 | 0.0 | -0.5 | -1.6 | 2.1 | -0.4 | -0.2 | 3.1 | 2019 |
| -2.4 | -0.6 | -1.6 | 3.3 | -10.9 | -0.7 | -0.7 | 4.1 | 2020 |
| -0.7 | -2.8 | -7.6 | 0.5 | 4.0 | 1.7 | 1.1 | -1.7 | 2021 |
| | | | | | | | | Quarter average |
| -1.7 | -2.1 | -8.4 | -1.7 | 0.6 | 0.2 | 3.6 | 4.1 | Jan. - Mar. 2021 |
| 0.3 | -2.8 | -8.1 | 2.3 | 3.2 | 0.4 | 2.6 | -1.8 | Apr. - Jun. |
| 0.0 | -3.1 | -7.6 | 1.7 | 5.7 | 2.3 | 1.2 | -4.2 | Jul. - Sep. |
| -1.4 | -3.0 | -6.3 | -0.1 | 6.3 | 3.7 | -3.0 | -4.6 | Oct. - Dec. |
| | | | | | | | | Monthly |
| 1.2 | -1.4 | -7.3 | 2.8 | 0.8 | 0.1 | 4.7 | 5.7 | Jan. 2021 |
| -2.1 | -1.9 | -8.4 | -2.2 | 1.6 | 0.8 | 2.5 | 3.9 | Feb. |
| -4.1 | -3.0 | -9.7 | -5.2 | -0.4 | -0.2 | 3.7 | 2.5 | Mar. |
| -1.0 | -2.8 | -8.0 | -0.2 | 1.3 | 0.6 | 3.2 | -1.5 | Apr. |
| 1.5 | -2.7 | -7.6 | 4.6 | 3.9 | -0.2 | 1.6 | -1.7 | May |
| 0.5 | -3.0 | -8.6 | 2.7 | 4.5 | 0.9 | 2.9 | -2.1 | Jun. |
| -0.2 | -3.1 | -8.0 | 1.5 | 4.5 | 1.9 | 1.6 | -3.8 | Jul. |
| 0.2 | -3.2 | -7.8 | 2.3 | 6.5 | 1.1 | 1.0 | -4.4 | Aug. |
| 0.0 | -3.2 | -6.8 | 1.3 | 6.1 | 3.8 | 1.1 | -4.4 | Sep. |
| -1.9 | -3.4 | -6.7 | -1.0 | 7.1 | 3.9 | -2.9 | -4.1 | Oct. |
| -0.7 | -3.0 | -6.7 | 1.1 | 6.5 | 3.9 | -3.0 | -4.7 | Nov. |
| -1.5 | -2.8 | -5.6 | -0.4 | 5.3 | 3.3 | -3.1 | -4.7 | Dec. |

* The actual figures for 2020 and earlier are the adjusted figures, which were calculated in accordance with the replacements of sample establishments until 2021.

| 年　月 | K 不動産業，物品賃貸業 Real estate and goods rental and leasing | 68 不動産取引業 Real estate agencies | 69 不動産賃貸業・管理業 Real estate lessors and managers | 70 物品賃貸業 Goods rental and leasing | L 学術研究，専門・技術サービス業 1) Scientific research, professional and technical services 1) | 72 専門サービス業（他に分類されないもの） 2) Professional services, n.e.c. 2) | 73 広告業 Advertising | 74 技術サービス業（他に分類されないもの） Technical services, n.e.c. |
|---|---|---|---|---|---|---|---|---|
| 実数（人）※ | | | | | | | | |
| 年平均 | | | | | | | | |
| 2013年 | 1, 510, 900 | 322, 700 | 919, 200 | 272, 100 | 1, 626, 800 | 657, 200 | 124, 900 | 844, 700 |
| 2014年 | 1, 528, 800 | 326, 700 | 923, 800 | 280, 000 | 1, 645, 600 | 664, 800 | 132, 800 | 847, 100 |
| 2015年 | 1, 534, 800 | 324, 500 | 925, 200 | 286, 000 | 1, 668, 700 | 669, 500 | 137, 000 | 860, 500 |
| 2016年 | 1, 541, 200 | 320, 500 | 927, 000 | 293, 700 | 1, 704, 900 | 693, 900 | 139, 000 | 871, 500 |
| 2017年 | 1, 544, 600 | 321, 500 | 930, 100 | 293, 400 | 1, 742, 400 | 699, 500 | 143, 100 | 899, 600 |
| 2018年 | 1, 547, 300 | 320, 100 | 934, 000 | 293, 600 | 1, 747, 800 | 705, 700 | 145, 700 | 896, 000 |
| 2019年 | 1, 578, 200 | 328, 400 | 943, 900 | 305, 300 | 1, 752, 700 | 696, 000 | 143, 100 | 913, 600 |
| 2020年 | 1, 578, 800 | 330, 400 | 943, 300 | 304, 600 | 1, 763, 700 | 701, 800 | 144, 800 | 917, 100 |
| 2021年 | 1, 586, 500 | 334, 000 | 947, 100 | 305, 400 | 1, 756, 200 | 702, 100 | 138, 700 | 915, 400 |
| 四半期平均 | | | | | | | | |
| 2020年　1～ 3月期 | 1, 587, 800 | 330, 600 | 946, 900 | 309, 400 | 1, 771, 900 | 709, 600 | 142, 100 | 920, 000 |
| 4～ 6月期 | 1, 582, 600 | 331, 700 | 944, 200 | 306, 000 | 1, 761, 200 | 700, 200 | 145, 300 | 915, 800 |
| 7～ 9月期 | 1, 577, 900 | 331, 400 | 941, 500 | 304, 400 | 1, 761, 100 | 698, 800 | 145, 600 | 916, 800 |
| 10～12月期 | 1, 567, 000 | 327, 800 | 940, 600 | 298, 500 | 1, 760, 700 | 698, 600 | 146, 300 | 915, 800 |
| 2021年　1～ 3月期 | 1, 577, 600 | 330, 000 | 949, 600 | 298, 000 | 1, 754, 100 | 701, 900 | 145, 800 | 906, 500 |
| 4～ 6月期 | 1, 592, 500 | 335, 300 | 951, 900 | 305, 300 | 1, 760, 300 | 703, 500 | 137, 600 | 919, 200 |
| 7～ 9月期 | 1, 591, 700 | 335, 300 | 946, 900 | 309, 600 | 1, 756, 800 | 702, 200 | 136, 300 | 918, 300 |
| 10～12月期 | 1, 584, 200 | 335, 400 | 939, 900 | 308, 900 | 1, 753, 600 | 700, 800 | 135, 000 | 917, 800 |
| 月次 | | | | | | | | |
| 2020年　1月 | 1, 589, 500 | 329, 800 | 948, 200 | 310, 600 | 1, 771, 000 | 707, 200 | 142, 200 | 921, 600 |
| 2月 | 1, 587, 800 | 330, 600 | 945, 800 | 310, 400 | 1, 775, 100 | 710, 000 | 142, 000 | 922, 800 |
| 3月 | 1, 585, 900 | 331, 500 | 946, 700 | 307, 100 | 1, 769, 400 | 711, 600 | 142, 000 | 915, 600 |
| 4月 | 1, 582, 900 | 331, 800 | 945, 300 | 305, 400 | 1, 758, 100 | 697, 400 | 144, 200 | 916, 500 |
| 5月 | 1, 582, 600 | 331, 600 | 943, 600 | 306, 600 | 1, 759, 400 | 701, 000 | 146, 000 | 912, 400 |
| 6月 | 1, 582, 200 | 331, 700 | 943, 700 | 306, 100 | 1, 766, 300 | 702, 200 | 145, 700 | 918, 500 |
| 7月 | 1, 582, 100 | 332, 500 | 943, 200 | 305, 700 | 1, 760, 900 | 700, 100 | 145, 400 | 915, 400 |
| 8月 | 1, 579, 200 | 331, 300 | 939, 700 | 307, 300 | 1, 759, 700 | 698, 200 | 145, 800 | 915, 900 |
| 9月 | 1, 572, 400 | 330, 400 | 941, 500 | 300, 400 | 1, 762, 700 | 698, 300 | 145, 500 | 919, 000 |
| 10月 | 1, 568, 500 | 328, 900 | 940, 700 | 299, 000 | 1, 762, 700 | 697, 700 | 146, 400 | 918, 700 |
| 11月 | 1, 565, 500 | 327, 700 | 939, 500 | 298, 200 | 1, 759, 700 | 698, 500 | 146, 100 | 915, 200 |
| 12月 | 1, 566, 900 | 326, 900 | 941, 500 | 298, 500 | 1, 759, 600 | 699, 800 | 146, 500 | 913, 400 |
| 2021年　1月 | 1, 566, 900 | 327, 900 | 941, 600 | 297, 400 | 1, 751, 000 | 700, 600 | 145, 800 | 904, 700 |
| 2月 | 1, 584, 000 | 330, 000 | 954, 300 | 299, 700 | 1, 752, 200 | 702, 600 | 146, 300 | 903, 400 |
| 3月 | 1, 582, 000 | 332, 300 | 953, 000 | 296, 800 | 1, 759, 200 | 702, 500 | 145, 300 | 911, 400 |
| 4月 | 1, 588, 700 | 335, 600 | 950, 400 | 302, 600 | 1, 761, 400 | 705, 800 | 137, 700 | 918, 000 |
| 5月 | 1, 591, 000 | 335, 500 | 952, 300 | 303, 100 | 1, 759, 600 | 702, 700 | 137, 200 | 919, 700 |
| 6月 | 1, 597, 700 | 334, 800 | 952, 800 | 310, 100 | 1, 759, 900 | 702, 100 | 138, 000 | 919, 800 |
| 7月 | 1, 595, 300 | 335, 800 | 950, 200 | 309, 300 | 1, 758, 700 | 704, 500 | 137, 300 | 916, 900 |
| 8月 | 1, 590, 400 | 335, 100 | 945, 800 | 309, 500 | 1, 755, 900 | 700, 500 | 136, 600 | 918, 900 |
| 9月 | 1, 589, 500 | 334, 900 | 944, 700 | 309, 900 | 1, 755, 800 | 701, 600 | 135, 000 | 919, 100 |
| 10月 | 1, 582, 600 | 334, 400 | 939, 200 | 308, 900 | 1, 752, 300 | 699, 300 | 134, 600 | 918, 300 |
| 11月 | 1, 584, 500 | 334, 500 | 940, 300 | 309, 700 | 1, 755, 800 | 701, 700 | 135, 500 | 918, 600 |
| 12月 | 1, 585, 700 | 337, 300 | 940, 300 | 308, 000 | 1, 752, 800 | 701, 300 | 135, 000 | 916, 500 |
| 前年（同期・同月）比（%） | | | | | | | | |
| 年平均 | | | | | | | | |
| 2014年 | 1. 2 | 1. 2 | 0. 5 | 2. 9 | 1. 2 | 1. 2 | 6. 3 | 0. 3 |
| 2015年 | 0. 4 | -0. 7 | 0. 2 | 2. 1 | 1. 4 | 0. 7 | 3. 1 | 1. 6 |
| 2016年 | 0. 4 | -1. 2 | 0. 2 | 2. 7 | 2. 2 | 3. 6 | 1. 5 | 1. 3 |
| 2017年 | 0. 2 | 0. 3 | 0. 3 | -0. 1 | 2. 2 | 0. 8 | 2. 9 | 3. 2 |
| 2018年 | 0. 2 | -0. 4 | 0. 4 | 0. 1 | 0. 3 | 0. 9 | 1. 8 | -0. 4 |
| 2019年 | 2. 0 | 2. 6 | 1. 1 | 4. 0 | 0. 3 | -1. 4 | -1. 8 | 2. 0 |
| 2020年 | 0. 0 | 0. 6 | -0. 1 | -0. 2 | 0. 6 | 0. 8 | 1. 2 | 0. 4 |
| 2021年 | 0. 5 | 1. 1 | 0. 4 | 0. 3 | -0. 4 | 0. 0 | -4. 2 | -0. 2 |
| 四半期平均 | | | | | | | | |
| 2021年　1～ 3月期 | -0. 6 | -0. 2 | 0. 3 | -3. 7 | -1. 0 | -1. 1 | 2. 6 | -1. 5 |
| 4～ 6月期 | 0. 6 | 1. 1 | 0. 8 | -0. 2 | -0. 1 | 0. 5 | -5. 3 | 0. 4 |
| 7～ 9月期 | 0. 9 | 1. 2 | 0. 6 | 1. 7 | -0. 2 | 0. 5 | -6. 4 | 0. 2 |
| 10～12月期 | 1. 1 | 2. 3 | -0. 1 | 3. 5 | -0. 4 | 0. 3 | -7. 7 | 0. 2 |
| 月次 | | | | | | | | |
| 2021年　1月 | -1. 4 | -0. 6 | -0. 7 | -4. 2 | -1. 1 | -0. 9 | 2. 5 | -1. 8 |
| 2月 | -0. 2 | -0. 2 | 0. 9 | -3. 4 | -1. 3 | -1. 0 | 3. 0 | -2. 1 |
| 3月 | -0. 2 | 0. 2 | 0. 7 | -3. 4 | -0. 6 | -1. 3 | 2. 3 | -0. 5 |
| 4月 | 0. 4 | 1. 1 | 0. 5 | -0. 9 | 0. 2 | 1. 2 | -4. 5 | 0. 2 |
| 5月 | 0. 5 | 1. 2 | 0. 9 | -1. 1 | 0. 0 | 0. 2 | -6. 0 | 0. 8 |
| 6月 | 1. 0 | 0. 9 | 1. 0 | 1. 3 | -0. 4 | 0. 0 | -5. 3 | 0. 1 |
| 7月 | 0. 8 | 1. 0 | 0. 7 | 1. 2 | -0. 1 | 0. 6 | -5. 6 | 0. 2 |
| 8月 | 0. 7 | 1. 1 | 0. 6 | 0. 7 | -0. 2 | 0. 3 | -6. 3 | 0. 3 |
| 9月 | 1. 1 | 1. 4 | 0. 3 | 3. 2 | -0. 4 | 0. 5 | -7. 2 | 0. 0 |
| 10月 | 0. 9 | 1. 7 | -0. 2 | 3. 3 | -0. 6 | 0. 2 | -8. 1 | 0. 0 |
| 11月 | 1. 2 | 2. 1 | 0. 1 | 3. 9 | -0. 2 | 0. 5 | -7. 3 | 0. 4 |
| 12月 | 1. 2 | 3. 2 | -0. 1 | 3. 2 | -0. 4 | 0. 2 | -7. 8 | 0. 3 |

※　2020年以前の実数は、2021年１月までの標本交替により生じた変動を調整した値である。

1)「学術・開発研究機関」を除く。
2)「純粋持株会社」を除く。
3)「家事サービス業」を除く。

（中分類）別事業従事者数（続き）
by Industry (Medium Groups) of Establishment and Enterprise, etc. - Continued



（単位　人、％　Unit person, %）

| M 宿泊業，飲食サービス業 Accommodations, eating and drinking services | 75 宿泊業 Accommodations | 76 飲食店 Eating and drinking places | 77 持ち帰り・配達飲食サービス業 Food take out and delivery services | N 生活関連サービス業，娯楽業 Living-related and personal services and amusement services | 78 洗濯・理容・美容・浴場業 Laundry, beauty and bath services | 79 その他の生活関連サービス業 3) Miscellaneous living-related and personal services 3) | 80 娯楽業 Services for amusement and hobbies | Year and month |
|---|---|---|---|---|---|---|---|---|
| | | | | | | | | Actual figures (Person) * |
| | | | | | | | | Annual average |
| 5, 500, 600 | 667, 900 | 4, 236, 500 | 597, 800 | 2, 675, 000 | 1, 232, 800 | 449, 400 | 993, 200 | 2013 |
| 5, 505, 600 | 682, 200 | 4, 224, 100 | 598, 900 | 2, 664, 600 | 1, 220, 000 | 458, 800 | 986, 100 | 2014 |
| 5, 550, 000 | 707, 800 | 4, 239, 200 | 600, 300 | 2, 617, 800 | 1, 192, 200 | 448, 000 | 978, 200 | 2015 |
| 5, 487, 600 | 709, 300 | 4, 183, 600 | 590, 700 | 2, 558, 500 | 1, 173, 200 | 437, 500 | 948, 300 | 2016 |
| 5, 545, 200 | 717, 900 | 4, 231, 700 | 590, 100 | 2, 539, 100 | 1, 143, 100 | 436, 800 | 959, 700 | 2017 |
| 5, 527, 800 | 716, 700 | 4, 219, 400 | 586, 000 | 2, 527, 600 | 1, 131, 300 | 435, 700 | 961, 400 | 2018 |
| 5, 470, 300 | 724, 700 | 4, 167, 900 | 571, 500 | 2, 511, 400 | 1, 130, 400 | 435, 900 | 945, 900 | 2019 |
| 5, 154, 600 | 666, 500 | 3, 903, 900 | 583, 900 | 2, 450, 200 | 1, 132, 600 | 416, 300 | 901, 500 | 2020 |
| 4, 911, 500 | 642, 600 | 3, 677, 500 | 591, 400 | 2, 374, 600 | 1, 109, 400 | 386, 800 | 878, 400 | 2021 |
| | | | | | | | | Quarter average |
| 5, 440, 600 | 720, 400 | 4, 140, 200 | 574, 700 | 2, 510, 400 | 1, 152, 600 | 430, 200 | 927, 900 | Jan. - Mar. 2020 |
| 5, 004, 000 | 647, 400 | 3, 774, 700 | 584, 000 | 2, 451, 800 | 1, 138, 800 | 415, 500 | 897, 500 | Apr. - Jun. |
| 5, 061, 800 | 646, 600 | 3, 826, 900 | 590, 000 | 2, 429, 800 | 1, 123, 700 | 410, 700 | 895, 600 | Jul. - Sep. |
| 5, 111, 800 | 651, 500 | 3, 874, 000 | 586, 700 | 2, 408, 800 | 1, 115, 200 | 408, 700 | 885, 000 | Oct. - Dec. |
| 4, 969, 500 | 636, 100 | 3, 749, 900 | 583, 400 | 2, 373, 600 | 1, 107, 900 | 396, 600 | 869, 100 | Jan. - Mar. 2021 |
| 4, 863, 200 | 639, 400 | 3, 636, 400 | 587, 400 | 2, 393, 700 | 1, 116, 800 | 391, 300 | 885, 600 | Apr. - Jun. |
| 4, 865, 500 | 649, 500 | 3, 623, 300 | 592, 700 | 2, 378, 700 | 1, 112, 600 | 381, 600 | 884, 500 | Jul. - Sep. |
| 4, 948, 000 | 645, 300 | 3, 700, 500 | 602, 100 | 2, 352, 600 | 1, 100, 300 | 377, 900 | 874, 400 | Oct. - Dec. |
| | | | | | | | | Monthly |
| 5, 526, 500 | 741, 000 | 4, 204, 200 | 575, 100 | 2, 506, 600 | 1, 151, 800 | 431, 600 | 923, 400 | Jan. 2020 |
| 5, 449, 500 | 721, 100 | 4, 146, 900 | 576, 200 | 2, 519, 300 | 1, 154, 300 | 433, 300 | 932, 000 | Feb. |
| 5, 345, 800 | 699, 200 | 4, 069, 400 | 572, 800 | 2, 505, 300 | 1, 151, 700 | 425, 600 | 928, 400 | Mar. |
| 5, 121, 900 | 673, 400 | 3, 871, 200 | 577, 000 | 2, 483, 300 | 1, 145, 300 | 423, 000 | 915, 300 | Apr. |
| 4, 919, 800 | 637, 000 | 3, 699, 800 | 586, 900 | 2, 444, 100 | 1, 142, 500 | 412, 900 | 888, 600 | May |
| 4, 970, 300 | 631, 800 | 3, 753, 100 | 588, 100 | 2, 428, 000 | 1, 128, 600 | 410, 700 | 888, 600 | Jun. |
| 5, 043, 800 | 648, 700 | 3, 807, 900 | 589, 100 | 2, 433, 400 | 1, 127, 500 | 412, 000 | 894, 000 | Jul. |
| 5, 074, 700 | 648, 700 | 3, 836, 200 | 591, 400 | 2, 435, 700 | 1, 125, 000 | 412, 000 | 898, 900 | Aug. |
| 5, 066, 800 | 642, 300 | 3, 836, 500 | 589, 400 | 2, 420, 300 | 1, 118, 700 | 408, 100 | 893, 800 | Sep. |
| 5, 101, 500 | 649, 400 | 3, 864, 800 | 587, 900 | 2, 416, 100 | 1, 116, 500 | 409, 900 | 889, 900 | Oct. |
| 5, 116, 800 | 652, 800 | 3, 876, 700 | 587, 800 | 2, 412, 600 | 1, 115, 400 | 409, 900 | 887, 500 | Nov. |
| 5, 117, 300 | 652, 300 | 3, 880, 600 | 584, 400 | 2, 397, 600 | 1, 113, 600 | 406, 400 | 877, 600 | Dec. |
| 5, 017, 900 | 645, 200 | 3, 791, 100 | 581, 600 | 2, 376, 100 | 1, 107, 900 | 397, 200 | 871, 000 | Jan. 2021 |
| 4, 949, 800 | 630, 500 | 3, 734, 300 | 585, 000 | 2, 364, 500 | 1, 106, 400 | 393, 800 | 864, 300 | Feb. |
| 4, 940, 700 | 632, 700 | 3, 724, 300 | 583, 700 | 2, 380, 300 | 1, 109, 400 | 398, 700 | 872, 200 | Mar. |
| 4, 896, 400 | 640, 300 | 3, 669, 800 | 586, 400 | 2, 396, 100 | 1, 118, 300 | 393, 200 | 884, 600 | Apr. |
| 4, 846, 000 | 638, 600 | 3, 619, 700 | 587, 800 | 2, 397, 500 | 1, 118, 300 | 392, 200 | 887, 000 | May |
| 4, 847, 200 | 639, 400 | 3, 619, 600 | 588, 200 | 2, 387, 400 | 1, 113, 600 | 388, 500 | 885, 300 | Jun. |
| 4, 915, 000 | 650, 100 | 3, 671, 100 | 593, 700 | 2, 390, 800 | 1, 114, 800 | 386, 800 | 889, 300 | Jul. |
| 4, 865, 500 | 652, 400 | 3, 620, 600 | 592, 500 | 2, 378, 300 | 1, 112, 600 | 380, 400 | 885, 300 | Aug. |
| 4, 816, 000 | 645, 900 | 3, 578, 300 | 591, 900 | 2, 367, 000 | 1, 110, 500 | 377, 600 | 878, 900 | Sep. |
| 4, 903, 400 | 641, 700 | 3, 660, 200 | 601, 500 | 2, 356, 500 | 1, 100, 000 | 378, 100 | 878, 400 | Oct. |
| 4, 948, 600 | 644, 100 | 3, 701, 400 | 603, 100 | 2, 355, 700 | 1, 099, 900 | 378, 400 | 877, 300 | Nov. |
| 4, 992, 000 | 650, 200 | 3, 740, 000 | 601, 800 | 2, 345, 500 | 1, 100, 800 | 377, 200 | 867, 500 | Dec. |
| | | | | | | | | Change over the year (%) |
| | | | | | | | | Annual average |
| 0. 1 | 2. 1 | −0. 3 | 0. 2 | −0. 4 | −1. 0 | 2. 1 | −0. 7 | 2014 |
| 0. 8 | 3. 8 | 0. 4 | 0. 2 | −1. 8 | −2. 3 | −2. 3 | −0. 8 | 2015 |
| −1. 1 | 0. 2 | −1. 3 | −1. 6 | −2. 3 | −1. 6 | −2. 3 | −3. 1 | 2016 |
| 1. 0 | 1. 2 | 1. 1 | −0. 1 | −0. 8 | −2. 6 | −0. 2 | 1. 2 | 2017 |
| −0. 3 | −0. 2 | −0. 3 | −0. 7 | −0. 5 | −1. 0 | −0. 3 | 0. 2 | 2018 |
| −1. 0 | 1. 1 | −1. 2 | −2. 5 | −0. 6 | −0. 1 | 0. 0 | −1. 6 | 2019 |
| −5. 8 | −8. 0 | −6. 3 | 2. 2 | −2. 4 | 0. 2 | −4. 5 | −4. 7 | 2020 |
| −4. 7 | −3. 6 | −5. 8 | 1. 3 | −3. 1 | −2. 0 | −7. 1 | −2. 6 | 2021 |
| | | | | | | | | Quarter average |
| −8. 7 | −11. 7 | −9. 4 | 1. 5 | −5. 4 | −3. 9 | −7. 8 | −6. 3 | Jan. - Mar. 2021 |
| −2. 8 | −1. 2 | −3. 7 | 0. 6 | −2. 4 | −1. 9 | −5. 8 | −1. 3 | Apr. - Jun. |
| −3. 9 | 0. 4 | −5. 3 | 0. 5 | −2. 1 | −1. 0 | −7. 1 | −1. 2 | Jul. - Sep. |
| −3. 2 | −1. 0 | −4. 5 | 2. 6 | −2. 3 | −1. 3 | −7. 5 | −1. 2 | Oct. - Dec. |
| | | | | | | | | Monthly |
| −9. 2 | −12. 9 | −9. 8 | 1. 1 | −5. 2 | −3. 8 | −8. 0 | −5. 7 | Jan. 2021 |
| −9. 2 | −12. 6 | −9. 9 | 1. 5 | −6. 1 | −4. 1 | −9. 1 | −7. 3 | Feb. |
| −7. 6 | −9. 5 | −8. 5 | 1. 9 | −5. 0 | −3. 7 | −6. 3 | −6. 1 | Mar. |
| −4. 4 | −4. 9 | −5. 2 | 1. 6 | −3. 5 | −2. 4 | −7. 0 | −3. 4 | Apr. |
| −1. 5 | 0. 3 | −2. 2 | 0. 2 | −1. 9 | −2. 1 | −5. 0 | −0. 2 | May |
| −2. 5 | 1. 2 | −3. 6 | 0. 0 | −1. 7 | −1. 3 | −5. 4 | −0. 4 | Jun. |
| −2. 6 | 0. 2 | −3. 6 | 0. 8 | −1. 8 | −1. 1 | −6. 1 | −0. 5 | Jul. |
| −4. 1 | 0. 6 | −5. 6 | 0. 2 | −2. 4 | −1. 1 | −7. 7 | −1. 5 | Aug. |
| −4. 9 | 0. 6 | −6. 7 | 0. 4 | −2. 2 | −0. 7 | −7. 5 | −1. 7 | Sep. |
| −3. 9 | −1. 2 | −5. 3 | 2. 3 | −2. 5 | −1. 5 | −7. 8 | −1. 3 | Oct. |
| −3. 3 | −1. 3 | −4. 5 | 2. 6 | −2. 4 | −1. 4 | −7. 7 | −1. 1 | Nov. |
| −2. 4 | −0. 3 | −3. 6 | 3. 0 | −2. 2 | −1. 1 | −7. 2 | −1. 2 | Dec. |

* The actual figures for 2020 and earlier are the adjusted figures, which were calculated in accordance with the replacements of sample establishments until 2021.

1) Excluding "scientific and development research institutes"
2) Excluding "pure holding companies"
3) Excluding "domestic services"

| 年　月 | O 教育，学習支援業 4) Education, learning support 4) | 82 その他の教育，学習支援業 Miscellaneous education, learning support | 82a うち社会教育，職業・教育支援施設 of which social education and vocational and educational support facilities | 82b うち学習塾，教養・技能教授業 of which supplementary tutorial schools and instruction service for arts, culture and technicals | P 医療，福祉 Medical, health care and welfare | 83 医療業 Medical and other health services | 84 保健衛生 5) Public health and hygiene 5) | 85 社会保険・社会福祉・介護事業 6) Social insurance and social welfare 6) |
|---|---|---|---|---|---|---|---|---|
| 実数（人）※ | | | | | | | | |
| 年平均 | | | | | | | | |
| 2013年 | 882, 700 | 882, 700 | 205, 700 | 605, 900 | 7, 766, 400 | 4, 003, 900 | 99, 200 | 3, 659, 900 |
| 2014年 | 895, 300 | 895, 300 | 209, 900 | 612, 900 | 7, 896, 600 | 4, 061, 700 | 105, 000 | 3, 726, 600 |
| 2015年 | 900, 000 | 900, 000 | 219, 400 | 615, 400 | 7, 995, 100 | 4, 117, 000 | 106, 500 | 3, 766, 800 |
| 2016年 | 907, 800 | 907, 800 | 223, 200 | 622, 300 | 8, 108, 500 | 4, 169, 800 | 108, 600 | 3, 826, 700 |
| 2017年 | 917, 700 | 917, 700 | 223, 800 | 626, 900 | 8, 255, 700 | 4, 219, 600 | 112, 200 | 3, 923, 300 |
| 2018年 | 943, 300 | 943, 300 | 226, 800 | 649, 500 | 8, 389, 100 | 4, 259, 300 | 117, 100 | 4, 012, 200 |
| 2019年 | 993, 000 | 993, 000 | 234, 500 | 679, 300 | 8, 470, 600 | 4, 279, 200 | 115, 700 | 4, 075, 400 |
| 2020年 | 997, 800 | 997, 800 | 237, 400 | 677, 500 | 8, 489, 600 | 4, 289, 100 | 113, 400 | 4, 087, 000 |
| 2021年 | 996, 100 | 996, 100 | 237, 700 | 680, 500 | 8, 494, 900 | 4, 305, 400 | 123, 100 | 4, 066, 300 |
| 四半期平均 | | | | | | | | |
| 2020年 1～ 3月期 | 1, 000, 600 | 1, 000, 600 | 234, 300 | 682, 200 | 8, 476, 900 | 4, 271, 300 | 112, 800 | 4, 093, 200 |
| 4～ 6月期 | 982, 700 | 982, 700 | 239, 300 | 660, 400 | 8, 485, 500 | 4, 297, 800 | 111, 200 | 4, 076, 200 |
| 7～ 9月期 | 1, 003, 500 | 1, 003, 500 | 239, 600 | 681, 400 | 8, 493, 700 | 4, 298, 000 | 113, 900 | 4, 081, 400 |
| 10～12月期 | 1, 004, 500 | 1, 004, 500 | 236, 500 | 685, 900 | 8, 502, 200 | 4, 289, 100 | 115, 600 | 4, 097, 400 |
| 2021年 1～ 3月期 | 999, 700 | 999, 700 | 234, 000 | 683, 500 | 8, 464, 600 | 4, 273, 700 | 116, 600 | 4, 074, 200 |
| 4～ 6月期 | 997, 500 | 997, 500 | 240, 300 | 679, 500 | 8, 527, 200 | 4, 324, 000 | 124, 600 | 4, 078, 600 |
| 7～ 9月期 | 995, 800 | 995, 800 | 239, 700 | 680, 600 | 8, 519, 400 | 4, 320, 200 | 126, 600 | 4, 072, 600 |
| 10～12月期 | 991, 400 | 991, 400 | 237, 000 | 678, 600 | 8, 468, 300 | 4, 303, 900 | 124, 500 | 4, 039, 900 |
| 月次 | | | | | | | | |
| 2020年 1月 | 1, 004, 200 | 1, 004, 200 | 234, 500 | 686, 900 | 8, 483, 600 | 4, 275, 500 | 113, 600 | 4, 094, 900 |
| 2月 | 1, 002, 600 | 1, 002, 600 | 234, 700 | 683, 900 | 8, 478, 200 | 4, 270, 700 | 112, 900 | 4, 095, 000 |
| 3月 | 995, 100 | 995, 100 | 233, 800 | 675, 900 | 8, 468, 900 | 4, 267, 800 | 112, 000 | 4, 089, 600 |
| 4月 | 982, 200 | 982, 200 | 238, 500 | 659, 400 | 8, 500, 200 | 4, 307, 000 | 111, 200 | 4, 081, 600 |
| 5月 | 973, 900 | 973, 900 | 239, 200 | 652, 200 | 8, 472, 600 | 4, 287, 400 | 110, 400 | 4, 074, 800 |
| 6月 | 991, 900 | 991, 900 | 240, 000 | 669, 500 | 8, 483, 800 | 4, 299, 100 | 112, 100 | 4, 072, 300 |
| 7月 | 999, 900 | 999, 900 | 239, 500 | 677, 700 | 8, 492, 200 | 4, 301, 200 | 113, 400 | 4, 077, 100 |
| 8月 | 1, 005, 800 | 1, 005, 800 | 240, 600 | 682, 700 | 8, 495, 700 | 4, 300, 500 | 113, 800 | 4, 081, 000 |
| 9月 | 1, 004, 700 | 1, 004, 700 | 238, 600 | 683, 800 | 8, 493, 100 | 4, 292, 400 | 114, 400 | 4, 086, 100 |
| 10月 | 1, 003, 600 | 1, 003, 600 | 236, 900 | 684, 900 | 8, 498, 100 | 4, 290, 800 | 115, 300 | 4, 091, 700 |
| 11月 | 1, 008, 300 | 1, 008, 300 | 237, 100 | 689, 300 | 8, 510, 000 | 4, 292, 000 | 115, 800 | 4, 102, 100 |
| 12月 | 1, 001, 600 | 1, 001, 600 | 235, 600 | 683, 600 | 8, 498, 500 | 4, 284, 400 | 115, 700 | 4, 098, 400 |
| 2021年 1月 | 996, 400 | 996, 400 | 232, 700 | 680, 700 | 8, 477, 800 | 4, 272, 900 | 114, 800 | 4, 090, 100 |
| 2月 | 1, 002, 200 | 1, 002, 200 | 234, 900 | 684, 200 | 8, 458, 400 | 4, 270, 700 | 116, 800 | 4, 070, 900 |
| 3月 | 1, 000, 500 | 1, 000, 500 | 234, 300 | 685, 600 | 8, 457, 500 | 4, 277, 600 | 118, 300 | 4, 061, 700 |
| 4月 | 998, 400 | 998, 400 | 240, 400 | 678, 200 | 8, 524, 600 | 4, 328, 000 | 122, 600 | 4, 074, 000 |
| 5月 | 995, 600 | 995, 600 | 240, 100 | 678, 900 | 8, 530, 800 | 4, 324, 400 | 123, 700 | 4, 082, 700 |
| 6月 | 998, 400 | 998, 400 | 240, 400 | 681, 400 | 8, 526, 100 | 4, 319, 600 | 127, 500 | 4, 079, 000 |
| 7月 | 1, 000, 700 | 1, 000, 700 | 240, 500 | 684, 100 | 8, 542, 600 | 4, 329, 300 | 127, 300 | 4, 086, 100 |
| 8月 | 995, 200 | 995, 200 | 240, 300 | 679, 500 | 8, 521, 200 | 4, 320, 000 | 126, 900 | 4, 074, 400 |
| 9月 | 991, 600 | 991, 600 | 238, 200 | 678, 100 | 8, 494, 500 | 4, 311, 300 | 125, 700 | 4, 057, 500 |
| 10月 | 990, 900 | 990, 900 | 237, 700 | 678, 100 | 8, 461, 100 | 4, 300, 800 | 124, 900 | 4, 035, 400 |
| 11月 | 988, 800 | 988, 800 | 236, 500 | 676, 100 | 8, 475, 500 | 4, 304, 200 | 125, 900 | 4, 045, 300 |
| 12月 | 994, 700 | 994, 700 | 236, 600 | 681, 400 | 8, 468, 400 | 4, 306, 600 | 122, 700 | 4, 039, 100 |
| 前年（同期・同月）比（%） | | | | | | | | |
| 年平均 | | | | | | | | |
| 2014年 | 1. 4 | 1. 4 | 2. 0 | 1. 2 | 1. 7 | 1. 4 | 5. 9 | 1. 8 |
| 2015年 | 0. 5 | 0. 5 | 4. 6 | 0. 4 | 1. 2 | 1. 4 | 1. 5 | 1. 1 |
| 2016年 | 0. 9 | 0. 9 | 1. 7 | 1. 1 | 1. 4 | 1. 3 | 1. 9 | 1. 6 |
| 2017年 | 1. 1 | 1. 1 | 0. 3 | 0. 7 | 1. 8 | 1. 2 | 3. 4 | 2. 5 |
| 2018年 | 2. 8 | 2. 8 | 1. 3 | 3. 6 | 1. 6 | 0. 9 | 4. 3 | 2. 3 |
| 2019年 | 5. 3 | 5. 3 | 3. 4 | 4. 6 | 1. 0 | 0. 5 | -1. 2 | 1. 6 |
| 2020年 | 0. 5 | 0. 5 | 1. 3 | -0. 3 | 0. 2 | 0. 2 | -2. 0 | 0. 3 |
| 2021年 | -0. 2 | -0. 2 | 0. 1 | 0. 4 | 0. 1 | 0. 4 | 8. 6 | -0. 5 |
| 四半期平均 | | | | | | | | |
| 2021年 1～ 3月期 | -0. 1 | -0. 1 | -0. 1 | 0. 2 | -0. 1 | 0. 1 | 3. 4 | -0. 5 |
| 4～ 6月期 | 1. 5 | 1. 5 | 0. 4 | 2. 9 | 0. 5 | 0. 6 | 12. 1 | 0. 1 |
| 7～ 9月期 | -0. 8 | -0. 8 | 0. 0 | -0. 1 | 0. 3 | 0. 5 | 11. 2 | -0. 2 |
| 10～12月期 | -1. 3 | -1. 3 | 0. 2 | -1. 1 | -0. 4 | 0. 3 | 7. 7 | -1. 4 |
| 月次 | | | | | | | | |
| 2021年 1月 | -0. 8 | -0. 8 | -0. 8 | -0. 9 | -0. 1 | -0. 1 | 1. 1 | -0. 1 |
| 2月 | 0. 0 | 0. 0 | 0. 1 | 0. 0 | -0. 2 | 0. 0 | 3. 5 | -0. 6 |
| 3月 | 0. 5 | 0. 5 | 0. 2 | 1. 4 | -0. 1 | 0. 2 | 5. 6 | -0. 7 |
| 4月 | 1. 6 | 1. 6 | 0. 8 | 2. 9 | 0. 3 | 0. 5 | 10. 3 | -0. 2 |
| 5月 | 2. 2 | 2. 2 | 0. 4 | 4. 1 | 0. 7 | 0. 9 | 12. 0 | 0. 2 |
| 6月 | 0. 7 | 0. 7 | 0. 2 | 1. 8 | 0. 5 | 0. 5 | 13. 7 | 0. 2 |
| 7月 | 0. 1 | 0. 1 | 0. 4 | 0. 9 | 0. 6 | 0. 7 | 12. 3 | 0. 2 |
| 8月 | -1. 1 | -1. 1 | -0. 1 | -0. 5 | 0. 3 | 0. 5 | 11. 5 | -0. 2 |
| 9月 | -1. 3 | -1. 3 | -0. 2 | -0. 8 | 0. 0 | 0. 4 | 9. 9 | -0. 7 |
| 10月 | -1. 3 | -1. 3 | 0. 3 | -1. 0 | -0. 4 | 0. 2 | 8. 3 | -1. 4 |
| 11月 | -1. 9 | -1. 9 | -0. 3 | -1. 9 | -0. 4 | 0. 3 | 8. 7 | -1. 4 |
| 12月 | -0. 7 | -0. 7 | 0. 4 | -0. 3 | -0. 4 | 0. 5 | 6. 1 | -1. 4 |

※　2020年以前の実数は、2021年１月までの標本交替により生じた変動を調整した値である。

4)「学校教育」を除く。
5)「保健所」を除く。
6)「社会保険事業団体」及び「福祉事務所」を除く。
7)「政治・経済・文化団体」、「宗教」及び「外国公務」を除く。

（中分類）別事業従事者数（続き）
by Industry (Medium Groups) of Establishment and Enterprise, etc. - Continued



（単位　人、%　　Unit person, %）

| R サービス業（他に分類されないもの）7) Services, n.e.c. 7) | 88 廃棄物処理業 Waste disposal business | 89 自動車整備業 Automobile maintenance services | 90 機械等修理業（別掲を除く） Machine, etc. repair services, except otherwise classified | 91 職業紹介・労働者派遣業 Employment and worker dispatching services | 92 その他の事業サービス業 Miscellaneous business services | 95 その他のサービス業 Miscellaneous services | サービス産業以外 Others | Year and month |
|---|---|---|---|---|---|---|---|---|
| | | | | | | | | Actual figures (Person) * |
| | | | | | | | | Annual average |
| 3, 795, 200 | 334, 100 | 262, 800 | 239, 500 | 540, 600 | 2, 379, 600 | 54, 100 | 700 | 2013 |
| 3, 792, 900 | 338, 300 | 266, 900 | 231, 000 | 522, 900 | 2, 387, 900 | 54, 900 | 800 | 2014 |
| 3, 784, 600 | 339, 000 | 259, 500 | 230, 800 | 505, 900 | 2, 397, 900 | 55, 600 | 800 | 2015 |
| 3, 814, 200 | 338, 900 | 257, 600 | 229, 900 | 514, 700 | 2, 422, 700 | 57, 100 | 1, 000 | 2016 |
| 3, 836, 800 | 342, 600 | 254, 700 | 240, 000 | 528, 400 | 2, 422, 000 | 59, 100 | 1, 200 | 2017 |
| 3, 849, 600 | 343, 200 | 253, 100 | 235, 100 | 526, 300 | 2, 442, 200 | 58, 900 | 2, 100 | 2018 |
| 3, 855, 300 | 337, 800 | 254, 800 | 238, 400 | 520, 000 | 2, 452, 600 | 59, 400 | 3, 200 | 2019 |
| 3, 782, 900 | 337, 400 | 252, 800 | 240, 700 | 479, 100 | 2, 415, 200 | 59, 900 | 5, 600 | 2020 |
| 3, 737, 500 | 337, 100 | 252, 800 | 242, 400 | 421, 800 | 2, 424, 400 | 59, 000 | 6, 300 | 2021 |
| | | | | | | | | Quarter average |
| 3, 854, 400 | 334, 900 | 253, 800 | 239, 800 | 503, 700 | 2, 467, 200 | 60, 600 | 5, 000 | Jan. - Mar. 2020 |
| 3, 748, 500 | 336, 700 | 251, 900 | 240, 300 | 479, 800 | 2, 383, 000 | 59, 500 | 5, 600 | Apr. - Jun. |
| 3, 753, 900 | 339, 200 | 252, 500 | 240, 900 | 468, 200 | 2, 394, 400 | 59, 500 | 5, 700 | Jul. - Sep. |
| 3, 774, 600 | 339, 000 | 252, 900 | 241, 900 | 464, 700 | 2, 416, 400 | 59, 800 | 6, 100 | Oct. - Dec. |
| 3, 758, 200 | 337, 200 | 253, 000 | 240, 800 | 446, 100 | 2, 421, 600 | 59, 600 | 6, 100 | Jan. - Mar. 2021 |
| 3, 750, 200 | 337, 100 | 253, 400 | 243, 500 | 414, 700 | 2, 442, 500 | 58, 900 | 6, 300 | Apr. - Jun. |
| 3, 719, 500 | 336, 700 | 253, 300 | 243, 500 | 406, 800 | 2, 420, 500 | 58, 800 | 6, 300 | Jul. - Sep. |
| 3, 722, 200 | 337, 500 | 251, 500 | 242, 000 | 419, 700 | 2, 412, 900 | 58, 500 | 6, 600 | Oct. - Dec. |
| | | | | | | | | Monthly |
| 3, 877, 700 | 334, 800 | 254, 400 | 239, 300 | 516, 700 | 2, 479, 100 | 60, 700 | 5, 000 | Jan. 2020 |
| 3, 871, 700 | 335, 300 | 254, 600 | 239, 400 | 507, 400 | 2, 480, 300 | 60, 700 | 5, 000 | Feb. |
| 3, 813, 900 | 334, 500 | 252, 500 | 240, 600 | 486, 900 | 2, 442, 100 | 60, 500 | 5, 100 | Mar. |
| 3, 767, 300 | 334, 800 | 251, 200 | 240, 200 | 486, 300 | 2, 399, 000 | 59, 400 | 5, 500 | Apr. |
| 3, 729, 600 | 337, 200 | 251, 600 | 239, 900 | 477, 100 | 2, 366, 800 | 59, 500 | 5, 600 | May |
| 3, 748, 700 | 337, 900 | 253, 000 | 240, 900 | 475, 900 | 2, 383, 200 | 59, 600 | 5, 600 | Jun. |
| 3, 750, 200 | 338, 600 | 252, 300 | 240, 600 | 471, 200 | 2, 389, 100 | 59, 500 | 5, 600 | Jul. |
| 3, 757, 800 | 339, 100 | 252, 800 | 240, 600 | 467, 000 | 2, 399, 400 | 59, 500 | 5, 600 | Aug. |
| 3, 753, 600 | 339, 700 | 252, 400 | 241, 300 | 466, 300 | 2, 394, 800 | 59, 500 | 5, 900 | Sep. |
| 3, 772, 400 | 339, 600 | 252, 900 | 242, 100 | 464, 900 | 2, 413, 000 | 59, 800 | 5, 900 | Oct. |
| 3, 775, 400 | 339, 000 | 253, 400 | 242, 100 | 465, 300 | 2, 415, 800 | 59, 900 | 6, 200 | Nov. |
| 3, 776, 000 | 338, 200 | 252, 500 | 241, 500 | 463, 800 | 2, 420, 300 | 59, 700 | 6, 100 | Dec. |
| 3, 773, 800 | 338, 000 | 252, 800 | 240, 800 | 464, 300 | 2, 418, 400 | 59, 500 | 6, 100 | Jan. 2021 |
| 3, 747, 000 | 337, 200 | 252, 700 | 239, 300 | 440, 600 | 2, 416, 400 | 60, 800 | 6, 100 | Feb. |
| 3, 753, 800 | 336, 300 | 253, 400 | 242, 200 | 433, 300 | 2, 430, 200 | 58, 400 | 6, 100 | Mar. |
| 3, 762, 300 | 336, 700 | 253, 000 | 243, 100 | 415, 900 | 2, 454, 900 | 58, 700 | 6, 300 | Apr. |
| 3, 750, 200 | 337, 200 | 253, 800 | 243, 700 | 415, 600 | 2, 441, 000 | 58, 900 | 6, 300 | May |
| 3, 738, 000 | 337, 500 | 253, 500 | 243, 700 | 412, 800 | 2, 431, 400 | 59, 000 | 6, 300 | Jun. |
| 3, 728, 400 | 336, 700 | 253, 600 | 242, 900 | 406, 200 | 2, 429, 700 | 59, 300 | 6, 300 | Jul. |
| 3, 716, 800 | 337, 100 | 252, 900 | 243, 600 | 407, 300 | 2, 417, 300 | 58, 700 | 6, 300 | Aug. |
| 3, 713, 200 | 336, 100 | 253, 300 | 244, 000 | 406, 800 | 2, 414, 400 | 58, 600 | 6, 300 | Sep. |
| 3, 720, 400 | 337, 300 | 251, 000 | 242, 200 | 422, 400 | 2, 408, 900 | 58, 600 | 6, 200 | Oct. |
| 3, 728, 000 | 337, 700 | 250, 800 | 242, 000 | 421, 300 | 2, 417, 600 | 58, 700 | 6, 700 | Nov. |
| 3, 718, 300 | 337, 700 | 252, 700 | 241, 900 | 415, 500 | 2, 412, 100 | 58, 300 | 6, 800 | Dec. |
| | | | | | | | | Change over the year (%) |
| | | | | | | | | Annual average |
| -0. 1 | 1. 3 | 1. 6 | -3. 5 | -3. 3 | 0. 4 | 1. 6 | 21. 9 | 2014 |
| -0. 2 | 0. 2 | -2. 8 | -0. 1 | -3. 3 | 0. 4 | 1. 1 | 3. 3 | 2015 |
| 0. 8 | 0. 0 | -0. 7 | -0. 4 | 1. 7 | 1. 0 | 2. 8 | 20. 8 | 2016 |
| 0. 6 | 1. 1 | -1. 1 | 4. 4 | 2. 7 | 0. 0 | 3. 5 | 18. 5 | 2017 |
| 0. 3 | 0. 2 | -0. 7 | -2. 0 | -0. 4 | 0. 8 | -0. 4 | 75. 0 | 2018 |
| 0. 1 | -1. 6 | 0. 7 | 1. 4 | -1. 2 | 0. 4 | 0. 9 | 50. 0 | 2019 |
| -1. 9 | -0. 1 | -0. 8 | 0. 9 | -7. 9 | -1. 5 | 0. 7 | 76. 7 | 2020 |
| -1. 2 | -0. 1 | 0. 0 | 0. 7 | -12. 0 | 0. 4 | -1. 5 | 12. 5 | 2021 |
| | | | | | | | | Quarter average |
| -2. 5 | 0. 7 | -0. 3 | 0. 4 | -11. 4 | -1. 8 | -1. 7 | 22. 0 | Jan. - Mar. 2021 |
| 0. 0 | 0. 1 | 0. 6 | 1. 3 | -13. 6 | 2. 5 | -1. 0 | 12. 5 | Apr. - Jun. |
| -0. 9 | -0. 7 | 0. 3 | 1. 1 | -13. 1 | 1. 1 | -1. 2 | 10. 5 | Jul. - Sep. |
| -1. 4 | -0. 4 | -0. 6 | 0. 0 | -9. 7 | -0. 1 | -2. 2 | 8. 2 | Oct. - Dec. |
| | | | | | | | | Monthly |
| -2. 7 | 1. 0 | -0. 6 | 0. 6 | -10. 1 | -2. 4 | -2. 0 | 22. 0 | Jan. 2021 |
| -3. 2 | 0. 6 | -0. 7 | 0. 0 | -13. 2 | -2. 6 | 0. 2 | 22. 0 | Feb. |
| -1. 6 | 0. 5 | 0. 4 | 0. 7 | -11. 0 | -0. 5 | -3. 5 | 19. 6 | Mar. |
| -0. 1 | 0. 6 | 0. 7 | 1. 2 | -14. 5 | 2. 3 | -1. 2 | 14. 5 | Apr. |
| 0. 6 | 0. 0 | 0. 9 | 1. 6 | -12. 9 | 3. 1 | -1. 0 | 12. 5 | May |
| -0. 3 | -0. 1 | 0. 2 | 1. 2 | -13. 3 | 2. 0 | -1. 0 | 12. 5 | Jun. |
| -0. 6 | -0. 6 | 0. 5 | 1. 0 | -13. 8 | 1. 7 | -0. 3 | 12. 5 | Jul. |
| -1. 1 | -0. 6 | 0. 0 | 1. 2 | -12. 8 | 0. 7 | -1. 3 | 12. 5 | Aug. |
| -1. 1 | -1. 1 | 0. 4 | 1. 1 | -12. 8 | 0. 8 | -1. 5 | 6. 8 | Sep. |
| -1. 4 | -0. 7 | -0. 8 | 0. 0 | -9. 1 | -0. 2 | -2. 0 | 5. 1 | Oct. |
| -1. 3 | -0. 4 | -1. 0 | 0. 0 | -9. 5 | 0. 1 | -2. 0 | 8. 1 | Nov. |
| -1. 5 | -0. 1 | 0. 1 | 0. 2 | -10. 4 | -0. 3 | -2. 3 | 11. 5 | Dec. |

* The actual figures for 2020 and earlier are the adjusted figures, which were calculated in accordance with the replacements of sample establishments until 2021.

4) Excluding "school education"
5) Excluding "public health centers"
6) Excluding "social insurance organizations" and "welfare offices"
7) Excluding "political, business and cultural organizations", "religion" and "foreign governments and international agencies in Japan"

# 第２表　事業所・企業等の産業（中分類）別売上高・事業所・企業等の産業（中分類）、従業上の地位別事業従事者数

Table 2 Sales by Industry (Medium Groups) of Establishment and Enterprise, etc. and the Number of Persons Working at the Location of Establishment by Industry (Medium Groups) of Establishment and Enterprise, etc. and Status in Employment

2021年平均　Annual Average (2021)　　（単位　百万円、人　　Unit 1 mil.yen, person）

| 事業所・企業等の産業(中分類) Industry of Establishment and Enterprise, etc. (Medium Groups) | 売上高 (百万円) Sales (1 mil.yen) | 事業従事者数（人） Number of persons working at the location of establishment (Person) | | | | | |
|---|---|---|---|---|---|---|---|
| | | 総数 Total | うち 常用雇用者 of which regular employees | 正社員・正職員 full-time employees | 正社員・正職員以外 other than full-time employees | うち 臨時雇用者 of which non-regular workers | うち 別経営の事業所・企業等からの出向・派遣 of which dispatched or subcontracted employees from separately operated establishments |
| 合計 | 31,304,907 | 29,199,100 | 24,765,200 | 14,135,200 | 10,630,000 | 564,700 | 877,700 |
| サービス産業計 | 31,281,686 | 29,192,800 | 24,759,300 | 14,131,000 | 10,628,300 | 564,700 | 877,500 |
| G 情報通信業 | 5,240,984 | 1,986,300 | 1,687,500 | 1,473,600 | 213,900 | 11,900 | 201,800 |
| 37 通信業 | 1,670,651 | 201,800 | 162,400 | 133,400 | 29,000 | 500 | 36,300 |
| 38 放送業 | 351,427 | 81,400 | 61,000 | 50,500 | 10,400 | 500 | 17,100 |
| 39 情報サービス業 | 2,377,863 | 1,316,900 | 1,140,700 | 1,015,300 | 125,300 | 5,700 | 123,200 |
| 40 インターネット附随サービス業 | 309,176 | 137,600 | 115,500 | 99,900 | 15,500 | 1,200 | 12,900 |
| 41 映像・音声・文字情報制作業 | 531,867 | 248,600 | 208,000 | 174,400 | 33,500 | 4,000 | 12,300 |
| H 運輸業，郵便業 | 4,947,714 | 3,349,100 | 2,972,700 | 2,272,900 | 699,800 | 71,600 | 163,900 |
| 42 鉄道業 | 484,890 | 257,800 | 249,300 | 226,700 | 22,600 | 1,700 | 5,400 |
| 43 道路旅客運送業 | 189,834 | 471,800 | 433,100 | 338,900 | 94,200 | 1,400 | 5,900 |
| 44 道路貨物運送業 | 2,137,945 | 1,837,100 | 1,628,200 | 1,251,900 | 376,300 | 36,900 | 89,500 |
| 45 水運業 | 478,548 | 54,600 | 46,500 | 41,900 | 4,600 | 400 | 2,000 |
| 47 倉庫業 | 344,751 | 211,100 | 179,000 | 92,600 | 86,400 | 3,400 | 22,400 |
| 48 運輸に附帯するサービス業 | 1,154,212 | 457,300 | 380,600 | 271,100 | 109,500 | 27,800 | 35,800 |
| 4* 航空運輸業，郵便業（信書便事業を含む） | 157,533 | 59,400 | 55,900 | 49,700 | 6,200 | 100 | 2,900 |
| K 不動産業，物品賃貸業 | 4,291,595 | 1,586,500 | 1,030,700 | 683,500 | 347,200 | 14,900 | 47,400 |
| 68 不動産取引業 | 1,177,460 | 334,000 | 236,500 | 183,700 | 52,800 | 3,300 | 12,800 |
| 69 不動産賃貸業・管理業 | 1,897,008 | 947,100 | 527,800 | 303,300 | 224,500 | 6,800 | 24,200 |
| 70 物品賃貸業 | 1,217,127 | 305,400 | 266,500 | 196,600 | 69,800 | 4,800 | 10,400 |
| L 学術研究，専門・技術サービス業 1) | 2,937,571 | 1,756,200 | 1,386,600 | 1,103,300 | 283,300 | 16,200 | 71,700 |
| 72 専門サービス業（他に分類されないもの） 2) | 895,853 | 702,100 | 531,100 | 397,700 | 133,400 | 5,700 | 15,600 |
| 73 広告業 | 798,894 | 138,700 | 116,700 | 93,400 | 23,300 | 1,900 | 7,800 |
| 74 技術サービス業（他に分類されないもの） | 1,242,824 | 915,400 | 738,900 | 612,200 | 126,600 | 8,600 | 48,300 |
| M 宿泊業，飲食サービス業 | 1,826,153 | 4,911,500 | 4,049,500 | 982,200 | 3,067,300 | 141,200 | 29,900 |
| 75 宿泊業 | 379,550 | 642,600 | 538,500 | 240,700 | 297,800 | 31,100 | 15,800 |
| 76 飲食店 | 1,211,690 | 3,677,500 | 2,957,500 | 595,400 | 2,362,000 | 100,600 | 10,000 |
| 77 持ち帰り・配達飲食サービス業 | 234,913 | 591,400 | 553,600 | 146,100 | 407,500 | 9,500 | 4,100 |
| N 生活関連サービス業，娯楽業 | 3,371,842 | 2,374,600 | 1,803,500 | 809,500 | 994,000 | 63,000 | 43,800 |
| 78 洗濯・理容・美容・浴場業 | 440,420 | 1,109,400 | 712,500 | 367,300 | 345,200 | 15,500 | 13,600 |
| 79 その他の生活関連サービス業 3) | 386,951 | 386,800 | 313,900 | 166,400 | 147,400 | 12,100 | 8,600 |
| 80 娯楽業 | 2,544,471 | 878,400 | 777,100 | 275,800 | 501,400 | 35,400 | 21,600 |
| O 教育，学習支援業 4) | 280,373 | 996,100 | 808,600 | 287,700 | 520,900 | 39,200 | 19,400 |
| 82 その他の教育，学習支援業 | 280,373 | 996,100 | 808,600 | 287,700 | 520,900 | 39,200 | 19,400 |
| 82a うち社会教育，職業・教育支援施設 | 43,447 | 237,700 | 225,900 | 118,800 | 107,100 | 2,100 | 5,000 |
| 82b うち学習塾，教養・技能教授業 | 185,462 | 680,500 | 515,800 | 123,600 | 392,100 | 34,900 | 11,700 |
| P 医療，福祉 | 4,904,184 | 8,494,900 | 7,803,900 | 4,772,700 | 3,031,200 | 101,800 | 124,100 |
| 83 医療業 | 3,466,884 | 4,305,400 | 3,794,400 | 2,651,100 | 1,143,300 | 60,000 | 69,500 |
| 84 保健衛生 5) | 54,234 | 123,100 | 111,300 | 62,700 | 48,600 | 8,000 | 1,900 |
| 85 社会保険・社会福祉・介護事業 6) | 1,383,066 | 4,066,300 | 3,898,300 | 2,058,900 | 1,839,400 | 33,800 | 52,700 |
| R サービス業（他に分類されないもの） 7) | 3,481,271 | 3,737,500 | 3,216,200 | 1,745,600 | 1,470,600 | 104,900 | 175,600 |
| 88 廃棄物処理業 | 453,864 | 337,100 | 286,600 | 229,000 | 57,600 | 3,800 | 12,100 |
| 89 自動車整備業 | 258,456 | 252,800 | 168,500 | 137,500 | 31,000 | 2,700 | 5,500 |
| 90 機械等修理業（別掲を除く） | 405,983 | 242,400 | 193,800 | 162,400 | 31,500 | 3,900 | 13,800 |
| 91 職業紹介・労働者派遣業 | 637,140 | 421,800 | 362,700 | 211,800 | 150,800 | 12,000 | 31,300 |
| 92 その他の事業サービス業 | 1,690,956 | 2,424,400 | 2,148,800 | 975,800 | 1,173,000 | 82,100 | 111,800 |
| 95 その他のサービス業 | 34,872 | 59,000 | 55,800 | 29,100 | 26,700 | 400 | 1,100 |
| その他 | 23,221 | 6,300 | 5,900 | 4,200 | 1,800 | 0 | 200 |

1)「学術・開発研究機関」を除く。
2)「純粋持株会社」を除く。
3)「家事サービス業」を除く。
4)「学校教育」を除く。
5)「保健所」を除く。
6)「社会保険事業団体」及び「福祉事務所」を除く。
7)「政治・経済・文化団体」、「宗教」及び「外国公務」を除く。

1) Excluding "scientific and development research institutes"
2) Excluding "pure holding companies"
3) Excluding "domestic services"
4) Excluding "school education"
5) Excluding "public health centers"
6) Excluding "social insurance organizations" and "welfare offices"
7) Excluding "political, business and cultural organizations", "religion" and "foreign governments and international agencies in Japan"

# 第３表　事業活動の産業（中分類）、事業所・企業等の事業従事者規模別売上高

Table 3 Sales by Industry (Medium Groups) of Business Activity and Size of Persons Working at the Location of Establishment and Enterprise, etc.

2021年平均　Annual Average (2021)　　（単位　百万円　Unit 1 mil.yen）

| 事業活動の産業(中分類) Industry of Business Activity (Medium Groups) | 総数 Total | 10人未満 Under 10 persons | 10～29人 10～29 persons | 30～99人 30～99 persons | 100～299人 100～299 persons | 300人以上 300 persons or more |
|---|---|---|---|---|---|---|
| 合計 | 31, 304, 907 | 4, 068, 456 | 4, 827, 267 | 5, 202, 479 | 3, 309, 182 | 13, 897, 523 |
| サービス産業計 | 30, 346, 077 | 4, 045, 239 | 4, 816, 654 | 5, 169, 588 | 3, 233, 662 | 13, 080, 933 |
| G 情報通信業 | 4, 983, 495 | 141, 039 | 247, 785 | 417, 122 | 510, 066 | 3, 667, 483 |
| 37 通信業 | 1, 581, 731 | 10, 557 | 18, 304 | 27, 699 | 34, 591 | 1, 490, 580 |
| 38 放送業 | 297, 542 | 3, 049 | 6, 321 | 22, 388 | 63, 852 | 201, 933 |
| 39 情報サービス業 | 2, 267, 879 | 58, 632 | 156, 212 | 236, 876 | 268, 448 | 1, 547, 711 |
| 40 インターネット附随サービス業 | 345, 691 | 27, 196 | 18, 016 | 37, 402 | 52, 975 | 210, 102 |
| 41 映像・音声・文字情報制作業 | 490, 652 | 41, 606 | 48, 932 | 92, 756 | 90, 200 | 217, 157 |
| H 運輸業，郵便業 | 4, 682, 977 | 291, 505 | 629, 251 | 937, 537 | 554, 096 | 2, 270, 588 |
| 42 鉄道業 | 399, 159 | 136 | 833 | 2, 272 | 10, 051 | 385, 867 |
| 43 道路旅客運送業 | 191, 699 | 7, 562 | 23, 784 | 53, 041 | 39, 641 | 67, 670 |
| 44 道路貨物運送業 | 2, 003, 402 | 135, 400 | 360, 283 | 638, 635 | 184, 189 | 684, 895 |
| 45 水運業 | 452, 465 | 25, 696 | 33, 373 | 62, 651 | 96, 588 | 234, 157 |
| 47 倉庫業 | 365, 473 | 23, 561 | 54, 237 | 63, 040 | 80, 220 | 144, 415 |
| 48 運輸に附帯するサービス業 | 1, 120, 527 | 98, 825 | 156, 055 | 115, 352 | 140, 131 | 610, 164 |
| 4* 航空運輸業，郵便業（信書便事業を含む） | 150, 253 | 326 | 686 | 2, 545 | 3, 277 | 143, 419 |
| K 不動産業，物品賃貸業 | 4, 093, 893 | 932, 975 | 528, 732 | 442, 721 | 444, 166 | 1, 745, 299 |
| 68 不動産取引業 | 1, 255, 999 | 345, 182 | 152, 208 | 146, 149 | 161, 318 | 451, 141 |
| 69 不動産賃貸業・管理業 | 1, 781, 983 | 441, 111 | 225, 647 | 172, 043 | 168, 048 | 775, 134 |
| 70 物品賃貸業 | 1, 055, 912 | 146, 682 | 150, 877 | 124, 529 | 114, 800 | 519, 025 |
| L 学術研究，専門・技術サービス業 1) | 2, 834, 406 | 471, 344 | 347, 573 | 408, 995 | 231, 576 | 1, 374, 918 |
| 72 専門サービス業（他に分類されないもの） 2) | 800, 897 | 211, 677 | 112, 070 | 109, 699 | 67, 166 | 300, 286 |
| 73 広告業 | 793, 893 | 68, 981 | 68, 904 | 100, 639 | 56, 139 | 499, 230 |
| 74 技術サービス業（他に分類されないもの） | 1, 239, 616 | 190, 687 | 166, 600 | 198, 657 | 108, 270 | 575, 402 |
| M 宿泊業，飲食サービス業 | 1, 775, 411 | 484, 797 | 545, 461 | 263, 079 | 88, 307 | 393, 767 |
| 75 宿泊業 | 323, 153 | 35, 255 | 87, 051 | 69, 932 | 52, 789 | 78, 125 |
| 76 飲食店 | 1, 214, 230 | 395, 359 | 387, 100 | 154, 382 | 22, 284 | 255, 105 |
| 77 持ち帰り・配達飲食サービス業 | 238, 029 | 54, 183 | 71, 310 | 38, 764 | 13, 234 | 60, 537 |
| N 生活関連サービス業，娯楽業 | 3, 326, 280 | 481, 989 | 816, 143 | 1, 028, 529 | 272, 947 | 726, 671 |
| 78 洗濯・理容・美容・浴場業 | 437, 419 | 237, 549 | 77, 667 | 76, 065 | 16, 659 | 29, 480 |
| 79 その他の生活関連サービス業 3) | 383, 236 | 125, 125 | 67, 768 | 62, 025 | 26, 709 | 101, 610 |
| 80 娯楽業 | 2, 505, 624 | 119, 315 | 670, 709 | 890, 439 | 229, 579 | 595, 582 |
| O 教育，学習支援業 4) | 289, 303 | 80, 676 | 72, 698 | 53, 729 | 15, 298 | 66, 902 |
| 82 その他の教育，学習支援業 | 289, 303 | 80, 676 | 72, 698 | 53, 729 | 15, 298 | 66, 902 |
| 82a うち社会教育，職業・教育支援施設 | 51, 786 | 7, 728 | 8, 267 | 10, 179 | 5, 855 | 19, 757 |
| 82b うち学習塾，教養・技能教授業 | 184, 931 | 66, 270 | 49, 508 | 20, 300 | 5, 384 | 43, 470 |
| P 医療，福祉 | 4, 907, 139 | 589, 192 | 986, 260 | 933, 101 | 710, 872 | 1, 687, 714 |
| 83 医療業 | 3, 477, 594 | 471, 658 | 569, 009 | 316, 376 | 535, 126 | 1, 585, 425 |
| 84 保健衛生 5) | 57, 145 | 2, 230 | 4, 703 | 14, 941 | 23, 828 | 11, 442 |
| 85 社会保険・社会福祉・介護事業 6) | 1, 372, 399 | 115, 304 | 412, 547 | 601, 783 | 151, 917 | 90, 847 |
| R サービス業（他に分類されないもの） 7) | 3, 453, 173 | 571, 721 | 642, 750 | 684, 775 | 406, 336 | 1, 147, 590 |
| 88 廃棄物処理業 | 449, 709 | 103, 103 | 151, 521 | 125, 824 | 37, 901 | 31, 361 |
| 89 自動車整備業 | 260, 627 | 109, 848 | 86, 366 | 52, 647 | 7, 177 | 4, 589 |
| 90 機械等修理業（別掲を除く） | 365, 791 | 65, 039 | 81, 232 | 48, 126 | 26, 394 | 145, 000 |
| 91 職業紹介・労働者派遣業 | 611, 164 | 117, 136 | 107, 193 | 84, 436 | 103, 135 | 199, 264 |
| 92 その他の事業サービス業 | 1, 730, 801 | 167, 786 | 204, 624 | 365, 136 | 228, 456 | 764, 799 |
| 95 その他のサービス業 | 35, 082 | 8, 810 | 11, 814 | 8, 607 | 3, 274 | 2, 577 |
| その他 | 958, 830 | 23, 217 | 10, 613 | 32, 891 | 75, 520 | 816, 589 |

1) 「学術・開発研究機関」を除く。
2) 「純粋持株会社」を除く。
3) 「家事サービス業」を除く。
4) 「学校教育」を除く。
5) 「保健所」を除く。
6) 「社会保険事業団体」及び「福祉事務所」を除く。
7) 「政治・経済・文化団体」、「宗教」及び「外国公務」を除く。

1) Excluding "scientific and development research institutes"
2) Excluding "pure holding companies"
3) Excluding "domestic services"
4) Excluding "school education"
5) Excluding "public health centers"
6) Excluding "social insurance organizations" and "welfare offices"
7) Excluding "political, business and cultural organizations", "religion" and "foreign governments and international agencies in Japan"

# 第４表　事業活動の産業（一部中分類）、
## Table 4 Sales by Industry (Including Some Medium Groups) of Business Activity

2021年平均　Annual Average (2021)

| 事業活動の産業（一部中分類） | 事業所・企業等の産業（一部中分類） サービス産業計 Service industry | G 情報通信業 Information and communications | H 運輸業，郵便業 Transport and postal activities | K 不動産業，物品賃貸業 Real estate and goods rental and leasing | 70 うち物品賃貸業 of which Goods rental and leasing | L 学術研究，専門・技術サービス業 1) Scientific research, professional and technical services 1) | M 宿泊業，飲食サービス業 Accommodations, eating and drinking services |
|---|---|---|---|---|---|---|---|
| サービス産業計 | 30, 342, 200 | 4, 979, 110 | 4, 805, 234 | 4, 005, 504 | 1, 053, 246 | 2, 838, 370 | 1, 788, 908 |
| G 情報通信業 | 4, 983, 290 | 4, 886, 038 | 1, 589 | 2, 740 | 700 | 61, 935 | X |
| H 運輸業，郵便業 | 4, 682, 977 | 599 | 4, 671, 443 | 2, 178 | 779 | 2, 481 | 712 |
| K 不動産業，物品賃貸業 | 4, 092, 625 | 18, 421 | 77, 066 | 3, 949, 516 | 1, 045, 471 | 14, 108 | 13, 144 |
| 70 うち物品賃貸業 | 1, 055, 905 | 1, 655 | 6, 036 | 1, 045, 115 | 1, 041, 899 | 2, 056 | 272 |
| L 学術研究，専門・技術サービス業 1) | 2, 834, 015 | 23, 376 | 22, 731 | 18, 107 | 1, 029 | 2, 718, 570 | 17, 721 |
| M 宿泊業，飲食サービス業 | 1, 774, 810 | 205 | 1, 928 | 7, 185 | X | 7, 327 | 1, 743, 224 |
| 75 うち宿泊業 | 323, 120 | 127 | 753 | 5, 418 | - | 139 | 313, 254 |
| N 生活関連サービス業，娯楽業 2) | 3, 326, 223 | 3, 766 | 7, 391 | 4, 291 | 861 | 848 | 9, 905 |
| 80 うち娯楽業 | 2, 505, 595 | 3, 005 | 5, 274 | 2, 614 | X | X | 5, 682 |
| O 教育，学習支援業 3) | 289, 303 | 7, 264 | 414 | 371 | X | 1, 682 | 317 |
| P 医療，福祉 4) | 4, 907, 123 | 1, 206 | 1, 102 | 1, 667 | 175 | 2, 840 | X |
| R サービス業（他に分類されないもの） 5) | 3, 451, 835 | 38, 236 | 21, 570 | 19, 449 | 4, 218 | 28, 580 | 1, 355 |

1)「学術・開発研究機関」及び「純粋持株会社」を除く。
2)「家事サービス業」を除く。
3)「学校教育」を除く。
4)「保健所」、「社会保険事業団体」及び「福祉事務所」を除く。
5)「政治・経済・文化団体」、「宗教」及び「外国公務」を除く。

事業所・企業等の産業（一部中分類）別売上高
and Industry (Including Some Medium Groups) of Establishment and Enterprise, etc.

（単位　百万円　Unit 1 mil.yen）

| Industry of establishment and enterprise, etc. (Including Some Medium Groups) | | | | | | |
|---|---|---|---|---|---|---|
| 75 うち 宿泊業 of which Accommodations | N 生活関連サービス業，娯楽業 2) Living-related and personal services and amusement services 2) | 80 うち 娯楽業 of which Services for amusement and hobbies | O 教育，学習支援業 3) Education, learning support 3) | P 医療，福祉 4) Medical, health care and welfare 4) | R サービス業（他に分類されないもの） 5) Services n.e.c. 5) | Industry of business activity |
| 353, 763 | 3, 341, 948 | 2, 521, 180 | 277, 596 | 4, 900, 569 | 3, 404, 960 | Service industry |
| X | 11, 128 | 10, 951 | X | 295 | 18, 655 | G Information and communications |
| 678 | 2, 468 | X | 26 | - | 3, 068 | H Transport and postal activities |
| 12, 008 | 9, 188 | 7, 571 | 476 | 1, 934 | 8, 771 | K Real estate and goods rental and leasing |
| X | 540 | X | - | 95 | 136 | 70 Goods rental and leasing |
| 178 | 2, 109 | 1, 529 | 853 | 1, 137 | 29, 412 | L Scientific research, professional and technical services 1) |
| 328, 106 | 12, 516 | 5, 808 | 129 | 677 | 1, 619 | M Accommodations, eating and drinking services |
| 312, 483 | 2, 059 | 899 | 72 | 595 | 703 | 75 of which Accommodations |
| 9, 217 | 3, 297, 767 | 2, 489, 563 | 434 | 219 | 1, 602 | N Living-related and personal services and amusement services 2) |
| 5, 403 | 2, 488, 206 | 2, 488, 076 | 271 | X | 160 | 80 of which Services for amusement and hobbies |
| 67 | 3, 199 | 3, 176 | 274, 112 | 217 | 1, 727 | O Education, learning support 3) |
| X | 315 | X | X | 4, 895, 521 | 1, 988 | P Medical, health care and welfare 4) |
| 1, 148 | 3, 257 | 2, 401 | 701 | 568 | 3, 338, 119 | R Services, n.e.c. 5) |

1) Excluding "scientific and development research institutes" and "pure holding companies"
2) Excluding "domestic services"
3) Excluding "school education"
4) Excluding "public health centers", "social insurance organizations" and "welfare offices"
5) Excluding "political, business and cultural organizations", "religion" and "foreign governments and international agencies in Japan"

# 付録１　サービス産業動向調査の沿革

我が国の経済活動におけるサービス産業（第三次産業）のウエイトはＧＤＰベース及び従業者ベースで７割を超えており（表参照）、こうした経済社会の実態を的確に捉えるためには、サービス分野の統計が的確に整備されている必要がある。

しかしながら、サービス産業に関する統計は、個々の業種ごとにモザイク状に整備が行われ、サービス産業の全体像を明らかにするものとはなっていなかった。

このような状況は、産業統計としての利用に支障を来しているだけでなく、我が国の経済活動に占めるサービス産業のウエイトが圧倒的に高いことを背景にＧＤＰ関連統計や産業連関表の精度上の大きな制約要因となっており、統計体系の整備の観点からもその改善が強く望まれていた。とりわけＧＤＰの四半期別速報（ＱＥ）を作成するためのサービス産業の基礎統計については、月次ベースの統計が一部の業種のみに限られており、これをサービス産業全体に拡充することへの期待が高くなっていた。

このような背景から、総務省統計局は、「経済財政運営と構造改革に関する基本方針 2006」（平成 18 年７月７日閣議決定）等における政府の統計整備の方針に基づき、ＧＤＰベースで約７割を超える第三次産業のうち、これまで統計の整備が十分でなかったサービス産業を調査対象として、その活動の動向を包括的かつ適時に把握できる「サービス産業動向調査」（月次調査）を 2008 年７月に創設した。

2013 年からは、「公的統計の整備に関する基本的な計画」（平成 21 年３月 13 日閣議決定）において、サービス活動に係る統計の整備について一層の推進が必要とされたこと等を踏まえ、サービス産業の詳細な産業分類別及び地域別の状況を年次で把握することを目的として、毎月の調査とは別に年１回の「サービス産業動向調査」（拡大調査）を開始した。

その後、拡大調査は、「公的統計の整備に関する基本的な計画」（平成 30 年３月６日閣議決定）等に基づき、経済構造統計を軸とした経済統計の体系的整備の推進を計る観点で、拡大調査を含めた既存の統計調査を統合・再編した「経済構造実態調査」の創設を踏まえ、2018 年調査の実施をもって終了した。

サービス産業動向調査の結果は、ＧＤＰの基礎資料として活用されており、今後、更なる利活用が期待される。

## サービス産業動向調査に関する委員会及び政府の決定等の経緯

■「政府統計の構造改革に向けて」（平成17年６月10日内閣府経済社会統計整備推進委員会報告）

・「ＱＥを始めとする経済指標の精度向上に資するため、サービス産業に係る動態統計が未整備の分野について、生産・雇用等の状況を月次ベースで把握できる動態統計を創設」

・「経済センサス（仮称）の実施による的確な母集団名簿の整備が進んだ後は、サービス産業の構造的な実態把握やＧＤＰ関連統計・産業連関表の精度向上に資するため、適切なサンプル調査によってサービス産業を幅広く捉えた構造統計を整備」

■「経済財政運営と構造改革に関する基本方針2006」（平成18年７月７日閣議決定）

・「サービス産業全体の生産・雇用等の状況を月次ベースで概括的に把握できる統計を 2008 年度に創設するなど、サービス統計の抜本的拡充を図る」

➡ **サービス産業動向調査の創設（2008 年７月）**

⇩

■「公的統計の整備に関する基本的な計画」（平成21年３月13日閣議決定）

・「サービス活動に係る統計の整備は着実に進展してはいるものの、今後とも一層の推進が必要である」

■「公的統計の整備における喫緊の課題とその対応に関する基本的考え方」（平成22年６月18日統計委員会）

・「サービス産業の売上高等を幅広く月次で調査するサービス産業動向調査が20年７月から開始され、また、周期調査として経済センサスについても、サービス産業を含む経済活動の網羅的な把握が期待されている。今後、これらの統計整備の着実な実施に加え、年次での構造把握が未整備な分野への対処など、サービス産業関連の統計整備について一層の推進が求められている」

➡ **サービス産業動向調査の見直し（2013 年１月）**

・資本金１億円以上の企業等について企業単位の調査を導入し、売上高等を事業活動ごとに調査

・毎月の調査対象に約４万事業所を加えた年次調査（拡大調査）を創設し、年間売上高を都道府県別に調査

⇩

■「公的統計の整備に関する基本的な計画」（平成30年３月６日閣議決定）

・「経済センサス‐活動調査の中間年における経済構造統計について、関係府省は、関連する基幹統計調査を再編した上で、経済構造統計における母集団情報の整備・提供という従来の目的・役割に加え、新たに基準年からの構造の変化を含めた中間年の実態を把握・提供する。」

➡ **経済構造実態調査の創設（2019 年）**

・サービス産業動向調査（拡大調査）は 2018 年調査の実施をもって終了、経済構造実態調査に統合

## 図　GDP（国内総生産）に占める第三次産業の構成比の推移

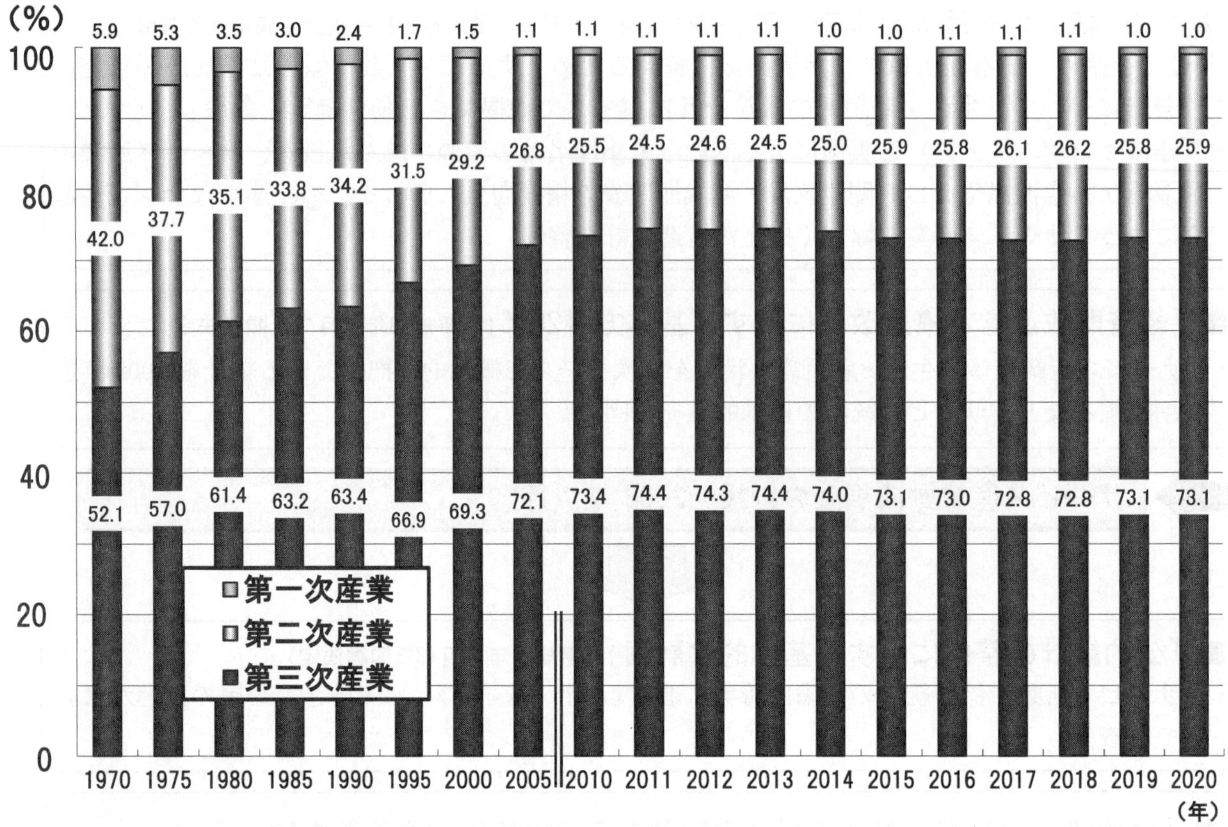


出典：「2020年度国民経済計算年次推計」（内閣府経済社会総合研究所）
1975（昭和50）年以前の結果は68ＳＮＡ、1980（昭和55）年以降1990（平成２）年以前の結果は93ＳＮＡ、
1995（平成７）年以降の結果は08ＳＮＡに基づく。

## 表　サービス産業動向調査の調査対象産業の構成比（%）

| | 全産業 | 第三次産業 | サービス産業動向調査の調査対象産業 | 出典 |
|---|---|---|---|---|
| 事業所数 | 100.0 | 82.1 | 50.4 | 「平成28年経済センサス-活動調査」結果（総務省・経済産業省）<br>「平成26年経済センサス-基礎調査」結果（総務省） |
| 従業者数 | 100.0 | 78.9 | 47.2 | 「平成28年経済センサス-活動調査」結果（総務省・経済産業省）<br>「平成26年経済センサス-基礎調査」結果（総務省） |
| ＧＤＰ | 100.0 | 73.1 | 47.6 | 「2020年度 国民経済計算年次推計」（内閣府経済社会総合研究所） |

# 付録２　サービス産業動向調査の概要

## １　調査の目的

サービス産業の生産・雇用等の動向を月次で把握し、ＧＤＰの四半期別速報（ＱＥ）を始めとする各種経済指標の精度向上等に資することを目的としている。

## ２　調査の根拠法令

統計法（平成19年法律第53号）に基づく一般統計調査として実施している。

## ３　調査の対象

2016年に実施した平成28年経済センサス‐活動調査及び2014年に実施した平成26年経済センサス‐基礎調査時に存在したサービス産業※1を主産業とする全国の事業所・企業等のうち、統計的手法によって選定※2された事業所・企業等を対象としており、約37,000事業所・企業等を調査している。

※１　調査対象業種の詳細は付録７参照

※２　選定方法の詳細は付録３参照

## ４　調査票の種類及び調査事項

### (1)　調査票の種類

事業所・企業等の別に、調査開始１か月目は「１か月目用調査票」、２か月目以降は「月次調査票」を用いて調査している。

### (2)　調査事項

調査票ごとの調査事項は以下の表のとおりである。

| | 月間売上高 | 事業所の主な事業の種類 | 月末の事業従事者数及びその内訳 |
|---|---|---|---|
| １か月目用調査票（事業所用） | ○（※） | ○ | ○（※） |
| 月次調査票（事業所用） | ○ | － | ○ |
| １か月目用調査票（企業等用） | ○（事業活動別）（※） | － | ○（※） |
| 月次調査票（企業等用） | ○（事業活動別） | － | ○ |

※調査月及びその前月分を調査

（注）2017年１月調査より「需要の状況」を削除

## 5　調査の方法

調査は、民間調査機関に委託し、調査対象事業所・企業等の事業主又は事業主に代わる者が配布された調査票に記入することにより実施している。調査票の配布・回収は、郵送又はオンライン調査により行っている。ただし、調査票が未回収の場合については、調査員が調査事業所を直接訪問し、回収を行うことがある。

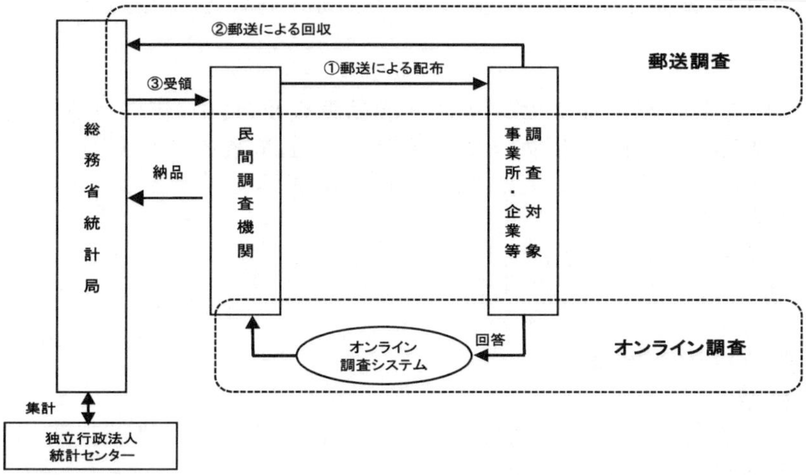


＜重複是正措置について＞

記入者負担を軽減するため、本調査の調査対象事業所・企業等が、経済産業省の実施している統計調査※と重複している場合、本調査の調査票を配布せず、同省の調査から得られた調査票情報の提供を受けている。

※特定サービス産業動態統計調査

## 6　集計

集計は、独立行政法人統計センターにおいて行っている。

## 7　結果の公表

調査結果は、速報及び確報により、インターネット及び閲覧に供する方法で公表している。

速報：原則、調査対象とする月の翌々月の下旬に公表

確報：原則、調査対象とする月の５か月後の下旬に公表

# 付録３　調査対象の抽出、結果の推定方法及び推定値の標本誤差

## １　調査対象の抽出

調査対象は、2016年に実施した平成28年経済センサス‐活動調査及び2014年に実施した平成26年経済センサス‐基礎調査時に存在した(1)に掲げる産業を主産業とする全国の事業所・企業等の中から、統計的手法によって以下のとおり抽出した。

事業所：約25,000　企業等：約12,000

（注）　2021年調査から、民営事業所の母集団を平成26年経済センサス‐基礎調査から平成28年経済センサス‐活動調査に変更した。国、地方公共団体の事業所の母集団については引き続き平成26年経済センサス‐基礎調査を基礎としている。調査対象事業所・企業等は、平成28年経済センサス‐活動調査及び平成26年経済センサス‐基礎調査を基に抽出しているが、各種情報により把握した上記調査後に新設された事業所・企業等についても母集団に適宜追加した上で抽出している。また、調査対象事業所が廃業した場合は代替の事業所を選定して調査対象としている。

### (1)　サービス産業の範囲（付録７参照）

日本標準産業分類（平成25年10月改定）に掲げる以下の大分類（主な中分類ごとに設けられている小分類「管理，補助的経済活動を行う事業所」を除く）が調査対象である。

① 大分類Ｇ－情報通信業
② 大分類Ｈ－運輸業，郵便業
③ 大分類Ｋ－不動産業，物品賃貸業
④ 大分類Ｌ－学術研究，専門・技術サービス業
（中分類71－学術・開発研究機関及び細分類7282－純粋持株会社を除く。）
⑤ 大分類Ｍ－宿泊業，飲食サービス業
⑥ 大分類Ｎ－生活関連サービス業，娯楽業
（小分類792－家事サービス業を除く。）
⑦ 大分類Ｏ－教育，学習支援業
（中分類81－学校教育を除く。）
⑧ 大分類Ｐ－医療，福祉
（小分類841－保健所、小分類851－社会保険事業団体及び小分類852－福祉事務所を除く。）
⑨ 大分類Ｒ－サービス業（他に分類されないもの）
（中分類93－政治・経済・文化団体、中分類94－宗教及び中分類96－外国公務を除く。）

### (2)　調査対象の抽出と交替

#### ①　企業等（全数調査）

ア　次の(ア)から(カ)までに掲げる産業を主産業とする企業等をしっ皆層とする。
(ア)小分類371－固定電気通信業
(イ)小分類372－移動電気通信業
(ウ)小分類381－公共放送業（有線放送業を除く）
(エ)中分類42－鉄道業
(オ)中分類46－航空運輸業
(カ)中分類49－郵便業（信書便事業を含む）

イ　ア以外で、資本金・出資金・基金が１億円以上の企業をしっ皆層とする。

ウ　交替を行わず、継続的に調査する。

### ② 事業所（全数調査又は標本調査）

上記①ア(ア)から(カ)までに掲げる産業以外のサービス産業を主産業とする事業所を以下のとおり抽出する。ただし、上記①ア及びイに該当する企業等に属する事業所は除く。

ア　全数調査については、一定規模以上の事業所をしっ皆層とし、継続的に調査する。

イ　標本調査については、上記ア以外の事業所を標本層とし、原則として、２年間継続して調査する。

## 2　結果の推定方法

調査の結果は、事業所及び企業等の推定値を合算することにより集計している。推定値は、調査票の欠測値や回答内容の矛盾などについて精査し、経済センサスや客体の公開情報等を基に補足訂正を行った上で推計している。

売上高及び事業従事者数について、平成28年経済センサス - 活動調査及び平成26年経済センサス-基礎調査の結果等を基に以下の式により算出している。

総和の推定値（売上高、事業従事者数）：　$\hat{T}_x = \sum_{h=1}^{L} W_h \sum_{i=1}^{n_h} x_{hi}$

$h$ ：　層（産業分類×事業従事者規模×調査対象の種類（しっ皆層、標本層））

$W_h$：　ウエイト $\frac{N_h}{n_h}$　なお、しっ皆層は $N_h = n_h$ で $W_h = 1$

$L$ ：　層の数

$N_h$ ：　第$h$層の母集団事業所数

$n_h$ ：　第$h$層の調査事業所数

$x_{hi}$ ：　第$h$層の第$i$番目の売上高、事業従事者数

## 3　推定値の標本誤差

売上高の総和について、標準誤差率を次の式により算出する。その結果は表のとおりである。

標準誤差率（%）：　$\hat{\sigma}_{T_x}\ /\ \hat{T}_x\ \times 100$

売上高の総和の標準誤差：　$\hat{\sigma}_{T_x} = \sqrt{\sum_{h=1}^{L} N_h (N_h - n_h) \frac{s_h^2}{n_h}}$

第$h$層の売上高の標本分散：　$s_h^2 = \frac{1}{n_h - 1} \sum_{i=1}^{n_h} (x_{hi} - \bar{X}_h)^2$

第$h$層の売上高の平均値：　$\bar{X}_h = \frac{1}{n_h} \sum_{i=1}^{n_h} x_{hi}$

表　産業、月別売上高の標準誤差率

（%）

| 産業中分類 | | 2021年 1月 | 2月 | 3月 | 4月 | 5月 | 6月 | 7月 | 8月 | 9月 | 10月 | 11月 | 12月 |
|---|---|---|---|---|---|---|---|---|---|---|---|---|---|
| サ | ービス産業計 | 0.9 | 0.9 | 0.9 | 0.9 | 0.9 | 0.9 | 0.9 | 0.9 | 0.9 | 0.9 | 0.9 | 0.9 |
| G | 情報通信業 | 0.8 | 1.0 | 2.1 | 1.2 | 1.3 | 1.5 | 1.4 | 1.3 | 2.3 | 1.3 | 1.3 | 2.2 |
| 37 | 通信業 | 0.2 | 0.2 | 0.2 | 0.2 | 0.3 | 0.3 | 0.2 | 0.3 | 0.2 | 0.2 | 0.2 | 0.2 |
| 38 | 放送業 | 0.2 | 0.2 | 0.2 | 0.2 | 0.2 | 0.2 | 0.2 | 0.2 | 0.2 | 0.2 | 0.2 | 0.2 |
| 39 | 情報サービス業 | 1.6 | 2.2 | 3.7 | 2.8 | 3.1 | 3.0 | 3.1 | 2.9 | 4.5 | 2.9 | 2.9 | 4.4 |
| 40 | インターネット附随サービス業 | 2.6 | 2.6 | 2.3 | 2.1 | 2.1 | 2.3 | 2.2 | 2.1 | 2.1 | 2.3 | 2.2 | 2.1 |
| 41 | 映像・音声・文字情報制作業 | 2.9 | 2.6 | 3.7 | 3.8 | 2.6 | 2.7 | 3.0 | 2.8 | 3.4 | 2.9 | 2.7 | 3.0 |
| H | 運輸業，郵便業 | 2.6 | 2.6 | 2.4 | 2.3 | 2.3 | 2.5 | 2.5 | 2.4 | 2.5 | 2.4 | 2.4 | 2.3 |
| 42 | 鉄道業 | – | – | – | – | – | – | – | – | – | – | – | – |
| 43 | 道路旅客運送業 | 4.4 | 4.2 | 4.8 | 4.7 | 4.8 | 4.5 | 5.4 | 4.0 | 3.7 | 3.8 | 4.1 | 3.8 |
| 44 | 道路貨物運送業 | 5.0 | 4.9 | 4.7 | 4.5 | 4.8 | 4.8 | 4.7 | 4.6 | 4.7 | 4.6 | 4.8 | 4.5 |
| 45 | 水運業 | 3.8 | 3.8 | 3.6 | 3.7 | 3.6 | 3.6 | 3.3 | 3.6 | 3.8 | 3.3 | 3.4 | 3.0 |
| 47 | 倉庫業 | 9.2 | 8.6 | 9.8 | 9.5 | 9.2 | 9.6 | 9.3 | 9.2 | 9.9 | 10.0 | 9.9 | 9.9 |
| 48 | 運輸に附帯するサービス業 | 4.6 | 4.3 | 3.8 | 4.1 | 3.5 | 4.1 | 5.0 | 4.6 | 4.5 | 5.1 | 4.8 | 4.4 |
| 4* | 航空運輸業，郵便業（信書便事業を含む） | – | – | – | – | – | – | – | – | – | – | – | – |
| K | 不動産業，物品賃貸業 | 2.6 | 3.2 | 2.9 | 2.9 | 3.0 | 2.5 | 2.7 | 2.7 | 2.5 | 2.6 | 2.8 | 2.5 |
| 68 | 不動産取引業 | 4.3 | 7.7 | 5.6 | 6.5 | 6.9 | 4.8 | 6.1 | 6.1 | 4.7 | 5.9 | 6.4 | 5.0 |
| 69 | 不動産賃貸業・管理業 | 3.4 | 3.3 | 3.3 | 3.3 | 3.4 | 3.3 | 3.0 | 3.1 | 3.1 | 3.0 | 3.1 | 3.0 |
| 70 | 物品賃貸業 | 6.6 | 6.4 | 6.1 | 6.1 | 6.0 | 5.7 | 6.0 | 6.0 | 5.7 | 5.8 | 5.8 | 5.6 |
| L | 学術研究，専門・技術サービス業 1) | 2.9 | 2.9 | 2.2 | 2.9 | 2.8 | 2.7 | 2.8 | 2.7 | 2.3 | 2.7 | 3.0 | 2.6 |
| 72 | 専門サービス業（他に分類されないもの） 2) | 3.9 | 4.1 | 4.3 | 3.6 | 3.6 | 4.1 | 4.0 | 4.1 | 4.5 | 3.7 | 4.2 | 3.9 |
| 73 | 広告業 | 5.4 | 5.5 | 4.8 | 5.3 | 5.0 | 4.9 | 5.1 | 4.9 | 4.5 | 4.7 | 4.9 | 5.6 |
| 74 | 技術サービス業（他に分類されないもの） | 5.2 | 5.0 | 3.0 | 5.4 | 5.1 | 4.4 | 5.0 | 4.7 | 3.4 | 5.2 | 5.7 | 3.8 |
| M | 宿泊業，飲食サービス業 | 1.8 | 2.0 | 1.7 | 1.8 | 1.9 | 1.9 | 1.8 | 2.0 | 2.0 | 1.8 | 1.8 | 1.7 |
| 75 | 宿泊業 | 7.9 | 8.7 | 6.7 | 7.5 | 6.9 | 7.4 | 6.2 | 6.2 | 6.8 | 6.3 | 5.8 | 5.7 |
| 76 | 飲食店 | 1.7 | 1.8 | 1.6 | 1.7 | 1.8 | 1.8 | 1.7 | 1.8 | 1.9 | 1.8 | 1.7 | 1.7 |
| 77 | 持ち帰り・配達飲食サービス業 | 5.7 | 5.9 | 5.1 | 5.4 | 5.4 | 5.4 | 5.3 | 5.5 | 5.4 | 5.3 | 5.3 | 5.1 |
| N | 生活関連サービス業，娯楽業 | 4.1 | 4.1 | 3.7 | 3.8 | 3.9 | 3.9 | 3.9 | 4.1 | 4.1 | 3.8 | 3.6 | 3.5 |
| 78 | 洗濯・理容・美容・浴場業 | 4.4 | 4.1 | 4.4 | 4.8 | 4.9 | 4.7 | 4.3 | 4.2 | 4.1 | 4.5 | 4.5 | 4.3 |
| 79 | その他の生活関連サービス業 3) | 5.7 | 5.2 | 4.7 | 3.3 | 3.2 | 3.4 | 3.2 | 3.4 | 3.2 | 3.3 | 3.1 | 3.1 |
| 80 | 娯楽業 | 5.1 | 5.2 | 4.9 | 5.0 | 5.0 | 5.1 | 5.1 | 5.2 | 5.2 | 5.0 | 4.9 | 4.7 |
| O | 教育，学習支援業 4) | 3.2 | 3.3 | 3.1 | 3.5 | 3.3 | 3.3 | 3.3 | 3.1 | 3.6 | 3.3 | 3.2 | 3.3 |
| 82 | その他の教育，学習支援業 | 3.2 | 3.3 | 3.1 | 3.5 | 3.3 | 3.3 | 3.3 | 3.1 | 3.6 | 3.3 | 3.2 | 3.3 |
| 82a | 社会教育，職業・教育支援施設 | 6.6 | 7.0 | 6.0 | 7.4 | 6.6 | 6.5 | 6.5 | 6.4 | 6.7 | 6.4 | 6.6 | 7.2 |
| 82b | 学習塾，教養・技能教授業 | 3.7 | 3.7 | 3.7 | 3.9 | 3.8 | 3.9 | 3.9 | 3.6 | 3.9 | 4.1 | 3.8 | 3.8 |
| P | 医療，福祉 | 1.3 | 1.3 | 1.2 | 1.3 | 1.2 | 1.1 | 1.1 | 1.1 | 1.1 | 1.1 | 1.1 | 1.2 |
| 83 | 医療業 | 1.4 | 1.5 | 1.3 | 1.3 | 1.2 | 1.2 | 1.2 | 1.2 | 1.2 | 1.2 | 1.2 | 1.2 |
| 84 | 保健衛生 5) | 7.7 | 9.9 | 8.2 | 9.8 | 7.2 | 8.2 | 7.4 | 7.3 | 7.0 | 8.3 | 7.6 | 7.3 |
| 85 | 社会保険・社会福祉・介護事業 6) | 2.8 | 2.8 | 2.8 | 3.2 | 2.8 | 2.7 | 2.7 | 2.7 | 2.7 | 2.6 | 2.6 | 2.7 |
| R | サービス業（他に分類されないもの） 7) | 3.4 | 3.0 | 3.3 | 3.2 | 3.2 | 3.3 | 3.2 | 3.2 | 3.2 | 3.2 | 3.2 | 3.4 |
| 88 | 廃棄物処理業 | 10.8 | 10.8 | 10.4 | 10.5 | 10.3 | 10.5 | 10.4 | 10.3 | 10.4 | 10.5 | 10.6 | 10.7 |
| 89 | 自動車整備業 | 9.9 | 9.6 | 9.4 | 9.3 | 9.3 | 9.6 | 9.8 | 9.6 | 9.6 | 9.6 | 9.7 | 9.4 |
| 90 | 機械等修理業（別掲を除く） | 4.1 | 4.6 | 5.6 | 4.3 | 4.8 | 4.2 | 4.2 | 4.5 | 3.8 | 4.2 | 4.0 | 4.0 |
| 91 | 職業紹介・労働者派遣業 | 7.8 | 7.6 | 8.0 | 8.1 | 8.3 | 8.0 | 7.8 | 7.9 | 7.9 | 7.8 | 7.6 | 8.0 |
| 92 | その他の事業サービス業 | 5.2 | 4.3 | 5.0 | 4.6 | 4.6 | 5.0 | 4.8 | 4.6 | 4.9 | 4.7 | 4.8 | 5.1 |
| 95 | その他のサービス業 | 17.4 | 6.3 | 5.8 | 5.3 | 5.5 | 5.4 | 5.7 | 5.4 | 5.6 | 5.6 | 5.6 | 5.7 |

注1)「学術・開発研究機関」を除く。注2)「純粋持株会社」を除く。注3)「家事サービス業」を除く。注4)「学校教育」を除く。
注5)「保健所」を除く。注6)「社会保険事業団体」及び「福祉事務所」を除く。注7)「政治・経済・文化団体」、「宗教」及び「外国公務」を除く。

# 付録４　用語の解説

## １　事業所

事業所とは、経済活動の場所ごとの単位であって、原則として次の要件を備えているものをいう。

・ 経済活動が、単一の経営主体のもとで一定の場所（一区画）を占めて行われていること。
・ 物の生産や販売、サービスの提供が、従業者と設備を有して、継続的に行われていること。

## ２　企業等

「企業」とは、事業活動を行う法人（外国の会社を除く。）又は個人経営の事業所（個人経営であって同一の経営者が複数の事業所を経営している場合は、それらはまとめて一つの企業となる。）をいう。

「企業等」とは、企業及び国・地方公共団体が運営する公営企業等を一部含めたものをいう。

## ３　売上高

事業所・企業等において、サービス等を提供した対価として得られたもの（消費税等の間接税を含む。）で、仕入高や給与などの経費を差し引く前の金額をいう。

**＜売上高に含めるもの＞**

・ 受託販売　…　販売手数料収入
・ 委託販売　…　委託先で販売した実際の販売額
・ 不動産代理業・仲介業　…　代理手数料収入、仲介手数料収入など
・ 取次業　…　取次手数料収入（クリーニングや写真（現像・焼付・引伸）などの手数料）
・ 自家消費・贈与　…　商品や製品などを自家用に消費したり他人に贈与した場合には、金額に換算した額
・ 医療業・介護事業　…　医療保険・介護保険からの受取保険料、利用者の自己負担など
・ 会社以外の法人及び法人でない団体　…　事業活動によって得た収入

**＜売上高に含めないもの＞**

・ 預金・有価証券などから生じた事業外の利子・配当収入
・ 事業外で有価証券、土地や建物などの財産（資産）を売却して得た収入
・ 借入金、繰越金
・ 本所・本社・本店などから支給される支所・支社・支店の運営経費
・ 事業活動を継続するための収入
（運営交付金、寄付金、献金、補助金、会費、会員の負担金など）

**＜売上高の計上時点＞**

・ 売上高は、代金を受領した月でなく、サービス等を提供した月の売上高を計上
（例）　割賦販売については、サービス等を提供した月に計上
　学習塾などで授業料を３か月分まとめて受け取った場合、授業を実施した期間（３か月）で均等割り
　ソフトウェア開発などの長期にわたる事業については、進行状況に応じて計上
・ 売上高は、月初めから月末まで１か月間を計上

## ４　事業従事者

事業所・企業等において、月末に最も近い営業日に実際に働いている人（「出向又は派遣として他の企業などで働いている人」を含まず、「出向又は派遣として他の企業などからきてこの事業所・企業等で働いている人」を含む。）をいう。

事業従事者を次のように区分した。

**有給役員**

個人経営以外の場合で、役員報酬を得ている人をいう。

**個人業主**

個人経営の事業主をいう。個人が共同で事業を行っている場合、そのうちの１人を個人業主とし、他の人は常用雇用者とする。

**無給の家族従業者**

個人業主の家族などで、賃金や給与を受けずに、事業所を手伝っている人をいう。

**常用雇用者**

期間を定めずに雇用されている人又は１か月以上の期間を定めて雇用されている人をいう。

**正社員・正職員**

常用雇用者のうち、一般に正社員・正職員としている人をいう。

**正社員・正職員以外**

常用雇用者のうち、一般に契約社員、嘱託社員、パートタイマー、アルバイト又はそれに近い名称で呼ばれている人をいう。

**臨時雇用者**

常用雇用者以外の雇用者で、１か月未満の期間を定めて雇用されている人又は日々雇用されている人をいう。

**別経営の事業所・企業等からの出向・派遣**

出向又は派遣として、他の企業などから来てこの事業所・企業等で働いている人で、労働者派遣事業の適正な運営の確保及び派遣労働者の保護等に関する法律（昭和60年法律第88号）でいう派遣労働者のほかに、在籍出向など出向元に籍がありながら、この事業所・企業等で働いている人をいう。

**5　事業活動の産業**

事業所・企業等が行う事業活動を単位とした産業分類である。企業等においては個々の事業活動ごとに、事業所においては、単一の事業活動を行っているとみなし、当該事業所の主要な事業活動により分類している。

**6　事業所・企業等の産業**

事業所・企業等を単位とした産業分類である。企業等においては傘下事業所を含めた当該企業等全体の主要な事業活動、事業所においては当該事業所の主要な事業活動により分類している。

**7　経営組織**

**個人経営**

個人が事業を経営している場合をいう。

法人組織になっていなければ、共同経営の場合も個人経営に含まれる。

**法人**

法律の規定によって法人格を認められているものが事業を経営している場合をいう。以下の会社及び会社以外の法人が該当する。

**会社**

株式会社、有限会社、合名会社、合資会社、合同会社、相互会社及び外国の会社をいう。

ここで、外国の会社とは、外国で設立された法人の支店、営業所などで、会社法（平成17年法律第86号）の規定により日本に営業所などの所在地を登記したものをいう。

なお、外国人の経営する会社や外国の資本が経営に参加しているいわゆる外資系の会社は、外国の会社ではない。

**会社以外の法人**

会社以外で法人格を持っている団体をいい、国・地方公共団体も含む。例えば、独立行政法人、地方独立行政法人、国立大学法人、大学共同利用機関法人、特殊法人、認可法人、一般社団法人、一般財団法人、公益社団法人、公益財団法人、社会福祉法人、医療法人、更生保護法人、国民健康保険組合、共済組合、弁護士法人、監査法人、税理士法人などが含まれる。

**法人でない団体**

法人格を持たない団体をいう。例えば、協議会などの事務所等が含まれる。

**8　資本金**

株式会社及び有限会社については資本金の額、合名会社、合資会社及び合同会社については出資金の額、相互会社については基金の額をいう。

# 付録５　調査票様式

## ①　１か月目用調査票（事業所用）

㊙ 一般統計調査

●この統計調査は統計法(平成19年法律第53号)に基づき、総務大臣の承認を受けた重要な調査です。
●秘密の保護には万全を期していますので、ありのままを記入してください。
●この調査票は、統計的に処理され、税務資料などに使われることはありません。

### サービス産業動向調査　１か月目用調査票（事業所用）

総務省統計局

20□□年□□月分とその前月分について記入してください

H

| 調査票の内容について 照会する場合がありますので 記入をお願いします。 |
|---|
| 所属部署名 |
| 記入者氏名 |
| 電話番号（　　　　）　　－　　　（内線：　　　） |

**1．貴事業所全体の月間売上高**

税抜き□ 原則税込みで記入してください。ただし、会計処理上税込みで記入することが困難な場合は税抜きで記入し、□内にレを記入してください。

**1.(1) 売上高(収入額)**

※金額は、千円未満を四捨五入してください。
※季節的要因等によって一時的に売上高がない場合は売上高を「0」とし、備考欄②にその状況について記入してください。

| | 百億 | 億 | 百万 | 万 | |
|---|---|---|---|---|---|
| 前月 | □□□ | □□□ | □□□ | | ,000円 |
| 今月 | □□□ | □□□ | □□□ | | ,000円 |

〔備考欄①〕
売上高について、前年同月と比べて大きく 増加／減少した場合は、具体的理由を記入してください。
前年同月で比較できない場合は前月との比較を記入してください。

**2．貴事業所の主な事業活動の種類**

| ※記載してある事業活動と現在行っている主な事業活動が同じであれば、その右の選択肢の「1 はい」に、異なる場合は「2 いいえ」に○を付けてください。 | 貴事業所の主な事業活動 | 選択肢に○を付けてください | | 現在行っている主な事業活動の内容を記入してください（左の選択肢で「2　いいえ」を選択した場合のみ） |
|---|---|---|---|---|
| | □□-□□ | 1 はい | ② いいえ | → □□-□□ |

**3．貴事業所の月末の事業従事者数**（月末に最も近い営業日の状況を記入してください。）※該当する従事者がいない場合は空欄にせず「0」人とご記入ください。

3.(1) 貴事業所に所属する従業者数（出向又は派遣として他の企業など別経営の事業所で働いている人は含みません。）

3.(2) 受入者　3.(1)のほかに他の企業などからきて（出向又は派遣）貴事業所で働いている人

| | ① 有給役員 個人業主 無給の家族従業者 | 常用雇用者 ② 正社員・正職員としている人 | 常用雇用者 ③ ②以外の人（パート・アルバイトなど） | ④ 臨時雇用者（③以外のパート・アルバイトなどを含む） | 総数（①～④の合計） | 3.(2) 受入者 |
|---|---|---|---|---|---|---|
| 前月 | 人 | 人 | 人 | 人 | 人 | 人 |
| 今月 | 人 | 人 | 人 | 人 | 人 | 人 |

政府統計

〔備考欄②〕 貴事業所について、大きな変化があった場合は、その状況を記入してください。

1 今月他社(団体等)との合併があった
2 今月分社化(法人の分割)があった
3 今月資本金の変更があった

*

秘 **一般統計調査**

●この統計調査は統計法（平成19年法律第53号）に基づき、総務大臣の承認を受けた重要な調査です。
●秘密の保護には万全を期していますので、ありのままを記入してください。
●この調査票は、統計的に処理され、税務資料などに使われることはありません。

# サービス産業動向調査　1か月目用調査票（企業等用）

総務省統計局

20□□年□□月分とその前月分について記入してください

H

| 調査票の内容について 照会する場合がありますので 記入をお願いします。 |
|---|
| 所属部署名 |
| 記入者氏名 |
| 電話番号（　　　）　－　　　（内線：　　　） |

## 1．貴社（団体等）の月間売上高

税抜き□ 原則税込みで記入してください。ただし、会計処理上税込みで記入することが困難な場合は税抜きで記入し、□内にレを記入してください。

| | 1.(1) 事業活動の内容<br>※今月以降実施しない事業活動については、事業活動名を二重線で消し、備考欄②に状況について記入してください。 | | 1.(2) 売上高（収入額）<br>※金額は、千円未満を四捨五入し記入してください。<br>※一時的に売上高がない場合は、売上高を「0」とし、備考欄②にその状況について記入してください。 | 〔備考欄①〕<br>売上高について、**前年同月と比べて 大きく 増加／減少した場合は、具体的理由を記入してください。**<br>前年同月で比較できない場合は前月との比較を記入してください。 |
|---|---|---|---|---|
| 1 | □□-□□ | 前月 | 百億　億　百万　万　,000円 | |
| | | 今月 | 百億　億　百万　万　,000円 | |
| 2 | □□-□□ | 前月 | 百億　億　百万　万　,000円 | |
| | | 今月 | 百億　億　百万　万　,000円 | |
| 3 | □□-□□ | 前月 | 百億　億　百万　万　,000円 | |
| | | 今月 | 百億　億　百万　万　,000円 | |
| 4 | □□-□□ | 前月 | 百億　億　百万　万　,000円 | |
| | | 今月 | 百億　億　百万　万　,000円 | |
| 5 | その他<br>※1～4以外の事業活動についてご記入ください。またその内容を備考欄②にご記入ください。 | 前月 | 百億　億　百万　万　,000円 | 〔備考欄②〕貴社（団体等）について大きな変化があった場合は、その状況を記入してください。<br>1 今月他社（団体等）との合併があった<br>2 今月分社化（法人の分割）があった<br>3 今月資本金の変更があった |
| | | 今月 | 百億　億　百万　万　,000円 | |
| | 企業全体（合計）<br>※合計欄は空欄にせず企業全体の合計金額をご記入ください。 | 前月 | 百億　億　百万　万　,000円 | |
| | | 今月 | 百億　億　百万　万　,000円 | |

政府統計

## 2．貴社（団体等）の月末の事業従事者数（月末に最も近い営業日の状況を記入してください。）※該当する従事者がいない場合は空欄にせず「0」人とご記入ください。

| | 2.(1) 貴社（団体等）に所属する従業者数（出向又は派遣として他の企業などで働いている人は含みません。） | | | | | 2.(2) 受入者 |
|---|---|---|---|---|---|---|
| | ① 有給役員 | 常用雇用者<br>② 正社員・正職員としている人 | 常用雇用者<br>③ ②以外の人（パート・アルバイトなど） | ④ 臨時雇用者（③以外のパート・アルバイトなどを含む） | 総数（①～④の合計） | 2.(1)のほかに他の企業などからきて（出向又は派遣）貴社（団体等）で働いている人 |
| 前月 | ,　人 | ,　人 | ,　人 | ,　人 | ,　人 | ,　人 |
| 今月 | ,　人 | ,　人 | ,　人 | ,　人 | ,　人 | ,　人 |

### ③ 月次調査票（事業所用）

秘 一般統計調査

●この統計調査は統計法（平成19年法律第53号）に基づき、総務大臣の承認を受けた重要な調査です。
●秘密の保護には万全を期していますので、ありのままを記入してください。
●この調査票は、統計的に処理され、税務資料などに使われることはありません。

## サービス産業動向調査　月次調査票（事業所用）

総務省統計局

20□□年□□月分について記入してください

H

| 調査票の内容について 照会する場合がありますので 記入をお願いします。 |
|---|
| 所属部署名 |
| 記入者氏名 |
| 電話番号（　　　）　　―　　（内線：　　） |

**1. 貴事業所全体の月間売上高**

税抜き□ 原則税込みで記入してください。ただし、会計処理上税込みで記入することが困難な場合は税抜きで記入し、□内にレを記入してください。

| 1.（1）売上高（収入額）<br>※金額は、千円未満を四捨五入してください。<br>※季節的要因等によって一時的に売上高がない場合は売上高を「0」とし、下の備考欄②にその状況について記入してください。 | 〔備考欄①〕<br>売上高について、**前年同月と比べて大きく 増加／減少した場合は、具体的理由を記入してください。**<br>前年同月で比較できない場合は前月との比較を記入してください。 |
|---|---|
| 百億 億 百万 万<br>□□□,□□□,□□□,000円 | |

〔記入のしかた〕
「1.（1）売上高（収入額）」について
・貴事業所のすべての月間売上高（収入額）を記入してください。
・売上高（収入額）とは、貴事業所においてサービス等を提供した対価として得られたもので、仕入高や給与などの経費を差し引く前の金額をいいます。
・消費税の取扱いについては、原則税込みですが、会計処理上税込みで記入することが困難な場合は税抜きで記入し、税抜きチェック枠「□」に レ を記入してください。

**2. 貴事業所の月末の事業従事者数**（月末に最も近い営業日の状況を記入してください。）※該当する従事者がいない場合は空欄にせず「0」人とご記入ください。

| 2.（1）貴事業所に所属する従業者数（出向又は派遣として他の企業など別経営の事業所で働いている人は含みません。） | | | | | 2.（2）受入者 |
|---|---|---|---|---|---|
| ① 有給役員<br>個人業主<br>無給の家族従業者 | 常用雇用者<br>② 正社員・正職員としている人 | 常用雇用者<br>③ ②以外の人（パート・アルバイトなど） | ④ 臨時雇用者（③以外のパート・アルバイトなどを含む） | 総数（①〜④の合計） | 2.（1）のほかに他の企業などからきて（出向又は派遣）貴事業所で働いている人 |
| □□□,□□□人 | □□□,□□□人 | □□□,□□□人 | □□□,□□□人 | □□□,□□□人 | □□□,□□□人 |

〔備考欄②〕貴事業所について、大きな変化があった場合は、その状況を記入してください。

1 今月他社（団体等）との合併があった
2 今月分社化（法人の分割）があった
3 今月資本金の変更があった

□□□□□ □□□□ □□□□ * □ □□

政府統計

④ 月次調査票（企業等用）

㊙ 一般統計調査

●この統計調査は統計法(平成19年法律第53号)に基づき、総務大臣の承認を受けた重要な調査です。
●秘密の保護には万全を期していますので、ありのままを記入してください。
●この調査票は、統計的に処理され、税務資料などに使われることはありません。

## サービス産業動向調査　月次調査票（企業等用）

総務省統計局

20□□年□□月分について記入してください

H

| 調査票の内容について 照会する場合がありますので 記入をお願いします。 |
|---|
| 所属部署名 |
| 記入者氏名 |
| 電話番号（　　　）　　　－　　　　（内線：　　　） |

### 1. 貴社（団体等）の月間売上高

税抜き□ 原則税込みで記入してください。ただし、会計処理上税込みで記入することが困難な場合は税抜きで記入し、□内にレを記入してください。

| | 1.(1) 事業活動の内容<br>※今月以降実施しない事業活動については、事業活動名を二重線で消し、備考欄②に状況について記入してください。 | 1.(2) 売上高(収入額)<br>※金額は、千円未満を四捨五入し記入してください。<br>※一時的に売上高がない場合は、売上高を「0」とし、備考欄②にその状況について記入してください。 | 〔備考欄①〕<br>売上高について、前年同月と比べて 大きく 増加／減少した場合は、具体的理由を記入してください。<br>前年同月で比較できない場合は前月との比較を記入してください。 |
|---|---|---|---|
| 1 | □□-□□ | 百億 億 百万 万 ,000円 | |
| 2 | □□-□□ | 百億 億 百万 万 ,000円 | |
| 3 | □□-□□ | 百億 億 百万 万 ,000円 | |
| 4 | □□-□□ | 百億 億 百万 万 ,000円 | |
| 5 | その他<br>※1～4以外の事業活動についてご記入ください。<br>またその内容を備考欄②にご記入ください。 | 百億 億 百万 万 ,000円 | 〔備考欄②〕貴社（団体等）について大きな変化があった場合は、その状況を記入してください。<br>1 今月他社(団体等)との合併があった<br>2 今月分社化(法人の分割)があった<br>3 今月資本金の変更があった |
| | 企業全体（合計）<br>※合計欄は空欄にせず企業全体の合計金額をご記入ください。 | 百億 億 百万 万 ,000円 | |

政府統計

### 2. 貴社（団体等）の月末の事業従事者数（月末に最も近い営業日の状況を記入してください。）※該当する従事者がいない場合は空欄にせず「0」人とご記入ください。

| 2.(1) 貴社(団体等)に所属する従業者数(出向又は派遣として他の企業などで働いている人は含みません。) | | | | | 2.(2) 受入者 |
|---|---|---|---|---|---|
| | 常用雇用者 | | | | |
| ① 有給役員 | ② 正社員・正職員としている人 | ③ ②以外の人(パート・アルバイトなど) | ④ 臨時雇用者(③以外のパート・アルバイトなどを含む) | 総数(①～④の合計) | 2.(1)のほかに他の企業などからきて(出向又は派遣)貴社(団体等)で働いている人 |
| 人 | 人 | 人 | 人 | 人 | 人 |

# 付録６　調査票の記入のしかた

## ①　調査票（事業所用）の記入のしかた

2021.1更新

政府統計

# サービス産業動向調査
# 調査票（事業所用）の記入のしかた

**保存版** 本書は調査終了まで使用します。大切に保管してください。

## 調査票を記入する前に、よくお読みください



### ❖調査票の記入に当たっての留意事項

・ この調査票は、サービス産業に含まれる事業を行っている事業所にお配りしております。
・ 事業所とは、サービスの提供等が行われている個々の場所をいいます。
・ 店舗、事務所、営業所、医院、旅館などのように固定的な場所で事業を行っている場合は、その場所が事業所となります。
・ 個人タクシーなど事業を行う場所が一定しない場合や個人教授、著述家など自宅の一部で事業を営んでいる場合は、自宅が事業所となります。
・ 本社、支社、営業所、出張所などは、それぞれ、その場所ごとに事業所となります。

### ＜記入上の注意点＞

・ 黒又は青のボールペンなどで、はっきり記入してください（摩擦熱でインクが消えるボールペンは使用しないでください）。
・ 記入した内容を訂正する場合は、二重線で消し、正しい内容を記入してください。
・ 数字を記入する欄について、**売上がない場合や該当者がいない場合には空欄にせず、「０」と記入**してください。
・ 金額欄は、千円未満を四捨五入し千円単位で記入してください。また、「¥」記号は付けないでください。
・ 提出期限までに調査票のご提出を確認できない場合や、ご提出いただいた調査票に記入漏れなどがあった場合、後日、おたずねすることがあります。

### ❖調査票の回答方法

調査票は、**インターネット又は、郵送によりご回答ください。**インターネットでの回答については、８ページ～１９ページの「２．オンライン使用ガイド」をご覧ください。

総務省統計局

1

HF-02

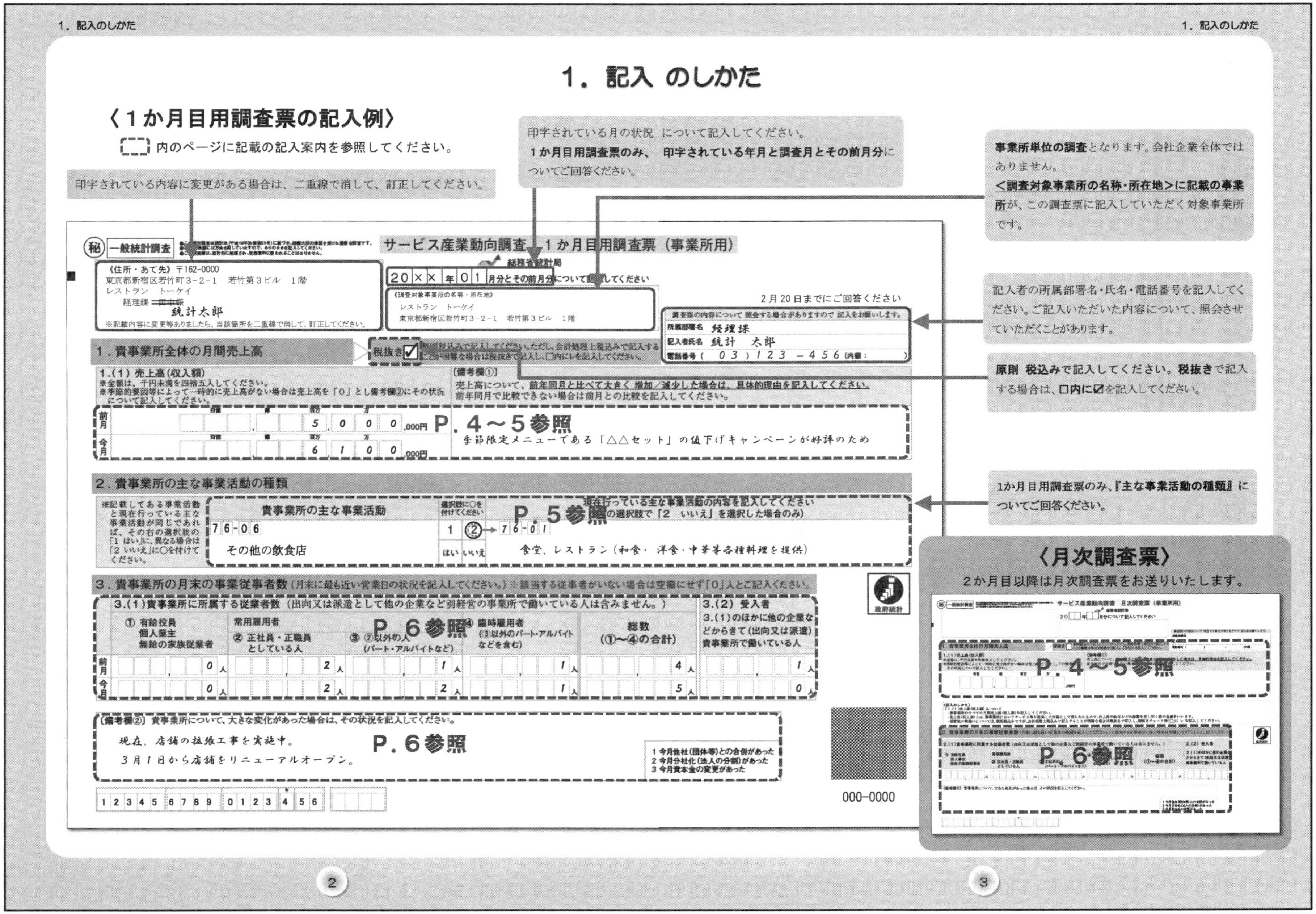



# 1．記入 のしかた

## 〈1か月目用調査票の記入例〉

[破線枠] 内のページに記載の記入案内を参照してください。

印字されている内容に変更がある場合は、二重線で消して、訂正してください。

印字されている月の状況 について記入してください。
**1か月目用調査票のみ、 印字されている年月と調査月とその前月分**についてご回答ください。

**事業所単位の調査**となります。会社企業全体ではありません。
**<調査対象事業所の名称・所在地>に記載の事業所**が、この調査票に記入していただく対象事業所です。

記入者の所属部署名・氏名・電話番号を記入してください。ご記入いただいた内容について、照会させていただくことがあります。

**原則 税込み**で記入してください。**税抜き**で記入する場合は、**□内に☑**を記入してください。

1か月目用調査票のみ、**『主な事業活動の種類』**についてご回答ください。

（秘） 一般統計調査　サービス産業動向調査　1か月目用調査票（事業所用）　総務省統計局

《住所・あて先》〒162-0000
東京都新宿区若竹町3-2-1　若竹第3ビル　1階
レストラン　トーケイ
経理課 ~~田中様~~ 統計太郎
※記載内容に変更等ありましたら、当該箇所を二重線で消して、訂正してください。

20××年01月分とその前月分について記入してください

《調査対象事業所の名称・所在地》
レストラン　トーケイ
東京都新宿区若竹町3-2-1　若竹第3ビル　1階

2月20日までにご回答ください

調査票の内容について照会する場合がありますので記入をお願いします。
所属部署名　経理課
記入者氏名　統計　太郎
電話番号（03）123－456（内線：　）

1．貴事業所全体の月間売上高　税抜き☑

1.(1) 売上高（収入額）
※金額は、千円未満を四捨五入してください。
※季節的要因等によって一時的に売上高がない場合は売上高を「0」とし備考欄②にその状況について記入してください。

| | 売上高 | 備考欄① 売上高について、前年同月と比べて大きく増加／減少した場合は、具体的理由を記入してください。前年同月で比較できない場合は前月との比較を記入してください。 |
|---|---|---|
| 前月 | 5,000,000円 | 季節限定メニューである「△△セット」の値下げキャンペーンが好評のため |
| 今月 | 6,100,000円 | |

P．4～5参照

2．貴事業所の主な事業活動の種類

※記載してある事業活動と現在行っている主な事業活動が同じであれば、その右の選択肢の「1 はい」に、異なる場合は「2 いいえ」に○を付けてください。

| 貴事業所の主な事業活動 | 選択肢に○を付けてください | 現在行っている主な事業活動の内容を記入してください（左の選択肢で「2 いいえ」を選択した場合のみ） |
|---|---|---|
| 76-06 その他の飲食店 | 1 はい　②いいえ | 76-01 食堂、レストラン（和食・洋食・中華等各種料理を提供） |

P．5参照

3．貴事業所の月末の事業従事者数（月末に最も近い営業日の状況を記入してください。）※該当する従事者がいない場合は空欄にせず「0」人とご記入ください。

3.(1)貴事業所に所属する従業者数（出向又は派遣として他の企業など別経営の事業所で働いている人は含みません。）

| | ① 有給役員 個人業主 無給の家族従業者 | 常用雇用者 ② 正社員・正職員としている人 | ③ ②以外の人（パート・アルバイトなど） | ④ 臨時雇用者（③以外のパート・アルバイトなどを含む） | 総数（①～④の合計） | 3.(2) 受入者 3.(1)のほかに他の企業などからきて（出向又は派遣）貴事業所で働いている人 |
|---|---|---|---|---|---|---|
| 前月 | 0人 | 2人 | 1人 | 1人 | 4人 | 1人 |
| 今月 | 0人 | 2人 | 2人 | 1人 | 5人 | 0人 |

P．6参照

（備考欄②）貴事業所について、大きな変化があった場合は、その状況を記入してください。
現在、店舗の拡張工事を実施中。
3月1日から店舗をリニューアルオープン。

P．6参照

1 今月他社（団体等）との合併があった
2 今月分社化（法人の分割）があった
3 今月資本金の変更があった

1 2 3 4 5 6 7 8 9 0 1 2 3 4 5 6

000-0000

政府統計

## 〈月次調査票〉

2か月目以降は月次調査票をお送りいたします。

サービス産業動向調査　月次調査票（事業所用）

P．4～5参照

P．6参照

②　③

1．記入のしかた

## 1．貴事業所全体の月間売上高

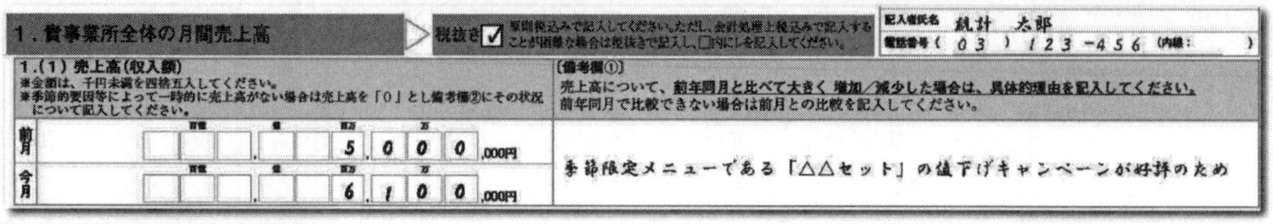
1．貴事業所全体の月間売上高
税抜き ☑ 原則税込みで記入してください。ただし、会計処理上税込みで記入することが困難な場合は税抜きで記入し、□内にレを記入してください。
記入者氏名 統計 太郎
電話番号（03）123－456（内線：　）
1.(1) 売上高(収入額)
※金額は、千円未満を四捨五入してください。
※季節的要因等によって一時的に売上高がない場合は売上高を「0」とし備考欄②にその状況について記入してください。
前月 5,000,000円
今月 6,100,000円
〔備考欄①〕
売上高について、前年同月と比べて大きく増加／減少した場合は、具体的理由を記入してください。
前年同月で比較できない場合は前月との比較を記入してください。
季節限定メニューである「△△セット」の値下げキャンペーンが好評のため

### 1．(1) 売上高（収入額）

- **「1．(1)売上高（収入額）」**とは、貴事業所においてサービス等を提供した対価として得られたもので、仕入高や給与などの**経費を差し引く前の金額**をいいます。売上高（収入額）は、貴事業所における**全売上高（収入額）**を記入してください。ただし、季節的要因等によって**一時的に売上高がない場合は売上高を「0」**とし、〔備考欄②〕にその状況について記入してください。
- 事業活動を継続するための収入（運営費交付金、寄付金、献金、補助金、会費、会員の負担金など）は含めないでください。
- **会社以外の法人**及び**法人でない団体**は、事業活動によって得られた収入（利用料など）があればご記入ください。
- 売上高を税抜き額で記入する場合は、**「税抜き □」**に**レ**を記入してください。
- 金額欄は、千円未満を四捨五入し千円単位で記入してください。
- 正確な売上高（収入額）がどうしても把握できない場合は、概算額を記入してください。
- 売上が発生しなかった月は「0」と記入し、その理由を〔備考欄②〕に記入してください。
- 修理センターなどで、代金が貴事業所に直接支払われず、本社等に振り込まれている場合は、その振込代金は本社の売上高（収入額）とはせず、実際にサービスを提供した事業所の売上高（収入額）としてください。

### 〔備考欄①〕

- **前年同月に比べて大きな変化があった場合は、その具体的理由を記入**してください。
- 前年同月と比較できない場合は、前月と比較し売上高（収入額）の増減理由を記入してください。

**売上高（収入額）の計上時点について**

○売上高（収入額）は、代金を受領した月ではなく、サービス等を提供した月に計上してください。

例)・割賦販売については、サービス等を提供した月に計上してください。

・学習塾などで授業料を3か月分まとめて受け取った場合、授業を実施した期間（3か月間）で均等割りして計上してください。

・ソフトウェア開発などの長期にわたる事業については、進行状況に応じて計上してください。

○売上高（収入額）は、月初めから月末までの1か月間の金額を記入してください。やむを得ない場合は、一定の日を定めてその日から1か月間の金額を記入することは差し支えありませんが、翌月以降の調査票においても同一の期間で記入してください。

### 売上高（収入額）に含めるもの

| 業種・業態 | 売上高（収入額）に含めるもの |
|---|---|
| 新聞業・出版業 | 新聞売上高、広告収入など |
| 広告業 | 広告制作料、媒体手数料など |
| 道路旅客運送業 | 旅客運賃、手荷物運賃、物品保管料、広告料など |
| 道路貨物運送業 | 物流事業収益、構内作業及び機械荷役事業収益など |
| 不動産取引業 | 不動産販売高、代理手数料収入、仲介手数料収入など |
| 駐車場業 | 駐車料金、月ぎめ契約料金など |
| マンション管理業 | マンション管理費など |
| 物品賃貸業 | 賃貸料、リース料、レンタル料など |
| 公認会計士事務所 | 報酬、契約料など |
| ホテル業 | 室料、料理・飲料代など |
| 取次店 | 取次手数料（クリーニングや写真（現像・焼付・引伸）などの取次手数料） |
| 理容業・美容業 | 整髪料、パーマ代、カット代、メイク代、着付け代など |
| 旅行業 | 運送、宿泊等の契約料など |
| 結婚式場業 | 結婚式代、披露宴代など |
| 写真業 | 写真撮影料、フィルム現像料、焼付料、引伸料など |
| 学習塾 | 授業料、月謝など |
| 病院 | 入院診療収益、室料差額収益、外来診療収益、保健予防活動収益、医療保険からの受取保険料など |
| 療術業 | あん摩料、マッサージ料、指圧料、医療保険からの受取保険料など |
| 特別養護老人ホーム | 介護報酬、利用者負担金、基本食事サービス代、介護保険からの受取保険料など |
| 有料老人ホーム | 入居金、介護報酬、管理費、食費、個別有料サービス代、介護保険からの受取保険料など |
| 産業廃棄物処理業 | 運搬料金、中間処理料金、最終処分料金、自治体等からの受託料など |
| 自動車整備業 | 車検整備代、定期点検整備代、事故整備代など |
| 職業紹介・労働者派遣業 | 人材派遣・請負、人材紹介事業収入、アウトソーシング事業収入など |
| 建物サービス業 | ビル清掃契約料、保守料など |
| 受託販売業・委託販売業 | 受託販売によって得た販売手数料収入や、委託先で販売した実際の販売額 |
| その他 | 商品や製品などを自家用に消費したり他人に贈与した場合の、金額に換算した額 |

### 売上高（収入額）に含めないもの

○預金・有価証券などから生じた**事業外の利子・配当収入**
○**事業外で**有価証券、土地や建物などの財産（資産）を売却して得た収入
○**借入金、繰越金**
○**本所・本社・本店などから支給される支所・支社・支店の運営経費**
○**事業活動を継続するための収入**（運営費交付金、寄付金、献金、補助金、会費、会員の負担金など）

## 2．貴事業所の主な事業活動の種類　※1か月目用調査票のみ記入していただきます。

| ※記載してある事業活動と現在行っている主な事業活動が同じであれば、その右の選択肢の「1 はい」に、異なる場合は「2 いいえ」に○を付けてください。 | 貴事業所の主な事業活動 | 選択肢に○を付けてください | | 現在行っている主な事業活動の内容を記入してください（左の選択肢で「2　いいえ」を選択した場合のみ） |
|---|---|---|---|---|
| | 76-06 | 1 | ② | → 76-01 |
| | その他の飲食店 | はい | いいえ | 食堂、レストラン（和食・洋食・中華等各種料理を提供） |

● **「主な事業活動の種類」**としてあらかじめ記載されている事業活動が、現在の事業活動と相違ない場合は「1　はい」に○印を付けてください。異なる場合は「2　いいえ」に○印を付けて、正しい事業活動名及びそれに対応する分類番号（別冊「事業活動一覧」を参照）を右側の記入欄に記入してください。

● 主な事業活動がサービス産業以外であれば、分類番号を「10-00」として記入し、具体的にどのような事業を行っているのか記入してください。ご記入内容について照会させていただく場合があります。

## 3．貴事業所の月末の事業従事者数　※月次調査票は『2．貴事業所の月末の事業従事者数』

| | 3.(1)貴事業所に所属する従業者数（出向又は派遣として他の企業など別経営の事業所で働いている人は含みません。） | | | | | 3.(2) 受入者 |
|---|---|---|---|---|---|---|
| | ① 有給役員<br>個人業主<br>無給の家族従業者 | 常用雇用者<br>② 正社員・正職員としている人 | 常用雇用者<br>③ ②以外の人（パート・アルバイトなど） | ④ 臨時雇用者（③以外のパート・アルバイトなどを含む） | 総数（①～④の合計） | 3.(1)のほかに他の企業などからきて（出向又は派遣）貴事業所で働いている人 |
| 前月 | 0人 | 2人 | 1人 | 1人 | 4人 | 1人 |
| 今月 | 0人 | 2人 | 2人 | 1人 | 5人 | 0人 |

### 3.（1）貴事業所に所属する従業者数

- **「① 有給役員」**とは、個人経営以外の場合で、役員報酬を得ている人をいいます。
- **「① 個人業主」**とは、個人経営の事業主をいいます。個人が共同で事業を行っている場合、そのうちの1人を個人業主とし、他の人は常用雇用者としてください。
- **「① 無給の家族従業者」**とは、個人業主の家族などで、賃金や給与を受けずに、貴事業所を手伝っている人をいいます。
- **「常用雇用者」**とは、以下の要件のいずれかに該当する人をいいます。
  - ・雇用期間を定めないで雇用している人
  - ・1か月以上の雇用期間を定めて雇用している人

◇**「② 正社員・正職員としている人」**とは、以下の人をいいます。

- ・　常用雇用者のうち、正社員・正職員として処遇している人
- ・　一般的に、雇用契約期間に定めがなく（定年制を含む。）、貴事業所で定められている1週間の所定労働時間で働いている人

◇**「③ ②以外の人（パート・アルバイトなど）」**とは、常用雇用者のうち、契約社員、嘱託社員、パートタイマー、アルバイトなど「正社員・正職員としている人」以外の人をいいます。

- **「④ 臨時雇用者（③以外のパート・アルバイトなどを含む）」**とは、常用雇用者以外の雇用者で、1か月未満の期間を定めて雇用されている人や、日々雇用されている人をいいます。
- ①～④に、出向又は派遣として他の企業などで働いている人を含みません。

### 「総数（①～④の合計）」

（1）の①～④欄を合算して記入してください。

### 3.（2）受入者

- 労働者派遣法でいう派遣労働者のほかに、在籍出向など出向元に籍がありながら、貴事業所で働いている人をいいます。
- **業務委託の人は含めない**でください。

**※該当者がいない場合には空欄にせず「0」人と記入**してください。

### 〔備考欄②〕

〔備考欄②〕貴事業所について、大きな変化があった場合は、その状況を記入してください。

現在、店舗の拡張工事を実施中。
3月1日から店舗を拡張してリニューアルオープン。

1 今月他社（団体等）との合併があった
2 今月分社化（法人の分割）があった
3 今月資本金の変更があった

- 貴事業所について、大きな変化があった場合は、その状況を記入してください。

# 「指定管理者制度」を導入している事業所の記入方法

**「指定管理者制度」**とは、地方自治体が所管する**公の施設の管理・運営を、指定した民間事業者等（指定管理者）に委任する制度**のことです。

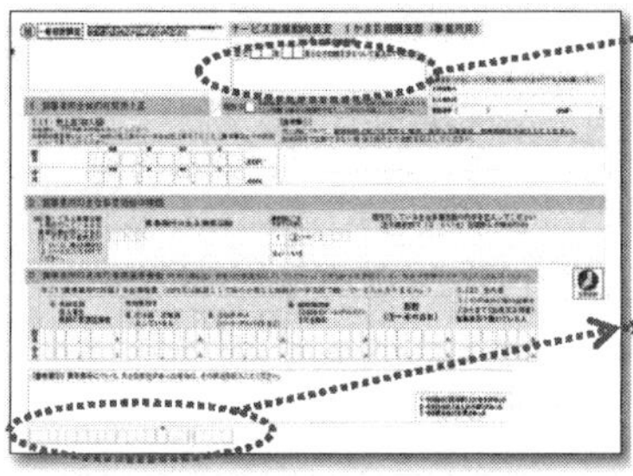

《調査対象事業所の名称・所在地》欄に印字されている事業所が調査事業所です。地方公共団体と指定管理者の両方に対して調査を実施する場合がありますので、調査対象をご確認のうえ、ご記入をお願いいたします。

※1 調査票下部の数字末尾が「2」…調査対象は **地方公共団体**

1 2 3 4 5 6 7 8 9 0 1 2 3 4 5 2

※2 調査票下部の数字末尾が「2」以外…調査対象は **指定管理者**

**【例】「〇〇市立産業会館」が指定管理者制度を導入し、「××株式会社」が管理・運営しているケース**

- **従業員は総数5名**。うち「**××株式会社**」の社員が4名、**「〇〇市」の職員が1名**である。
- **「〇〇市」**から指定管理者である「**××株式会社**」に対して指定管理料 2,000 千円（月額）が支払われている。
- 「**××株式会社**」から**「〇〇市」に納付金 1,000 千円（月額）**が支払われている。
- 利用者は、**利用料を1回につき 500 円**を支払っているが、そのうち「**××株式会社**」が 300 円、**「〇〇市」**が 200 円をそれぞれ受け取っている。
- **調査当月**の**利用者数は** 1,000 **人**である。

## 〇〇市立産業会館（地方公共団体）の場合

1.(1) 売上高（収入額）
※金額は、千円未満を四捨五入してください。
※季節的要因等によって一時的に売上高がない場合は売上高を「0」とし備考欄②にその状況について記入してください。

| | 百億 | 億 | 百万 | 万 | |
|---|---|---|---|---|---|
| 前月 | | | 1 | 2 0 0 | ,000円 |

1.(1)には**売上高：利用料（200 千円）＋納付金（1,000 千円）**をご記入ください。

3.(1)には**従業者数：〇〇市が雇用する職員数**をご記入ください。

3.(2)には**〇〇市が直接受け入れている派遣又は出向の方の人数**をご記入ください。**指定管理業者及び業務委託の従業者は含めないでください。**

| | 3.(1)貴事業所に所属する従業者数（出向又は派遣として他の企業など別経営の事業所で働いている人は含みません。） | 常用雇用者 | | | | 3.(2) 受入者 |
|---|---|---|---|---|---|---|
| | ① 有給役員 個人業主 無給の家族従業者 | ② 正社員・正職員としている人 | ③ ②以外の人（パート・アルバイトなど） | ④ 臨時雇用者（③以外のパート・アルバイトなどを含む） | 総数（①〜④の合計） | 3.(1)のほかに他の企業などからきて（出向又は派遣）貴事業所で働いている人 |
| 前月 | 0 人 | 1 人 | 0 人 | 0 人 | 1 人 | 0 人 |

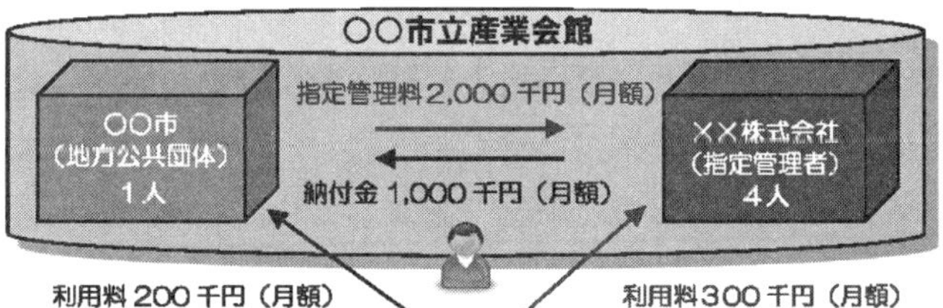


## ××株式会社（指定管理者）の場合

1.(1) 売上高（収入額）
※金額は、千円未満を四捨五入してください。
※季節的要因等によって一時的に売上高がない場合は売上高を「0」とし備考欄②にその状況について記入してください。

| | 百億 | 億 | 百万 | 万 | |
|---|---|---|---|---|---|
| 前月 | | | 2 | 3 0 0 | ,000円 |

1.(1)には**売上高：利用料（300 千円）＋指定管理料（2,000 千円）**をご記入ください。

3.(1)には**従業者数：××株式会社が雇用する従業者数**をご記入ください。

3.(2)には**××株式会社が直接受け入れている派遣又は出向の方**の人数をご記入ください。**地方公共団体側及び業務委託の従業者は含めないでください。**

| | 3.(1)貴事業所に所属する従業者数（出向又は派遣として他の企業など別経営の事業所で働いている人は含みません。） | 常用雇用者 | | | | 3.(2) 受入者 |
|---|---|---|---|---|---|---|
| | ① 有給役員 個人業主 無給の家族従業者 | ② 正社員・正職員としている人 | ③ ②以外の人（パート・アルバイトなど） | ④ 臨時雇用者（③以外のパート・アルバイトなどを含む） | 総数（①〜④の合計） | 3.(1)のほかに他の企業などからきて（出向又は派遣）貴事業所で働いている人 |
| 前月 | 0 人 | 4 人 | 0 人 | 0 人 | 4 人 | 0 人 |

② 調査票（企業等用）の記入のしかた

2021.1更新

政府統計

# サービス産業動向調査 調査票（企業等用）の記入のしかた

**保存版** **本書は調査終了まで使用します。大切に保管してください。**

## 調査票を記入する前に、よくお読みください。



### ❖調査票の記入に当たっての留意事項

・ 企業等には、国・地方公共団体が運営する公営企業等を含めます。

・ 会社企業の場合は、**連結子会社を含まない単体を対象**とします。

### ＜記入上の注意点＞

・ 黒又は青のボールペンなどで、はっきり記入してください（摩擦熱でインクが消えるボールペンは使用しないでください）。

・ 内容を訂正する場合は、二重線で消し、正しい内容を記入してください。

・ 数字を記入する欄について、**売上がない場合や該当者がいない場合には空欄にせず、「０」と記入**してください。

・ 金額欄は、千円未満を四捨五入し千円単位で記入してください。また、「￥」記号は付けないでください。

・ 提出期限までに調査票のご提出を確認できない場合や、ご提出いただいた調査票に記入漏れなどがあった場合、後日、おたずねすることがあります。

### ❖調査票の回答方法

調査票は、**インターネット又は、郵送によりご回答ください。**インターネットでの回答については、８ページ～１９ページの「２．オンライン使用ガイド」をご覧ください。

総務省統計局



HF-01

# 1. 記入 のしかた

## 〈1か月目用調査票の記入例〉

[ ] 内のページに記載の記入案内を参照してください。

印字されている内容に変更がある場合は、二重線で消して、訂正してください。

印字されている年月の状況 について記入してください。
**1か月目用調査票のみ、 印字されている年月分とその前月分**について
ご回答ください。

**企業単位の調査**となります。貴社が企業グループの会社企業の場合、**単体の会社企業を対象とし、連結子会社は含みません。**
**<調査対象企業等の名称・所在地>に記載の企業等**が、この調査票に記入していただく対象です。

記入者の所属部署名・氏名・電話番号を記入してください。ご記入いただいた内容について、照会させていただくことがあります。

**原則 税込みで記入してください。税抜き**で記入する場合に、**□内に☑を記入**してください。

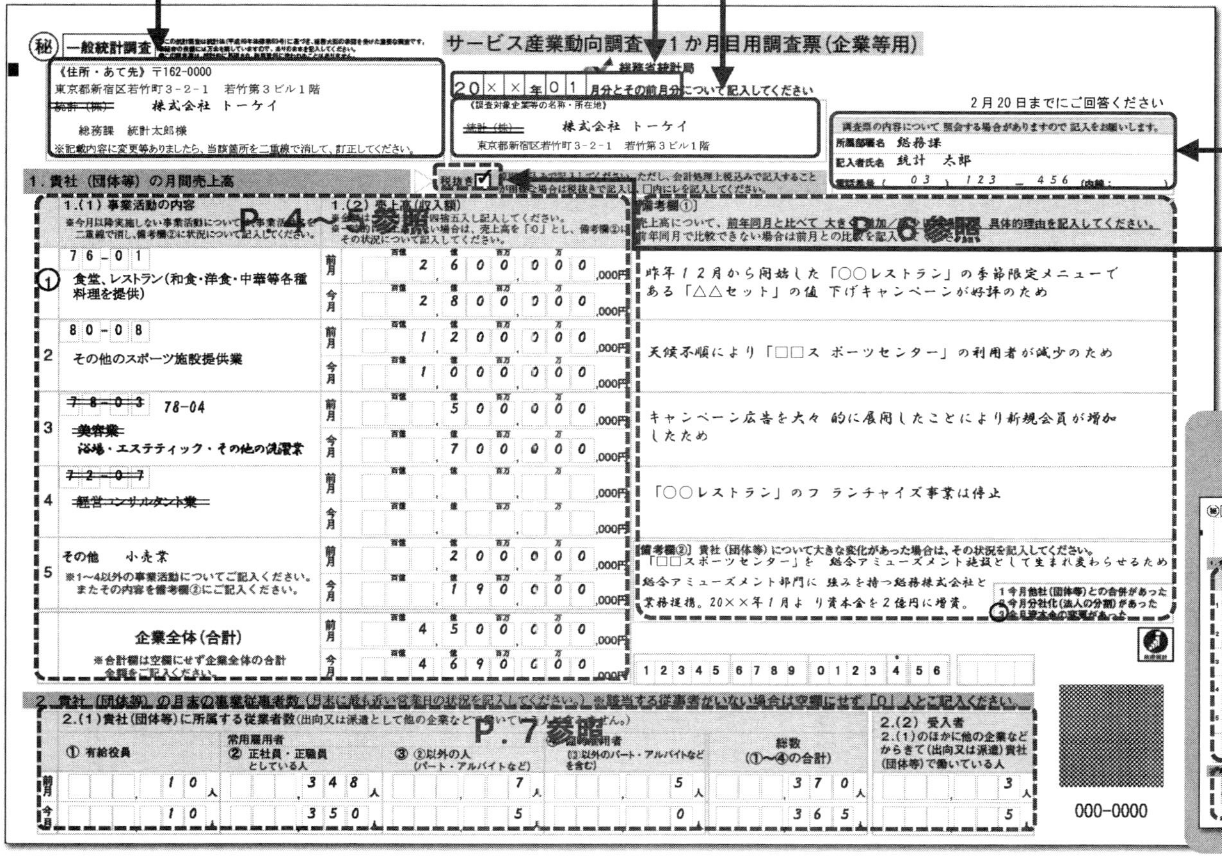


## 〈月次調査票〉

2か月目以降は月次調査票をお送りいたします。

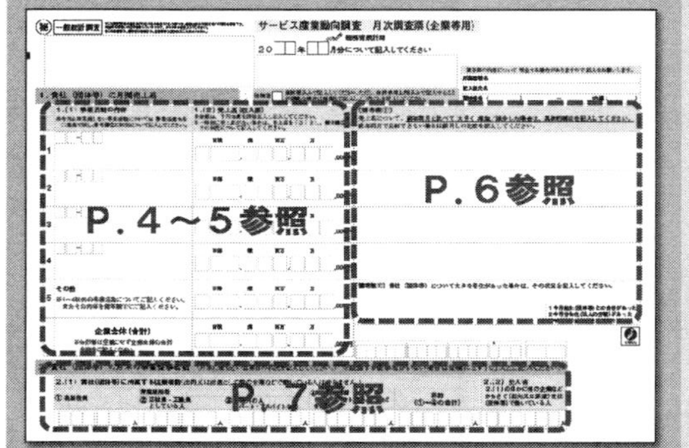


② ③

1．記入のしかた

## 1.　貴社（団体等）の月間売上高

### 1.（1）事業活動の内容

| | 1.(1) 事業活動の内容<br>※今月以降実施しない事業活動については、事業活動名を二重線で消し、備考欄②に状況について記入してください。 | | 1.(2) 売上高(収入額)<br>※金額は、千円未満を四捨五入し記入してください。<br>※一時的に売上高がない場合は、売上高を「0」とし、備考欄②にその状況について記入してください。 |
|---|---|---|---|
| ① | 76-01<br>食堂、レストラン(和食・洋食・中華等各種料理を提供) | 前月 | 2,600,000,000円 |
| | | 今月 | 2,800,000,000円 |
| 2 | 80-08<br>その他のスポーツ施設提供業 | 前月 | 1,200,000,000円 |
| | | 今月 | 1,000,000,000円 |
| 3 | ~~78-03~~　78-04<br>~~美容業~~<br>浴場・エステティック・その他の洗濯業 | 前月 | 500,000,000円 |
| | | 今月 | 700,000,000円 |
| 4 | ~~72-07~~<br>~~経営コンサルタント業~~ | 前月 | ,000円 |
| | | 今月 | ,000円 |
| 5 | その他　小売業<br>※1～4以外の事業活動についてご記入ください。またその内容を備考欄②にご記入ください。 | 前月 | 200,000,000円 |
| | | 今月 | 190,000,000円 |
| | 企業全体(合計)<br>※合計欄は空欄にせず企業全体の合計金額をご記入ください。 | 前月 | 4,500,000,000円 |
| | | 今月 | 4,690,000,000円 |

- 主要な事業活動の番号に「○」を記しています。
- 事業活動１～４に印字された事業活動について、年間売上高（収入額）が大きいサービス業の事業活動（上位４つ）であるかを確認してください。
- 記載されている事業活動が異なる場合は、事業活動名等を二重線で消して、余白に正しい事業活動名及びそれに対応する分類番号（別冊「事業活動一覧」を参照）を記入してください。
- 印字された事業活動以外で、実施している事業活動があれば、事業活動名及びそれに対応する分類番号（別冊「事業活動一覧」を参照）を記入してください。
- 実施しないこととした事業活動は、事業活動名等を二重線で消してください。ただし、季節的要因等によって**一時的に休止している事業活動**については、事業活動名等を消さず「1.（2）売上高（収入額）」欄に**「0」と記入**してください。また、〔備考欄②〕欄にその理由を記入してください。
- **「5　その他」**には、事業活動１～４以外のサービス業や、卸売業､小売業、製造業などサービス業以外の事業活動が含まれます。**「5　その他」のうち主な事業活動についてはその内容を記入**してください。

### 1.（2）売上高（収入額）

| 1．貴社（団体等）の月間売上高 | | | 税抜き☑ 原則税込みで記入してください。ただし、会計処理上税込みで記入することが困難な場合は税抜きで記入し、□内にレを記入してください。 | |
|---|---|---|---|---|
| | 1.(1) 事業活動の内容<br>※今月以降実施しない事業活動については、事業活動名を二重線で消し、備考欄②に状況について記入してください。 | | 1.(2) 売上高(収入額)<br>※金額は、千円未満を四捨五入し記入してください。<br>※一時的に売上高がない場合は、売上高を「0」とし、備考欄②にその状況について記入してください。 | 〔備考欄①〕<br>売上高について、前年同月と比べて<br>前年同月で比較できない場合は前月と |
| 1 | 76-01 | 前月 | 2,600,000,000円 | 昨年12月から開始した |

- **「1.（2）売上高（収入額）」**とは、貴社（団体等）において**サービス等を提供した対価として得られたもの**で、仕入高や給与などの**経費を差し引く前の金額**をいいます。
  売上高（収入額）は、貴社（団体等）における**全売上高（収入額）**を記入してください。
- 事業活動を継続するための収入（運営費交付金、寄付金、献金、補助金、会費、会員の負担金など）は含めないでください。
- **会社以外の法人**及び**法人でない団体**は、**事業活動によって得られた収入（利用料など）があればご記入ください。**
- 売上高を税抜き額で記入する場合は、**「税抜き □」**に**レ**を記入してください。
- 金額欄は、千円未満を四捨五入し千円単位で記入してください。
- 正確な売上高（収入額）がどうしても把握できない場合は、概算額を記入してください。
- 売上が発生しなかった月は「０」と記入し、その理由を〔備考欄②〕に記入してください。
- 事業活動１～５の合計と「企業全体（合計）」が同額とならない場合は、**「5　その他」で同額となるように調整**してください。

## 売上高（収入額）に含めるもの

| 業種・業態 | 売上高（収入額）に含めるもの |
|---|---|
| 新聞業・出版業 | 新聞売上高、広告収入など |
| 広告業 | 広告制作料、媒体手数料など |
| 道路旅客運送業 | 旅客運賃、手荷物運賃、物品保管料、広告料など |
| 道路貨物運送業 | 物流事業収益、構内作業及び機械荷役事業収益など |
| 不動産取引業 | 不動産販売高、代理手数料収入、仲介手数料収入など |
| 駐車場業 | 駐車料金、月ぎめ契約料金など |
| マンション管理業 | マンション管理費など |
| 物品賃貸業 | 賃貸料、リース料、レンタル料など |
| 公認会計士事務所 | 報酬、契約料など |
| ホテル業 | 室料、料理・飲料代など |
| 取次店 | 取次手数料（クリーニングや写真（現像・焼付・引伸）などの取次手数料） |
| 理容業・美容業 | 整髪料、パーマ代、カット代、メイク代、着付け代など |
| 旅行業 | 運送、宿泊等の契約料など |
| 結婚式場業 | 結婚式代、披露宴代など |
| 写真業 | 写真撮影料、フィルム現像料、焼付料、引伸料など |
| 学習塾 | 授業料、月謝など |
| 病院 | 入院診療収益、室料差額収益、外来診療収益、保健予防活動収益、医療保険からの受取保険料など |
| 療術業 | あん摩料、マッサージ料、指圧料、医療保険からの受取保険料など |
| 特別養護老人ホーム | 介護報酬、利用者負担金、基本食事サービス代、介護保険からの受取保険料など |
| 有料老人ホーム | 入居金、介護報酬、管理費、食費、個別有料サービス代、介護保険からの受取保険料など |
| 産業廃棄物処理業 | 運搬料金、中間処理料金、最終処分料金、自治体等からの受託料など |
| 自動車整備業 | 車検整備代、定期点検整備代、事故整備代など |
| 職業紹介・労働者派遣業 | 人材派遣・請負、人材紹介事業収入、アウトソーシング事業収入など |
| 建物サービス業 | ビル清掃契約料、保守料など |
| 受託販売業・委託販売業 | 受託販売によって得た販売手数料収入や、委託先で販売した実際の販売額 |
| その他 | 商品や製品などを自家用に消費したり他人に贈与した場合の、金額に換算した額 |

## 売上高（収入額）に含めないもの

- 預金・有価証券などから生じた**事業外の利子・配当収入**
- **事業外で**有価証券、土地や建物などの財産（資産）を売却して得た収入
- **借入金、繰越金**
- **事業活動を継続するための収入**（運営費交付金、寄付金、献金、補助金、会費、会員の負担金など）

## 売上高（収入額）の計上時点について

- **売上高（収入額）は、代金を受領した月ではなく、サービス等を提供した月に計上してください。**
  注）ソフトウェア開発などの長期にわたる事業については、進行状況に応じて計上してください。
- 売上高（収入額）は、**月初めから月末までの１か月間**の金額を記入してください。やむを得ない場合は、一定の日を定めてその日から１か月間の金額を記入することは差し支えありませんが、翌月以降の調査票においても同一の期間で記入してください。

1．記入のしかた

**〔備考欄①〕**

| 1.(2) 売上高（収入額）<br>※金額は、千円未満を四捨五入し記入してください。<br>※一時的に売上高がない場合は、売上高を「0」とし、備考欄②にその状況について記入してください。 | 〔備考欄①〕<br>売上高について、前年同月と比べて 大きく 増加／減少した場合は、具体的理由を記入してください。<br>前年同月で比較できない場合は前月との比較を記入してください。 |
|---|---|
| 前月　2,600,000,000円 | 昨年12月から開始した「〇〇レストラン」の季節限定メニューである「△△セット」の値下げキャンペーンが好評のため |
| 今月　2,800,000,000円 | |

● それぞれの事業活動において売上高（収入額）が**前年同月に比べて大きな変化があった場合は、その具体的理由を記入**してください。

● 前年同月と比較できない場合は、前月と比較し売上高（収入額）の増減理由を記入してください。

**〔備考欄②〕**

〔備考欄②〕貴社（団体等）について大きな変化があった場合は、その状況を記入してください。
「□□スポーツセンター」を総合アミューズメント施設として生まれ変わらせるため、総合アミューズメント部門に強みを持つ総務株式会社と業務提携。20××年1月より資本金を2億円に増資。

1 今月他社（団体等）との合併があった
2 今月分社化（法人の分割）があった
③ 今月資本金の変更があった

● 貴社（団体等）について、大きな変化があった場合は、その状況を記入してください。

● 特記事項の例として選択肢を設けましたので、該当する項目の番号に〇を付けるなどによりご利用ください。

## 記入のしかた よくあるお問い合わせ①

**Q1** あらかじめ印字されている事業活動が違っていますが、事業活動一覧に該当するものがありません。どのように記入したらよいですか。

**A1** 印字されている事業活動を二重線で消し、備考欄②に事業内容の詳細をご記入ください。後日お電話で照会させていただきます。

**Q2** 売上高（収入額）は、実際に入金された月に記入するのですか。

**A2** 実際に入金された月ではなく、**サービスを提供した月にご記入**ください。

6

## 2．貴社（団体等）の月末の事業従事者数

| | 2.(1)貴社(団体等)に所属する従業者数(出向又は派遣として他の企業などで働いている人は含みません。) | | | | | 2.(2) 受入者 |
|---|---|---|---|---|---|---|
| | ① 有給役員 | 常用雇用者<br>② 正社員・正職員としている人 | ③ ②以外の人（パート・アルバイトなど） | ④ 臨時雇用者（③以外のパート・アルバイトなどを含む） | 総数（①～④の合計） | 2.(1)のほかに他の企業などからきて(出向又は派遣)貴社(団体等)で働いている人 |
| 前月 | 10人 | 348人 | 7人 | 5人 | 370人 | 3人 |
| 今月 | 10人 | 350人 | 5人 | 0人 | 365人 | 5人 |

### 2．(1) 貴社（団体等）に所属する従業者数

- **「① 有給役員」**とは、個人経営以外の場合で、役員報酬を得ている人をいいます。
- **「常用雇用者」**とは、以下の要件のいずれかに該当する人をいいます。
  - ・雇用期間を定めないで雇用している人
  - ・**1か月以上の雇用期間を定めて**雇用している人

◇**「② 正社員・正職員としている人」**とは、以下の人をいいます。

- ・ 常用雇用者のうち、正社員・正職員として処遇している人
- ・ 一般的に、雇用契約期間に定めがなく（定年制を含む。）、貴社（団体等）で定められている1週間の所定労働時間で働いている人

◇**「③ ②以外の人（パート・アルバイトなど）」**とは、常用雇用者のうち、契約社員、嘱託社員、パートタイマー、アルバイトなど「正社員・正職員としている人」以外の人をいいます。

- **「④ 臨時雇用者（③以外のパート・アルバイトなどを含む）」**とは、常用雇用者以外の雇用者で、**1か月未満の期間を定めて雇用されている人や、日々雇用されている人**をいいます。
- ①～④に、出向又は派遣として他の企業などで働いている人を含みません。

### 「総数（①～④の合計）」

（1）の①～④欄を合算して記入してください。

### 2．(2) 受入者

- 労働者派遣法でいう派遣労働者のほかに、在籍出向など出向元に籍がありながら、貴社（団体等）で働いている人をいいます。
- **業務委託の人は含めない**でください。
- 出向又は派遣で働いている従事者の人数が把握できない場合は、その旨を備考欄に記入してください。

**※該当者がいない場合には空欄にせず「0」人と記入してください。**

## 記入のしかた よくあるお問い合わせ②

**Q** 会社の有給役員が複数の会社で役員をしている場合は、それぞれ事業従事者として含めるのですか。

**A**
・役員報酬がそれぞれの会社から支給されている場合は、それぞれの「①有給役員」に含めてください。
・役員報酬がある出向役員は、支払元の「①有給役員」に含めてください。
・1社からのみ役員報酬を受けていて、他社では名目的な役員（無報酬）の場合は、他社の事業従事者には含めません。

# 付録７　第三次産業におけるサービス産業動向調査の調査対象産業

□ ：サービス産業動向調査の対象
■ ：サービス産業動向調査の対象外

| 産業分類 | 平成28年経済センサス - 活動調査結果（民営事業所）1) | | 平成26年経済センサス - 基礎調査結果（国、地方公共団体の事業所）1) | |
|---|---|---|---|---|
| | 事業所数（事業所） | 従業者数（人） | 事業所数（事業所） | 従業者数（人） |
| F 電気・ガス・熱供給・水道業 | 4, 654 | 187, 818 | 4, 136 | 82, 367 |
| G 情報通信業 | 63, 574 | 1, 642, 042 | 73 | 449 |
| 37 通信業 | 2, 953 | 141, 910 | 9 | 41 |
| 38 放送業 | 1, 952 | 69, 718 | 55 | 322 |
| 39 情報サービス業 | 34, 576 | 1, 077, 081 | 8 | 85 |
| 40 インターネット附随サービス業 | 5, 711 | 107, 878 | 1 | 1 |
| 41 映像・音声・文字情報制作業 | 18, 294 | 243, 696 | - | - |
| H 運輸業，郵便業 | 130, 459 | 3, 197, 231 | 836 | 35, 744 |
| 42 鉄道業 | 4, 277 | 226, 354 | 243 | 16, 631 |
| 43 道路旅客運送業 | 23, 028 | 514, 236 | 138 | 12, 439 |
| 44 道路貨物運送業 | 69, 823 | 1, 651, 296 | - | - |
| 45 水運業 | 3, 046 | 47, 744 | 65 | 1, 073 |
| 46 航空運輸業 | 922 | 50, 901 | - | - |
| 47 倉庫業 | 10, 605 | 201, 073 | - | - |
| 48 運輸に附帯するサービス業 | 18, 342 | 393, 459 | 390 | 5, 601 |
| 49 郵便業（信書便事業を含む） | 355 | 111, 268 | - | - |
| I 卸売業，小売業 | 1, 355, 060 | 11, 843, 869 | 179 | 1, 518 |
| J 金融業，保険業 | 84, 041 | 1, 530, 002 | 73 | 493 |
| K 不動産業，物品賃貸業 | 353, 155 | 1, 462, 395 | 832 | 4, 414 |
| 68 不動産取引業 | 63, 352 | 323, 508 | 11 | 64 |
| 69 不動産賃貸業・管理業 | 260, 042 | 845, 185 | 814 | 4, 314 |
| 70 物品賃貸業 | 29, 197 | 284, 287 | 7 | 36 |
| L 学術研究，専門・技術サービス業 | 223, 439 | 1, 842, 795 | 3, 894 | 104, 656 |
| 71 学術・開発研究機関 | 5, 223 | 261, 326 | 1, 152 | 33, 666 |
| 72 専門サービス業（他に分類されないもの） | 115, 043 | 646, 580 | 1 | 14 |
| 73 広告業 | 9, 282 | 127, 639 | - | - |
| 74 技術サービス業（他に分類されないもの） | 93, 781 | 806, 449 | 2, 741 | 70, 976 |
| M 宿泊業，飲食サービス業 | 696, 396 | 5, 362, 088 | 2, 937 | 31, 077 |
| 75 宿泊業 | 48, 963 | 678, 833 | 578 | 3, 969 |
| 76 飲食店 | 590, 847 | 4, 120, 279 | 82 | 551 |
| 77 持ち帰り・配達飲食サービス業 | 56, 050 | 557, 209 | 2, 277 | 26, 557 |
| N 生活関連サービス業，娯楽業 | 470, 713 | 2, 420, 557 | 4, 075 | 31, 534 |
| 78 洗濯・理容・美容・浴場業 | 358, 523 | 1, 142, 326 | 330 | 2, 967 |
| 79 その他の生活関連サービス業 2) | 56, 652 | 405, 870 | 816 | 3, 200 |
| 80 娯楽業 | 55, 431 | 871, 377 | 2, 929 | 25, 367 |
| O 教育，学習支援業 | 167, 662 | 1, 827, 596 | 54, 125 | 1, 339, 283 |
| 81 学校教育 | 18, 853 | 1, 018, 611 | 39, 128 | 1, 207, 544 |
| 82 その他の教育，学習支援業 | 148, 809 | 808, 985 | 14, 997 | 131, 739 |
| P 医療，福祉 | 429, 173 | 7, 374, 844 | 28, 250 | 741, 152 |
| 83 医療業 | 253, 942 | 3, 841, 308 | 1, 949 | 284, 258 |
| 84 保健衛生 | 2, 169 | 63, 921 | 2, 512 | 66, 485 |
| 85 社会保険・社会福祉・介護事業 | 172, 733 | 3, 464, 165 | 23, 789 | 390, 409 |
| Q 複合サービス事業 | 33, 780 | 484, 260 | 28 | 90 |
| R サービス業（他に分類されないもの） | 346, 616 | 4, 759, 845 | 7, 066 | 81, 414 |
| 88 廃棄物処理業 | 20, 005 | 271, 749 | 2, 780 | 56, 568 |
| 89 自動車整備業 | 54, 699 | 244, 049 | 00 | 161 |
| 90 機械等修理業（別掲を除く） | 29, 001 | 222, 494 | 6 | 107 |
| 91 職業紹介・労働者派遣業 | 18, 483 | 1, 039, 740 | 82 | 297 |
| 92 その他の事業サービス業 | 79, 927 | 2, 417, 455 | 318 | 2, 497 |
| 93 政治・経済・文化団体 | 48, 753 | 263, 808 | 2 | 17 |
| 94 宗教 | 90, 774 | 258, 057 | - | - |
| 95 その他のサービス業 | 3, 944 | 34, 092 | 3, 839 | 21, 464 |
| 96 外国公務 | - | - | - | - |
| S 公務（他に分類されるものを除く） | - | - | 39, 734 | 1, 896, 579 |
| 第三次産業計 | 4, 358, 722 | 43, 935, 342 | 146, 238 | 4, 350, 770 |
| うちサービス産業動向調査の対象 3) | 2, 704, 242 | 27, 835, 815 | 60, 408 | 1, 052, 174 |

注1)　サービス産業動向調査の母集団情報は、2021年から民営事業所については「平成28年経済センサス - 活動調査」、国、地方公共団体の事業所については「平成26年経済センサス - 基礎調査」を基礎としている。
注2)　「家事サービス」を除く。
注3)　「純粋持株会社」、「保健所」、「社会保険事業団体」、「福祉事務所」及び中分類ごとに設けられている小分類「管理，補助的経済活動を行う事業所」を除く。

出典：平成28年経済センサス - 活動調査結果（総務省統計局・経済産業省）
　　：平成26年経済センサス - 基礎調査結果（総務省統計局）

## (参考)調査対象産業に含まれる主な業種

| 産業分類 | 主な業種 |
|---|---|
| G 情報通信業 | |
| 37 通信業 | 固定電気通信業 ／ 移動電気通信業 |
| 38 放送業 | 公共放送業 ／ 民間放送業 ／ 有線放送業 |
| 39 情報サービス業 | ソフトウェア業 ／ 情報処理・提供サービス業 |
| 40 インターネット附随サービス業 | インターネット附随サービス業 |
| 41 映像・音声・文字情報制作業 | 映像情報制作・配給業 ／ 音声情報制作業 ／ 新聞業 ／ 出版業 ／ 広告制作業 |
| H 運輸業，郵便業 | |
| 42 鉄道業 | 鉄道業 |
| 43 道路旅客運送業 | 一般乗合旅客自動車運送業 ／ 一般乗用旅客自動車運送業 ／ 一般貸切旅客自動車運送業 |
| 44 道路貨物運送業 | 一般貨物自動車運送業 ／ 特定貨物自動車運送業 ／ 貨物軽自動車運送業 ／ 集配利用運送業 |
| 45 水運業 | 外航海運業 ／ 沿海海運業 ／ 内陸水運業 ／ 船舶貸渡業 |
| 47 倉庫業 | 倉庫業 ／ 冷蔵倉庫業 |
| 48 運輸に附帯するサービス業 | 港湾運送業 ／ 貨物運送取扱業 ／ 運送代理店 ／ こん包業 ／ 運輸施設提供業 |
| 4* 航空運輸業，郵便業(信書便事業を含む) | 航空運送業 ／ 航空機使用業 ／ 郵便業(信書便事業を含む) |
| K 不動産業，物品賃貸業 | |
| 68 不動産取引業 | 建物売買業，土地売買業 ／ 不動産代理業・仲介業 |
| 69 不動産賃貸業・管理業 | 不動産賃貸業 ／ 貸家業，貸間業 ／ 駐車場業 ／ 不動産管理業 |
| 70 物品賃貸業 | 各種物品賃貸業 ／ 産業用機械器具賃貸業 ／ 事務用機械器具賃貸業 ／ 自動車賃貸業 ／ スポーツ・娯楽用品賃貸業 |
| L 学術研究，専門・技術サービス業 1) | |
| 72 専門サービス業(他に分類されないもの) 2) | 法律事務所，特許事務所 ／ 公証人役場，司法書士事務所，土地家屋調査士事務所 ／ 行政書士事務所 ／ 公認会計士事務所，税理士事務所 ／ 社会保険労務士事務所 ／ デザイン業 ／ 著述・芸術家業 ／ 経営コンサルタント業 |
| 73 広告業 | 広告業 |
| 74 技術サービス業(他に分類されないもの) | 獣医業 ／ 土木建築サービス業 ／ 機械設計業 ／ 商品・非破壊検査業 ／ 計量証明業 ／ 写真業 |
| M 宿泊業，飲食サービス業 | |
| 75 宿泊業 | 旅館，ホテル ／ 簡易宿所 ／ 下宿業 |
| 76 飲食店 | 食堂，レストラン ／ 専門料理店 ／ そば・うどん店 ／ すし店 ／ 酒場，ビヤホール ／ バー，キャバレー，ナイトクラブ ／ 喫茶店 |
| 77 持ち帰り・配達飲食サービス業 | 持ち帰り飲食サービス業 ／ 配達飲食サービス業 |
| N 生活関連サービス業，娯楽業 | |
| 78 洗濯・理容・美容・浴場業 | 洗濯業 ／ 理容業 ／ 美容業 ／ 一般公衆浴場業 |
| 79 その他の生活関連サービス業 3) | 旅行業 ／ 衣服裁縫修理業 ／ 物品預り業 ／ 火葬・墓地管理業 ／ 冠婚葬祭業 |
| 80 娯楽業 | 映画館 ／ 興行場，興行団 ／ 競輪・競馬等の競走場，競技団 ／ スポーツ施設提供業 ／ 公園，遊園地 ／ 遊戯場 |
| O 教育，学習支援業 4) | |
| 82 その他の教育，学習支援業 | |
| 82a 社会教育，職業・教育支援施設 | 社会教育 ／ 職業・教育支援施設 |
| 82b 学習塾，教養・技能教授業 | 学習塾 ／ 教養・技能教授業 |
| P 医療，福祉 | |
| 83 医療業 | 病院 ／ 一般診療所 ／ 歯科診療所 ／ 助産・看護業 ／ 療術業 |
| 84 保健衛生 5) | 健康相談施設 |
| 85 社会保険・社会福祉・介護事業 6) | 児童福祉事業 ／ 老人福祉・介護事業 ／ 障害者福祉事業 |
| R サービス業(他に分類されないもの) 7) | |
| 88 廃棄物処理業 | 一般廃棄物処理業 ／ 産業廃棄物処理業 |
| 89 自動車整備業 | 自動車整備業 |
| 90 機械等修理業(別掲を除く) | 機械修理業 ／ 電気機械器具修理業 ／ 表具業 |
| 91 職業紹介・労働者派遣業 | 職業紹介業 ／ 労働者派遣業 |
| 92 その他の事業サービス業 | 速記・ワープロ入力・複写業 ／ 建物サービス業 ／ 警備業 |
| 95 その他のサービス業 | 集会場 ／ と畜場 |

注1)「学術・開発研究機関」を除く。
注2)「純粋持株会社」を除く。
注3)「家事サービス業」を除く。
注4)「学校教育」を除く。
注5)「保健所」を除く。
注6)「社会保険事業団体」及び「福祉事務所」を除く。
注7)「政治・経済・文化団体」、「宗教」及び「外国公務」を除く。

# 付録8　サービス統計の国際比較

主要国の売上高等の前年比（2020年）

単位：%

| 日本（売上高） | | アメリカ（営業収益） | | カナダ（経常収入） | | イギリス（売上高） | | 韓国（売上高，数量指数） | |
|---|---|---|---|---|---|---|---|---|---|
| | | 電気・ガス・水道 | -3.1 | | | | | | |
| 情報通信業 | -2.3 | 情報サービス業 | 2.1 | ソフトウェア制作業 | 9.7 | 情報通信業 | -1.7 | 情報通信業 | 1.5 |
| | | | | データ処理，ホスティング及び関連業 | 19.2 | | | | |
| | | | | コンピュータシステム開発及び関連業 | 5.4 | | | | |
| 運輸業，郵便業 | -15.8 | 運輸業，倉庫業 | -14.1 | | | 運輸業，倉庫業 | -19.9 | 運輸業，倉庫業 | -14.1 |
| | | | | | | 卸売業，小売業，自動車整備業 | -11.2 | 卸売業，小売業 | -2.6 |
| | | 金融業，保険業 | 2.2 | | | | | 金融業，保険業 | 14.0 |
| 不動産業，物品賃貸業 | -3.1 | 不動産業，物品賃貸業 | -3.4 | 不動産賃貸業・管理業 | 1.0 | 不動産業 | -5.2 | 不動産業 | 5.5 |
| | | | | 不動産仲介業 | 11.4 | 物品賃貸業 | -11.2 | | |
| | | | | 不動産鑑定士 | 3.9 | | | | |
| | | | | 自動車用品賃貸業 | -17.7 | | | | |
| | | | | 産業機械器具賃貸業 | -8.6 | | | | |
| | | | | 個人・家庭用品賃貸業 | -6.2 | | | | |
| 学術研究，専門・技術サービス業 | -3.2 | 専門・科学・技術サービス業 | 3.2 | 会計サービス業 | 1.0 | 専門・科学・技術サービス業 | -4.2 | 専門・科学・技術サービス業 | 0.0 |
| | | | | コンサルティング業 | 0.6 | | | | |
| | | | | 広告業 | -11.4 | | | | |
| | | | | 建築サービス業 | -1.3 | | | | |
| | | | | 測量業 | -12.0 | | | | |
| | | | | エンジニアリングサービス業 | 1.9 | | | | |
| 宿泊業，飲食サービス業 | -28.1 | | | 宿泊業 | -36.7 | 宿泊業，飲食サービス業 | -34.2 | 宿泊業，飲食サービス業 | -18.4 |
| | | | | 飲食店 | -25.5 | | | | |
| 生活関連サービス業，娯楽業 | -26.4 | 芸術・娯楽業 | -29.1 | 旅行会社 | -45.6 | 旅行業 | -70.2 | 修理業，他の個人サービス業 | -8.2 |
| | | | | ツアーオペレーター | -52.3 | 芸術・娯楽業 | -39.7 | 芸術・スポーツ・娯楽業 | -32.6 |
| | | | | その他の旅行関連業 | -30.2 | | | | |
| | | | | 観戦スポーツ | -31.4 | | | | |
| | | | | 興行場・興行団 | -46.0 | | | | |
| | | | | 芸術家・スポーツ選手・芸人等の事務所・マネージャー | -26.7 | | | | |
| | | | | 無所属の芸術家・作家・役者 | -19.8 | | | | |
| | | | | 遊園地・ゲームセンター | -55.6 | | | | |
| | | | | その他の娯楽業 | -17.5 | | | | |
| 教育，学習支援業 | -12.8 | 教育，学習支援業 | -6.9 | | | 教育 | -1.6 | 教育 | -4.6 |
| 医療，福祉 | -3.6 | 医療，福祉 | 1.5 | | | 保健衛生・社会事業 | -3.8 | 保健衛生・社会事業 | 1.5 |
| サービス業（他に分類されないもの） | -5.5 | 事業サービス，廃棄物管理・浄化活動 | -4.4 | 自動車修理・整備業 | -4.3 | 職業紹介・労働者派遣業 | -11.0 | 下水処理，廃棄物管理，材料再生，浄化活動 | 3.3 |
| | | 他のサービス業（公的サービスを除く） | -2.3 | 電気・産業機械器具修理・整備業 | -6.9 | 警備・調査業 | -2.8 | 事業施設管理・事務サービス業・物品賃貸業 | -9.9 |
| | | | | 労働者派遣業 | -7.5 | 建物・景観サービス業 | -1.3 | | |
| | | | | | | 事業者向けサービス業 | -9.9 | | |
| | | | | | | その他のサービス業 | -16.2 | | |

資料：総務省統計局、アメリカ商務省センサス局、カナダ統計局、イギリス国家統計局、韓国統計庁
（注1）各国の産業分類名は仮訳
（注2）計数は2022年6月現在
（注3）空欄の枠は、該当する産業の結果がないことを表す。また、カナダについては、業種を抜粋して掲載している。
（注4）アメリカ、カナダ及びイギリスの前年比は、統計局において、各国が公表している売上高を用いて算出している。
（注5）アメリカの「運輸業，倉庫業」の前年比は、統計局において、内訳となる下位産業の売上高を合計した上で算出している。

# 主要国のサービス統計の概要

2022年６月現在

| | 日本 | アメリカ | | カナダ | イギリス | | 韓国 | |
|---|---|---|---|---|---|---|---|---|
| 調査名 | サービス産業動向調査 | 四半期サービス産業調査 | 年次サービス産業調査 | 年次サービス産業調査 | 月次ビジネス調査 | 年次ビジネス調査 | 月次サービス産業調査 | 年次サービス産業調査 |
| 作成期間 | 総務省統計局 | センサス局 | | 統計局 | 国家統計局 | | 統計庁 | |
| 調査周期 | 月 | 四半期 | 年 | 年（一部の業種は隔年） | 月 | 年 | 月 | 年（経済センサス実施年を除く） |
| 調査方法 | 郵送、オンライン | 郵送、FAX、オンライン、電話 | 郵送、オンライン | オンライン、郵送、電話、その他の電子媒体 | 電話、郵送、オンライン | 郵送、オンライン | 調査員、CASI※、オンライン、電話、FAX | |
| 回答義務 | なし | なし | あり | あり | あり | あり | あり | あり |
| 調査対象数 | 3.7万事業所・企業等 | 2.0万企業 | 7.8万企業 | 2.2万企業・事業所 | 3.4万企業 | 6.2万企業 | 1.7万事業所 | 20.0万事業所 |
| 調査の母集団 | 経済センサス‐活動調査<br>経済センサス‐基礎調査 | ビジネスレジスター | | ビジネスレジスター | ビジネスレジスター | | 経済センサス | |
| 調査対象産業 | 以下の業種を除くサービス産業<br>卸売・小売業、金融・保険業、学術・開発研究機関、学校教育、政治・経済・文化団体、宗教等 | 卸売業、小売業、マネジメント業、飲食店、鉄道業、郵便業を除くサービス産業 | 卸売業、小売業、マネジメント業を除くサービス産業 | 以下の業種を除くサービス産業<br>運輸業、放送業、法律サービス業、学術研究機関、ビジネス支援業、警備業、廃棄物処理業、教育、医療・福祉、宗教・政治・経済団体 | 以下の業種を除くサービス産業と製造業<br>公営病院、賭博施設、芸術・娯楽施設、不動産業、初等・中等教育 | 以下の業種を除く全産業<br>農業の一部、金融・保険業、公務・国防、公営教育機関、公営病院、歯科医院、病院外の医療 | 公共行政を除く全サービス産業 | 以下の業種を除く全サービス産業<br>運輸業、金融業、保険業 |
| 公的部門の扱い | 調査対象 | 病院、カジノのみ調査対象 | | 調査対象外 | 調査対象外 | 調査対象 | 調査対象外 | |
| 調査事項（全業種共通事項） | 売上高<br>事業従事者数 | 収入総額及びその提供先別内訳 | 収入総額及びその内訳<br>支出総額及びその内訳<br>電子商取引の売上高 | 収入、支出、利益総額 | 売上高、輸出売上高、注文高、輸出注文高（毎月）<br>雇用者数（四半期ごと） | 収入<br>支出<br>国際貿易<br>研究開発等<br>（業種、企業規模による） | 売上高及びその変動理由<br>事業従事者数<br>月間営業日数 | 売上高<br>事業従事者数 |
| 調査票の種類 | ４種類<br>（事業所・企業等別１か月目とそれ以外） | 18種類<br>（業種等による） | 91種類<br>（業種による） | 41種類<br>（業種による） | 20種類以上<br>（業種、月次・四半期別） | 47種類<br>（業種、企業規模による） | ４種類<br>（業種による） | |
| 結果公表時期 | 翌々月末（速報） | ２か月後の中旬（速報） | 調査年度の終了から13か月以内 | 参照期間翌年の４月から10月 | 翌々月中旬 | 翌年の11月（速報） | 翌月末（速報） | 実施年の12月末（速報） |
| 利活用 | ＧＤＰの四半期別速報（ＱＥ） | ・国民経済計算・産業連関表の作成<br>・連邦準備銀行及び経済諮問委員会における経済動向把握<br>・保健福祉省内における医療支出の動向分析 | | ・全国及び州別の各産業の経済規模を示す公的指標 | ・国民経済計算、生産指標、サービス指標の作成<br>・イングランド銀行及びイギリス財務省の経済見通し、政策決定等 | | ・国・自治体における政策立案及び政策評価<br>・国民経済計算の推計 | |

（※）CASI:「コンピュータ支援型自記式調査」（Computer Assisted Self-administered Interview）の略称。
回答者が、調査主体によりあらかじめ用意されたコンピュータ等の電子端末に対して、自ら回答を入力する調査方式を指す。

## Appendix 1
## History of "the Monthly Survey on Service Industries"

In Japan, the service industries (tertiary industry) make up over 70% of the total GDP, and employ over 70% of the persons engaged in all industries. In order to accurately monitor the status of the service industries, a proper infrastructure for obtaining statistical data is required.

However, when it comes to statistical information, the data has been managed inconsistently from sub-sector to sub-sector.

This made the entire picture of the service industries unclear and hard to grasp it accurately. It not only made it difficult to use the data for the purpose of industrial statistics, but also restricted the use for GDP related statistics and inter-industry relations table. There was thus a strong demand for improvement of the statistical infrastructure. Especially for Quarterly Estimates (QE) of GDP basic statistics, there is an increasing demand to change the monthly statistical report, where data is limited to only certain sub-sectors, to one where the entire picture of the service industries can be observed statistically.

Because of these demands, in July 2008, Statistics Bureau of Japan established "the Monthly Survey on Service Industries" based on governmental policy regarding the development of the statistical infrastructure stated in "Basic Policies for Economic and Fiscal Management and Structural Reform 2006" (Cabinet Decision made on July 7, 2006).

In 2013, "An annual survey (expanded survey)" was launched to grasp the situation of service industries by detailed industrial classification or by region, mainly in response to the "Master Plan Concerning the Development of Official Statistics" (Cabinet Decision made on March 13, 2009) in which the importance of further developing the collection of statistical data on service business activities was stressed.

The annual survey (expanded survey) continued until the completion of survey in 2018 and has been integrated into "The Economic Conditions Survey" from a perspective of promoting systematic development in economic statistics, according to "Master Plan Concerning the Development of Official Statistics" (Cabinet Decision made on March 6, 2018).

The result of the Monthly Survey on Service Industry is currently utilized as basic data for estimating GDP and it is expected to be employed in a wider range of fields in the future.

## Overview of Committee and Governmental Decisions and Activities regarding "the Monthly Survey on Service Industries"

Toward the Structural Reform of Government Statistics

(Report published on June 10, 2005 by the Economic and Social Statistics Development Promotion Committee, Cabinet Office)

- "In order to improve the accuracy of economic indices, including quarterly estimates, developing dynamic statistics that provide monthly data on production and employment in service industries where dynamic statistics are not fully developed."
- "Once appropriate population registers have been compiled by the Economic Census (tentative title), structural statistics need to be developed that will provide a wide range of information on service industries obtained from sample surveys designed to analyze the structural aspects of service industries and improve the accuracy of GDP-related statistics and input-output tables."

Basic Policies for Economic and Fiscal Management and Structural Reform

(Cabinet Decision made on July 7, 2006)

- "Implement activities for the fundamental expansion of statistics on service industries including the establishment in FY2008 of statistics for grasping on a monthly basis the general situation of production, employment, etc. of the overall services industry."

**Establishment of "the Monthly Survey on Service Industries" (July, 2008)**

Master Plan Concerning the Development of Official Statistics (Cabinet Decision made on March 13, 2009)

- "Although there has been steady progress in the development of statistics related to service activities as described above, further promotion is necessary in the future."

Basic Views Regarding the Immediate Challenges and Countermeasures for the Development of Official Statistics

(Statistics Commission, June 18, 2010)

- "Since July 2008, "the Monthly Survey on Service Industries" which collects broad-based data on the service industries such as sales has been conducted on a monthly basis. In addition, it is expected that exhaustive understanding of economic activities including the service industries will be obtained also by implementing the Economic Census which is a periodic survey. In addition to implementing these statistics development activities steadily, further efforts are required for the development of the service industries-related statistics such as activities regarding areas for which data collection for structural understanding on a yearly basis has not been developed yet."

**Review of "the Monthly Survey on Service Industries" (January, 2013)**

- A new survey method for enterprises, etc. with a capital of 100 million yen and above was included to the survey. Annual sales and the number of workers of a whole enterprise, etc. are surveyed by business activity in the reviewed survey.
- An annual survey (expanded survey), which covers approx. 40,000 additional establishments as well as the coverage of the monthly survey, was established in 2013. The annual sales by prefectures are surveyed in the survey.

Master Plan Concerning the Development of Official Statistics (Cabinet Decision made on March 6, 2018)

- "Regarding the Economic Structure Statistics in interim years of the Economic Census for Business Activity, relevant ministries shall rearrange relevant Fundamental Statistical Surveys and newly comprehend and provide the actual situation in the interim years including changes in the structure from a benchmark year, in addition to the conventional objectives and roles to develop and provide population information in Economic Structure Statistics. "

**Establishment of "the Economic Conditions Survey" (2019)**

- An annual survey (expanded survey) was ended in 2018 survey and merged into the Economic Conditions Survey.

## Figure
## Changes of Industrial Structure

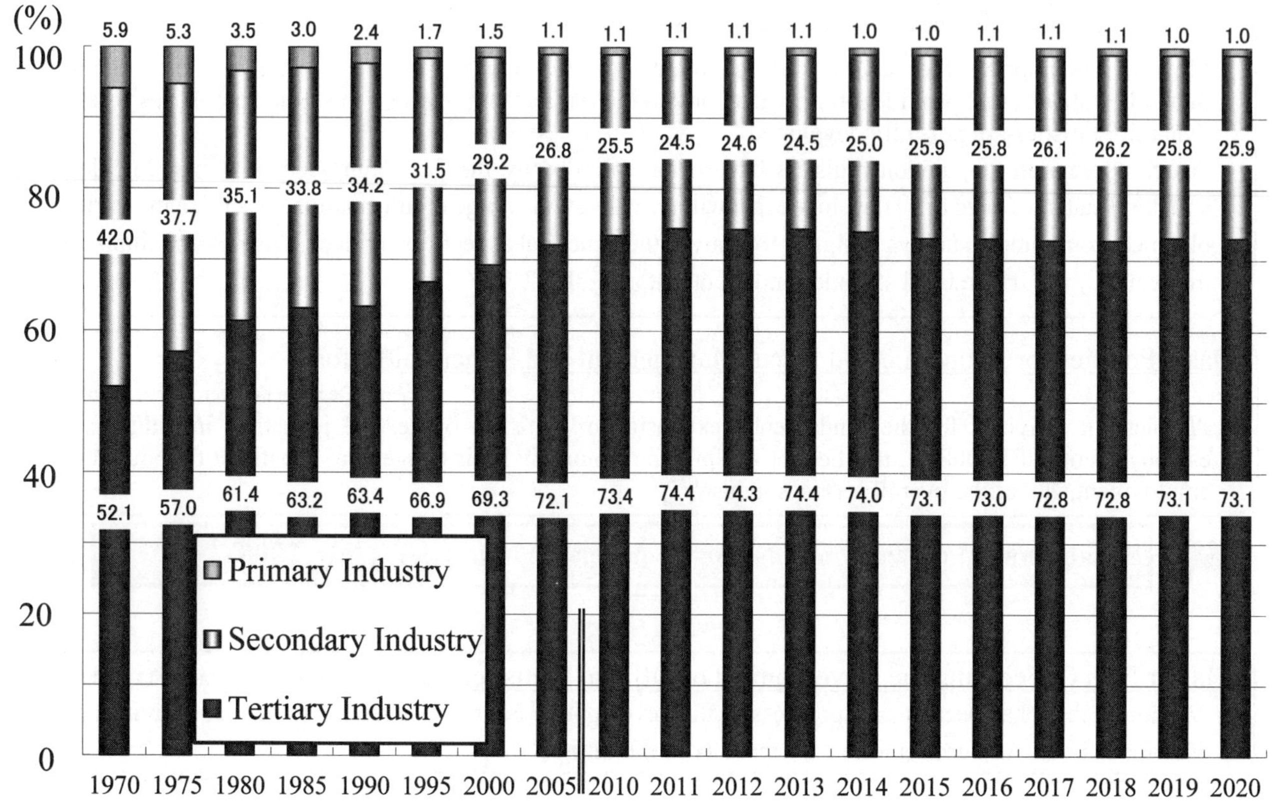


Source: Annual Report on National Accounts for 2020 (Economic and Social Research Institute, Cabinet Office)
Based on 68SNA until 1975, 93SNA from 1980 to 1990, 08SNA since 1995.

## Table
## Coverage Rate of "the Monthly Survey on Service Industries"

| | All industries | Tertiary industry | Industry Coverage of "the Monthly Survey on Service Industries" | Source |
|---|---|---|---|---|
| Number of Establishments | 100.0% | 82.1% | 50.4% | 2016 Economic Census for Business Activity (Ministry of Internal Affairs and Communications, Ministry of Economy, Trade and Industry) 2014 Economic Census for Business Frame (Ministry of Internal Affairs and Communications) |
| Number of Persons Engaged | 100.0% | 78.9% | 47.2% | 2016 Economic Census for Business Activity (Ministry of Internal Affairs and Communications, Ministry of Economy, Trade and Industry) 2014 Economic Census for Business Frame (Ministry of Internal Affairs and Communications) |
| GDP | 100.0% | 73.1% | 47.6% | Annual Report on National Accounts for 2020 (Cabinet Office) |

# Appendix 2

## Outline of "the Monthly Survey on Service Industries"

**1 Survey Objective**

The main aim of the survey is to provide the best possible estimates of sales and persons working at the location of establishment for the service industries and subsequently to enhance the accuracy of economic indicators such as Quarterly Estimates (QE) of GDP.

**2 Legal Basis**

This survey has been conducted as the general statistical survey pursuant to the provision of the Statistics Act (Act No.53 of 2007).

**3 Establishments and Enterprises, etc. Surveyed**

The population of the survey is based on the 2016 Economic Census for Business Activity and the 2014 Economic Census for Business Frame. Establishments and enterprises, etc. surveyed are selected using a statistical method*1 from establishments and enterprises, etc. throughout the country mainly engaging in the service sector*2. About 37,000 establishments and enterprises, etc. are surveyed.

*1 Refer to Appendix 3 for details on the selection method.

*2 Refer to Appendix 6 for details on sub-sectors covered by this survey.

**4 Types of Questionnaires and Survey Items**

(1) Types of Questionnaires

"Questionnaire for the first month" is used at the beginning of the survey while the "Monthly questionnaire" is used from the second month and onward. Both questionnaires have two types: one for establishments and another for enterprises, etc.

(2) Survey Items

Questionnaire items are presented in the table shown below.

<table>
<tr><th colspan="2"></th><th>Monthly sales</th><th>Categories of main business of establishments</th><th>Number of persons working at the location of establishment and breakdowns</th></tr>
<tr><td rowspan="2">For establishments</td><td>Questionnaire for the first month</td><td>○<br>(*)</td><td>○</td><td>○<br>(*)</td></tr>
<tr><td>Monthly questionnaire</td><td>○</td><td>-</td><td>○</td></tr>
<tr><td rowspan="2">For enterprises, etc.</td><td>Questionnaire for the first month</td><td>○(*)<br>(By business activity)</td><td>-</td><td>○<br>(*)</td></tr>
<tr><td>Monthly questionnaire</td><td>○<br>(By business activity)</td><td>-</td><td>○</td></tr>
</table>

*Each survey item of survey month and the previous month is surveyed.

Note: Survey item "Demand situation" was deleted since January 2017.

### 5 Implementation of the Survey

The Statistics Bureau of Japan (SBJ) entrusts the implementation of the survey to research companies. Questionnaires are distributed and collected by mail or online.

However, for establishments for which questionnaires have yet to be collected, the enumerators can directly visit the surveyed establishment and collect questionnaires.

<About burden reduction measures>

In order to reduce the burden on respondents, if the surveyed business establishments or enterprises, etc. of this survey overlap with the statistical survey* conducted by the Ministry of Economy, Trade and Industry, we do not distribute the questionnaire of our surveys. Instead, we receive the questionnaire information obtained from the survey conducted by the METI.

*"Survey of Selected Service Industries"

### 6 Tabulation of the Survey

The SBJ entrusts the tabulation to the National Statistics Center.

### 7 Release of the Survey Results

The results are shown on the SBJ website and laid open for public inspection.

- Preliminary report: In principle, released in late the second month after the survey month.
- Final report: In principle, released in late the fifth month after the survey month.

# Appendix 3
# Sampling Method, Estimation Method of Results and Sampling Error of the Estimates

## 1 Sampling Method

Using statistical methods, "the Monthly Survey on Service Industries" takes samples from establishments and enterprises, etc. throughout the country that existed at the time of the 2016 Economic Census for Business Activity and the 2014 Economic Census for Business Frame engaging mainly in the industries listed in (1) below. Sample sizes are as follows.

Establishments; Approximately 25,000

Enterprises, etc.; Approximately 12,000

Note: The population of the survey is changed as follows since 2021.
Privately owned establishments: Change from the 2014 Economic Census for Business Frame to the 2016 Economic Census for Business Activity.
National and local governments establishments: No change (2014 Economic Census for Business Frame)
Establishments, enterprises, etc. are extracted based on the 2016 Economic Census for Business Activity and the 2014 Economic Census for Business Frame. Establishments and enterprises, etc. newly established after the implementation of the 2016 Economic Census for Business Activity and the 2014 Economic Census for Business Frame are also added to the population to implement appropriate sampling, based on various information collected in the subsequent years. When an establishment closes down, a replacement establishment is selected and added to the subjects of the survey.

### (1) Coverage of the Survey (Refer to Appendix 6)

The survey covers industries classified in divisions designated by the Japan Standard Industrial Classification (Rev.13, October 2013) as shown below (except for the group "Establishments engaged in administrative or ancillary economic activities" set for each major group).

- G Information and communications
- H Transport and postal activities
- K Real estate and goods rental and leasing
- L Scientific research, professional and technical services
  *Excluding the major group "71 Scientific and development research institutes" and the industry "7282 Pure holding companies"
- M Accommodations, eating and drinking services
- N Living-related and personal services and amusement services
  *Excluding the group "792 Domestic services"
- O Education, learning support
  *Excluding the major group "81 School education"
- P Medical, health care and welfare
  *Excluding the group "841 Public health centers", "851 Social insurance organizations" and "852 Welfare offices"
- R Services, n.e.c.
  * Excluding the major group "93 Political, business and cultural organizations", "94 Religion" and "96 Foreign governments and international agencies in Japan"

**(2) Sampling and Sample Rotation**

**A. Enterprises, etc. (census group)**

(a) The survey is conducted on all enterprises, etc. mainly engaging in the following industries.

(i) Group "371 Fixed telecommunications"

(ii) Group "372 Mobile telecommunications"

(iii) Group "381 Public broadcasting except cablecasting"

(iv) Major group "42 Railway transport"

(v) Major group "46 Air transport"

(vi) Major group "49 Postal activities including mail delivery service"

(b) The survey is conducted on all enterprises mainly engaging in the service industries other than those in (a) above, with capital, investment, or funds worth 100 million yen or more.

(c) The survey is conducted on a continuing basis without being replaced.

**B. Establishments (census or sample survey group)**

Establishments are extracted from those mainly engaging in service industries other than those in A.(a) above, excluding establishments that belong to the enterprises, etc. falling under the A.(a) and (b) above.

(a) The Census is conducted continuously for establishments over a certain scale.

(b) The sample survey is conducted for establishments other than (a) above. In principle, the survey continues for two years.

## 2 Estimation Method of Results

The results of the Monthly Survey are aggregated by adding the estimates of enterprises etc. and establishments. These estimates are calculated after complementing missing values and correcting inconsistencies in answers by using the Economic Census and other public information of survey objects.

The sales and the number of persons working at the location of establishment (hereinafter called "the number of persons") are calculated based on the results of the 2016 Economic Census for Business Activity and the 2014 Economic Census for Business Frame, etc. The formula is as follows:

Estimate of total sales or estimate of the number of persons: $\hat{T}_x = \sum_{h=1}^{L} W_h \sum_{i=1}^{n_h} x_{hi}$

$h$ : Strata by industry, size of the number of persons and type of survey (census or sample)

$W_h$: Weight, $\frac{N_h}{n_h}$ ( $N_h = n_h$ and $W_h = 1$ for census survey)

$L$ : Number of strata

$N_h$: Number of population establishments in $h$-th stratum

$n_h$: Number of survey establishments in $h$-th stratum

$X_{hi}$: Sales or the number of persons for $i$-th establishment in $h$-th stratum

## 3 Sampling Error of the Estimates

Sampling errors for total sales are estimated by the following formula. The results can be seen in the table.

The standard error rate (%): $\hat{\sigma}_{T_x} \ / \ \hat{T}_x \quad \times 100$

Standard error of total sales: $\hat{\sigma}_{T_x} = \sqrt{\sum_{h=1}^{L} N_h (N_h - n_h) \frac{s_h^2}{n_h}}$

Sampling variance for sales in *h*-th stratum: $s_h^2 = \frac{1}{n_h - 1} \sum_{i=1}^{n_h} (x_{hi} - \bar{X}_h)^2$

Mean of sales in *h*-th stratum: $\bar{X}_h = \frac{1}{n_h} \sum_{i=1}^{n_h} x_{hi}$

## Table Sampling Error for Monthly Sales of the Estimates by Industry

(%)

| Industry (medium groups) | 2021 Jan. | Feb. | Mar. | Apr. | May | Jun. | Jul. | Aug. | Sep. | Oct. | Nov. | Dec. |
|---|---|---|---|---|---|---|---|---|---|---|---|---|
| Service industry | 0.9 | 0.9 | 0.9 | 0.9 | 0.9 | 0.9 | 0.9 | 0.9 | 0.9 | 0.9 | 0.9 | 0.9 |
| G Information and communications | 0.8 | 1.0 | 2.1 | 1.2 | 1.3 | 1.5 | 1.4 | 1.3 | 2.3 | 1.3 | 1.3 | 2.2 |
| 37 Communications | 0.2 | 0.2 | 0.2 | 0.2 | 0.3 | 0.3 | 0.2 | 0.3 | 0.2 | 0.2 | 0.2 | 0.2 |
| 38 Broadcasting | 0.2 | 0.2 | 0.2 | 0.2 | 0.2 | 0.2 | 0.2 | 0.2 | 0.2 | 0.2 | 0.2 | 0.2 |
| 39 Information services | 1.6 | 2.2 | 3.7 | 2.8 | 3.1 | 3.0 | 3.1 | 2.9 | 4.5 | 2.9 | 2.9 | 4.4 |
| 40 Internet based services | 2.6 | 2.6 | 2.3 | 2.1 | 2.1 | 2.3 | 2.2 | 2.1 | 2.1 | 2.3 | 2.2 | 2.1 |
| 41 Video picture, sound information, character information production and distribution | 2.9 | 2.6 | 3.7 | 3.8 | 2.6 | 2.7 | 3.0 | 2.8 | 3.4 | 2.9 | 2.7 | 3.0 |
| H Transport and postal activities | 2.6 | 2.6 | 2.4 | 2.3 | 2.3 | 2.5 | 2.5 | 2.4 | 2.5 | 2.4 | 2.4 | 2.3 |
| 42 Railway transport | – | – | – | – | – | – | – | – | – | – | – | – |
| 43 Road passenger transport | 4.4 | 4.2 | 4.8 | 4.7 | 4.8 | 4.5 | 5.4 | 4.0 | 3.7 | 3.8 | 4.1 | 3.8 |
| 44 Road freight transport | 5.0 | 4.9 | 4.7 | 4.5 | 4.8 | 4.8 | 4.7 | 4.6 | 4.7 | 4.6 | 4.8 | 4.5 |
| 45 Water transport | 3.8 | 3.8 | 3.6 | 3.7 | 3.6 | 3.6 | 3.3 | 3.6 | 3.8 | 3.3 | 3.4 | 3.0 |
| 47 Warehousing | 9.2 | 8.6 | 9.8 | 9.5 | 9.2 | 9.6 | 9.3 | 9.2 | 9.9 | 10.0 | 9.9 | 9.9 |
| 48 Services incidental to transport | 4.6 | 4.3 | 3.8 | 4.1 | 3.5 | 4.1 | 5.0 | 4.6 | 4.5 | 5.1 | 4.8 | 4.4 |
| 4* Air transport, postal activities, including mail delivery | – | – | – | – | – | – | – | – | – | – | – | – |
| K Real estate and goods rental and leasing | 2.6 | 3.2 | 2.9 | 2.9 | 3.0 | 2.5 | 2.7 | 2.7 | 2.5 | 2.6 | 2.8 | 2.5 |
| 68 Real estate agencies | 4.3 | 7.7 | 5.6 | 6.5 | 6.9 | 4.8 | 6.1 | 6.1 | 4.7 | 5.9 | 6.4 | 5.0 |
| 69 Real estate lessors and managers | 3.4 | 3.3 | 3.3 | 3.3 | 3.4 | 3.3 | 3.0 | 3.1 | 3.1 | 3.0 | 3.1 | 3.0 |
| 70 Goods rental and leasing | 6.6 | 6.4 | 6.1 | 6.1 | 6.0 | 5.7 | 6.0 | 6.0 | 5.7 | 5.8 | 5.8 | 5.6 |
| L Scientific research, professional and technical services 1) | 2.9 | 2.9 | 2.2 | 2.9 | 2.8 | 2.7 | 2.8 | 2.7 | 2.3 | 2.7 | 3.0 | 2.6 |
| 72 Professional services, n.e.c. 2) | 3.9 | 4.1 | 4.3 | 3.6 | 3.6 | 4.1 | 4.0 | 4.1 | 4.5 | 3.7 | 4.2 | 3.9 |
| 73 Advertising | 5.4 | 5.5 | 4.8 | 5.3 | 5.0 | 4.9 | 5.1 | 4.9 | 4.5 | 4.7 | 4.9 | 5.6 |
| 74 Technical services, n.e.c. | 5.2 | 5.0 | 3.0 | 5.4 | 5.1 | 4.4 | 5.0 | 4.7 | 3.4 | 5.2 | 5.7 | 3.8 |
| M Accommodations, eating and drinking services | 1.8 | 2.0 | 1.7 | 1.8 | 1.9 | 1.9 | 1.8 | 2.0 | 2.0 | 1.8 | 1.8 | 1.7 |
| 75 Accommodations | 7.9 | 8.7 | 6.7 | 7.5 | 6.9 | 7.4 | 6.2 | 6.2 | 6.8 | 6.3 | 5.8 | 5.7 |
| 76 Eating and drinking places | 1.7 | 1.8 | 1.6 | 1.7 | 1.8 | 1.8 | 1.7 | 1.8 | 1.9 | 1.8 | 1.7 | 1.7 |
| 77 Food take out and delivery services | 5.7 | 5.9 | 5.1 | 5.4 | 5.4 | 5.4 | 5.3 | 5.5 | 5.4 | 5.3 | 5.3 | 5.1 |
| N Living-related and personal services and amusement services | 4.1 | 4.1 | 3.7 | 3.8 | 3.9 | 3.9 | 3.9 | 4.1 | 4.1 | 3.8 | 3.6 | 3.5 |
| 78 Laundry, beauty and bath services | 4.4 | 4.1 | 4.4 | 4.8 | 4.9 | 4.7 | 4.3 | 4.2 | 4.1 | 4.5 | 4.5 | 4.3 |
| 79 Miscellaneous living-related and personal services 3) | 5.7 | 5.2 | 4.7 | 3.3 | 3.2 | 3.4 | 3.2 | 3.4 | 3.2 | 3.3 | 3.1 | 3.1 |
| 80 Services for amusement and hobbies | 5.1 | 5.2 | 4.9 | 5.0 | 5.0 | 5.1 | 5.1 | 5.2 | 5.2 | 5.0 | 4.9 | 4.7 |
| O Education, learning support 4) | 3.2 | 3.3 | 3.1 | 3.5 | 3.3 | 3.3 | 3.3 | 3.1 | 3.6 | 3.3 | 3.2 | 3.3 |
| 82 Miscellaneous education, learning support | 3.2 | 3.3 | 3.1 | 3.5 | 3.3 | 3.3 | 3.3 | 3.1 | 3.6 | 3.3 | 3.2 | 3.3 |
| 82a Social education and vocational and educational support facilities | 6.6 | 7.0 | 6.0 | 7.4 | 6.6 | 6.5 | 6.5 | 6.4 | 6.7 | 6.4 | 6.6 | 7.2 |
| 82b Supplementary tutorial schools and instruction service for arts, culture and technicals | 3.7 | 3.7 | 3.7 | 3.9 | 3.8 | 3.9 | 3.9 | 3.6 | 3.9 | 4.1 | 3.8 | 3.8 |
| P Medical, health care and welfare | 1.3 | 1.3 | 1.2 | 1.3 | 1.2 | 1.1 | 1.1 | 1.1 | 1.1 | 1.1 | 1.1 | 1.2 |
| 83 Medical and other health services | 1.4 | 1.5 | 1.3 | 1.3 | 1.2 | 1.2 | 1.2 | 1.2 | 1.2 | 1.2 | 1.2 | 1.2 |
| 84 Public health and hygiene 5) | 7.7 | 9.9 | 8.2 | 9.8 | 7.2 | 8.2 | 7.4 | 7.3 | 7.0 | 8.3 | 7.6 | 7.3 |
| 85 Social insurance and social welfare 6) | 2.8 | 2.8 | 2.8 | 3.2 | 2.8 | 2.7 | 2.7 | 2.7 | 2.7 | 2.6 | 2.6 | 2.7 |
| R Services, n.e.c. 7) | 3.4 | 3.0 | 3.3 | 3.2 | 3.2 | 3.3 | 3.2 | 3.2 | 3.2 | 3.2 | 3.2 | 3.4 |
| 88 Waste disposal business | 10.8 | 10.8 | 10.4 | 10.5 | 10.3 | 10.5 | 10.4 | 10.3 | 10.4 | 10.5 | 10.6 | 10.7 |
| 89 Automobile maintenance services | 9.9 | 9.6 | 9.4 | 9.3 | 9.3 | 9.6 | 9.8 | 9.6 | 9.6 | 9.6 | 9.7 | 9.4 |
| 90 Machine, etc. repair services, except otherwise classified | 4.1 | 4.6 | 5.6 | 4.3 | 4.8 | 4.2 | 4.2 | 4.5 | 3.8 | 4.2 | 4.0 | 4.0 |
| 91 Employment and worker dispatching services | 7.8 | 7.6 | 8.0 | 8.1 | 8.3 | 8.0 | 7.8 | 7.9 | 7.9 | 7.8 | 7.6 | 8.0 |
| 92 Miscellaneous business services | 5.2 | 4.3 | 5.0 | 4.6 | 4.6 | 5.0 | 4.8 | 4.6 | 4.9 | 4.7 | 4.8 | 5.1 |
| 95 Miscellaneous services | 17.4 | 6.3 | 5.8 | 5.3 | 5.5 | 5.4 | 5.7 | 5.4 | 5.6 | 5.6 | 5.6 | 5.7 |

1) Excluding "scientific and development research institutes" 2) Excluding "pure holding companies" 3) Excluding "domestic services" 4) Excluding "school education" 5) Excluding "public health centers"
6) Excluding "social insurance organizations" and "welfare offices" 7) Excluding "political, business and cultural organizations", "religion" and "foreign governments and international agencies in Japan"

# Appendix 4
# Explanation of Terms

## 1 Establishments

An "establishment" is defined as a single physical location where an economic activity is conducted and as a general rule, the following prerequisites are satisfied:

- Economic activity is conducted, under a single business principal, occupying a certain place or plot of land.
- Production or supply of goods and services is conducted continuously with personnel and facilities provided for this purpose.

## 2 Enterprises, etc.

An “enterprise” is defined as a corporation (excluding foreign companies) conducting business activities or an establishment of individual proprietorship (if the enterprise is managed under individual proprietorship and the same manager manages multiple establishments, the establishments become collectively a single enterprise).

“Enterprise, etc.” refers to those entities, including a part of public enterprises, etc. operated by an enterprise, the national government or a local government.

## 3 Sales

Refers to sales for supply of services and sales of article (including indirect tax, consumption tax, etc.) in the establishment or enterprise, etc. The sales are defined as total income from all operations of the establishment or enterprise, etc. including costs such as purchase amount and salaries.

[Those included in sales]

- Consignment sale --- Sales commission income
- Consignment sale --- Actual sales amount sold by a consignee
- Real estate agents/intermediary service providers --- Agent fee income, intermediary commission income, etc.
- Brokerage service provider --- Brokerage commission income (e.g. commission for cleaning or for photo development, printing or enlargement)
- Own consumption/donations --- When consuming goods or products on one's own or donating them, the amount obtained by converting them into money
- Medical and other health services/care services --- Insurance premiums received for medical insurance/nursing care insurance, and self-pay of the user
- “Corporations excluding companies” and “Organization other than corporations” --- Income gained by business activities

[Those not included in sales]

- Nonbusiness interest and dividend income, such as those accrued from deposits and securities
- Nonbusiness income gained from the sale of securities or properties such as land and buildings
- Borrowing and balance brought forward
- Expenses provided from headquarters and head offices for operating branch offices
- Income to continue a business or activity
  (operating grants, donations, contributions, subsidies, membership fees, contributions of members, etc.)

[Time of posting sales]

- For sales, those at the time of providing services, etc. are posted, rather than at the time of receiving payments.
  Examples:
  - For installment sale, sales are posted at the time of providing services, etc.
  - In case of supplementary tutorial schools, etc. tuitions for three months are received in a lump sum, they are divided and posted equally at each month of the period (three months) of giving classes.
  - For a long-term project for software development, etc., they are posted depending on the status of progress.
- Sales are posted for one month from the beginning to the end of the month.

**4 Persons Working at the Location of Establishment**

Persons working at the location of establishment include all persons who are engaged in the business of the establishment or enterprise, etc. on the business day nearest the end of the month (excluding dispatched or temporarily transferred employees to other enterprises, but including those who work as dispatched or temporarily transferred employees from other enterprises).

**Salaried directors**

Those who receive a salary as an executive at a corporation or an organization other than an individual proprietorship.

**Individual proprietors**

Business owners of individual proprietorships. An establishment of an individual proprietorship must have only one individual proprietor.

**Unpaid family workers**

Those who are members of the family of an individual proprietor and help with the establishment's work but receive no wages or salaries.

**Regular employees**

Those who have been employed indefinitely or those who have been employed for more than one month.

**Full-time employees**

Those who are generally called fulltime regular employees and staff.

**Other than full-time employees**

Those who are generally called contract employees, entrusted employees, part time workers, temporary staff or so on.

**Non-regular workers**

Those who have been employed for a limited period of one month or less or employed on a day-to-day basis.

**Persons Temporarily Transferred or Dispatched from Separately-managed Establishment or Enterprise, etc.**

Those who come from other enterprises, etc. and work at an establishment or enterprise, etc. while remaining members of the transferring company, including cases of temporary transfer with enrollment in the transferring company, in addition to dispatched workers set forth in the Act for Securing the Proper Operation of Worker Dispatching Undertakings and Improved Working Conditions for Dispatched Workers (Act No. 88 of 1985).

**5 Industry of Business Activity**

Refers to an industry classification by unit of business activities conducted by an establishment and enterprise, etc. In enterprises, they are classified by each individual business activity In establishment, they are deemed to conduct only a single business activity, and classified by major business activities of their own.

**6 Industry of Establishment and Enterprises, etc.**

Refers to an industry classification by unit of establishment and enterprises, etc., where establishments are classified according to business activities of the establishment, and enterprises, etc. are classified according to the entire major business activities including establishments under control of the enterprises, etc.

**7 Type of Legal Organization**

**Individual proprietorships**

Refer to businesses run by individuals. Partnerships are also included in this category, unless they are a company or corporation.

**Corporations**

Refer to businesses managed by entities granted with corporate status based on legal provisions. The following companies and corporations other than companies fall under this category.

**Companies**

Refer to stock companies, general partnership companies, limited partnership companies, limited liability companies, mutual companies and foreign companies.

Foreign companies are main branch offices or sales offices of companies which have been established in a foreign country, and which have been registered in Japan under the provisions of the Companies Act (Act No.86 of 2005). Companies managed by foreigners, or companies for which foreign capitals participate in their management, are not regarded as foreign companies.

**Corporations other than companies**

Refer to organizations with corporate status other than the status of a company, and to central and local governments. This category includes incorporated administrative agencies, local incorporated administrative agencies, national university corporations, inter-university research institute corporations, special corporations, approved corporations, incorporated foundations, incorporated associations, social welfare juridical persons, medical juridical persons, juridical persons for offender rehabilitation, national health insurance societies, mutual aid associations, legal professional corporations, auditing firms, licensed tax accountant's corporations, etc.

**Organizations other than corporations**

Refers to organizations without corporate status.

Included in this category are establishments of councils, etc.

## 8 Capital

Refers to the amount of capital of stock companies, the amount of investment of general partnership companies, limited partnership companies and limited liability companies, or the amount of funds of mutual companies.

# Appendix 5
## Form of Questionnaire

1 Monthly Survey on Service Industries Questionnaire for the first month (for establishments)

General Statistical Survey

**Monthly Survey on Service Industries Questionnaire for the first month (for establishments)**

Statistics Bureau, Ministry of Internal Affairs and Communications

Year 2 0 ☐☐ Month ☐☐

Please fill in for the preprinted month and the previous month.

| Please fill in as it may be necessary to contact you. |
|---|
| Department |
| The name of the person who filled in the questionnaire |
| Telephone ( ) − (Extention: ) |

**1. Monthly sales (income), etc. of your establishment**

Tax exclusion ☐ Make entries including tax in principle. If it is difficult to do so for accounting purpose, make entries excluding tax and enter a check mark in the box

1.(1) Sales (income)
* Round amounts to the nearest 1,000.
* If no sales are posted temporarily due to a seasonal factor, fill "0" in the sales column and enter the reason thereof in the remarks ② column.

| | | |
|---|---|---|
| Previous Month | ☐☐☐,☐☐☐,☐☐☐ | thousand yen |
| Present Month | ☐☐☐,☐☐☐,☐☐☐ | thousand yen |

[Remarks ①]
If the monthly sales increased or decreased significantly compared with the same month a year earlier, enter the specific reason. If you cannot compare with the same month a year ealier, please enter the comparison with the previous month.

**2. Type of the major business activity of your establishment**

| *If the business activity printed is the same as your current major activity, circle "1 Yes" at right. If that is different, circle "2 No". | Major business activity of your establishment | Circle the appropriate number. | | Describe your current major business activity. (Only required if you circled "2 No" at left.) |
|---|---|---|---|---|
| | ☐☐-☐☐ | 1 Yes | 2 No | → ☐☐-☐☐ |

**3. Number of persons working at the location of establishment at the end of the month** (Provide the figure for the business day closest to the end of the month.) * If there is no applicable data for each column, fill in "0", not leaving it blank.

| | 3.(1) Number of persons engaged in your establishment (excluding dispatched or temporalily transferred employees to other establishments) | | | | | 3.(2) Persons temporarily transferred or dispatched from other enterprises, etc. |
|---|---|---|---|---|---|---|
| | ① Salaried directors Individual proprietors Unpaid family workers | Regular employees: ② Full-time employees | Regular employees: ③ Other then full-time employees (part-timers and temporary workers, etc.) | ④ Non-regular workers (including part-timers and temporary workers other than ③) | Total number (total of ① to ④) | |
| Previous Month | Person | Person | Person | Person | Person | Person |
| Present Month | Person | Person | Person | Person | Person | Person |

[Remarks ②] If any major changes have occurred with regard to your establishment, please provide details.

1 Merged with other companies (organizations, etc.) this month
2 Spun off into a separate entity (split of a corporation) this month
3 Capital changed this month

2 Monthly Survey on Service Industries Questionnaire for the first month (for enterprises, etc.)

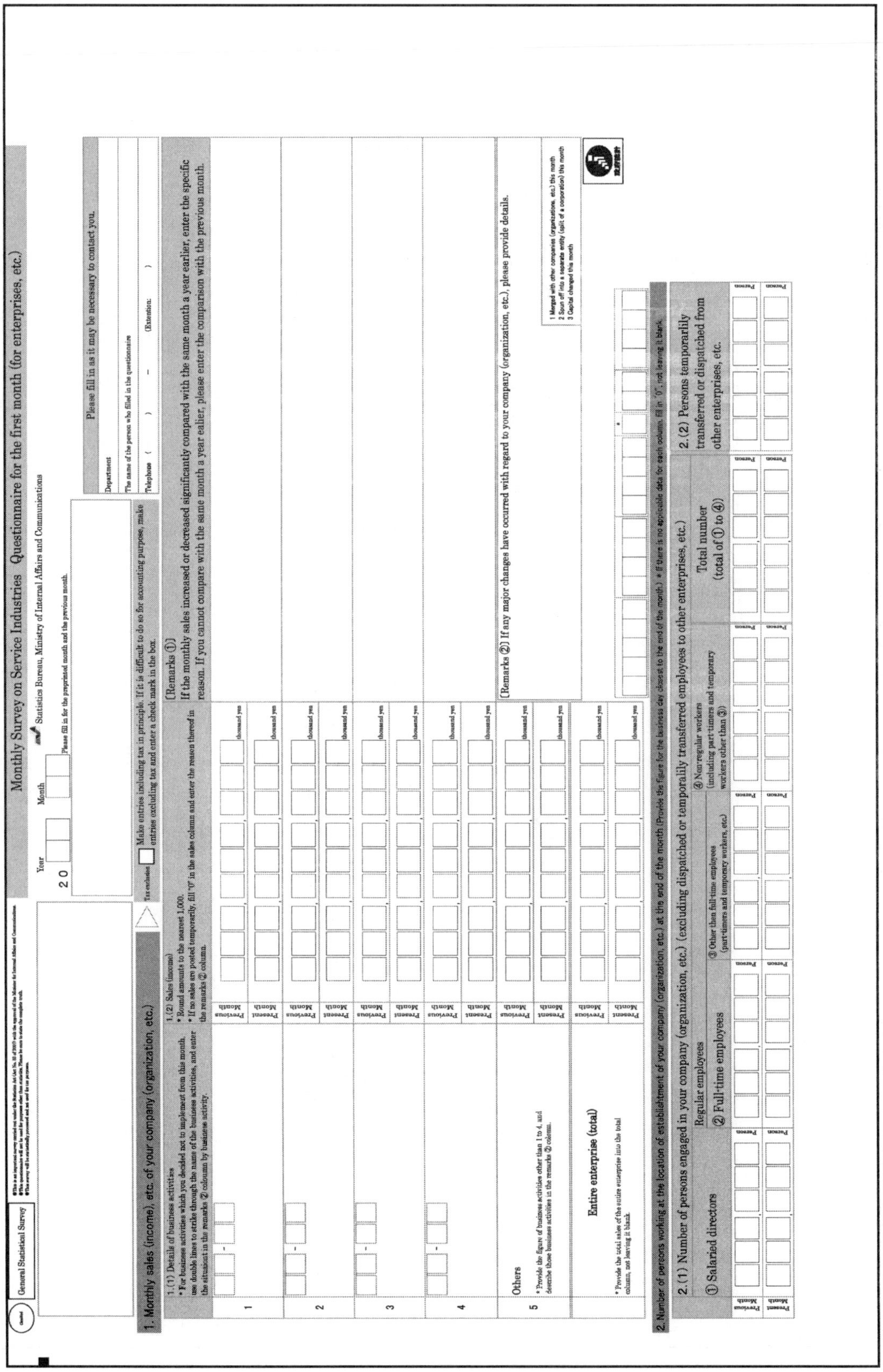

General Statistical Survey

Monthly Survey on Service Industries Questionnaire for the first month (for enterprises, etc.)

Statistics Bureau, Ministry of Internal Affairs and Communications

Year 20 ☐☐ Month ☐☐ Please fill in for the preprinted month and the previous month.

Please fill in as it may be necessary to contact you.

Department

The name of the person who filled in the questionnaire

Telephone ( ) – (Extention: )

1. Monthly sales (income), etc. of your company (organization, etc.)

Tax exclusion ☐ Make entries including tax in principle. If it is difficult to do so for accounting purpose, make entries excluding tax and enter a check mark in the box.

1.(1) Details of business activities

* For business activities which you decided not to implement from this month, use double lines to strike through the name of the business activities, and enter the situaiont in the remarks ② coloumn by business activity.

1.(2) Sales (income)

* Round amounts to the nearest 1,000.

* If no sales are posted temporarily, fill "0" in the sales column and enter the reason thereof in the remarks ② column.

[Remarks ①]

If the monthly sales increased or decreased significantly compared with the same month a year earlier, enter the specific reason. If you cannot compare with the same month a year ealier, please enter the comparison with the previous month.

| | 1.(1) Details of business activities | | 1.(2) Sales (income) |
|---|---|---|---|
| 1 | ☐☐-☐☐ | Previous Month | thousand yen |
| | | Present Month | thousand yen |
| 2 | ☐☐-☐☐ | Previous Month | thousand yen |
| | | Present Month | thousand yen |
| 3 | ☐☐-☐☐ | Previous Month | thousand yen |
| | | Present Month | thousand yen |
| 4 | ☐☐-☐☐ | Previous Month | thousand yen |
| | | Present Month | thousand yen |
| 5 | Others * Provide the figure of business activities other than 1 to 4, and describe those business activities in the remarks ② column. | Previous Month | thousand yen |
| | | Present Month | thousand yen |
| | Entire enterprise (total) * Provide the total sales of the entire enterprise into the total column, not leaving it blank. | Previous Month | thousand yen |
| | | Present Month | thousand yen |

[Remarks ②] If any major changes have occurred with regard to your company (organization, etc.), please provide details.

1 Merged with other companies (organizations, etc.) this month
2 Spun off into a separate entity (split of a corporation) this month
3 Capital changed this month

2. Number of persons working at the location of establishment of your company (organization, etc.) at the end of the month (Provide the figure for the business day closest to the end of the month.) * If there is no applicable data for each column, fill in "0", not leaving it blank.

| | 2.(1) Number of persons engaged in your company (organization, etc.) (excluding dispatched or temporalily transferred employees to other enterprises, etc.) | | | | | 2.(2) Persons temporarlily transferred or dispatched from other enterprises, etc. |
|---|---|---|---|---|---|---|
| | ① Salaried directors | Regular employees ② Full-time employees | ③ Other than full-time employees (part-timers and temporary workers, etc.) | ④ Non-regular workers (including part-timers and temporary workers other than ③) | Total number (total of ① to ④) | |
| Previous Month | Person | Person | Person | Person | Person | Person |
| Present Month | Person | Person | Person | Person | Person | Person |

3 Monthly Survey on Service Industries Monthly Questionnaire (for establishments)

Certified | General Statistical Survey

●This is an important survey carried out under the Statistics Act (Act No. 53 of 2007) with the approval of the Minister for Internal Affairs and Communications.
●This questionnaire will not be used for purposes other than statistics. Please be sure to state the complete truth.
●This survey will be statistically processed and not used for tax purposes.

## Monthly Survey on Service Industries Monthly Questionnaire (for establishments)

Year 20 | Month

Statistics Bureau, Ministry of Internal Affairs and Communications

Please fill in for the preprinted month and the previous month.

| Please fill in as it may be necessary to contact you. |
|---|
| Department |
| The name of the person who filled in the questionnaire |
| Telephone ( ) − (Extention: ) |

### 1. Monthly sales (income), etc. of your establishment

Tax exclusion ☐ Make entries including tax in principle. If it is difficult to do so for accounting purpose, make entries excluding tax and enter a check mark in the box

| 1.(1) Sales (income)<br>* Round amounts to the nearest 1,000.<br>* If no sales are posted temporarily due to a seasonal factor, fill "0" in the sales column and enter the reason thereof in the remarks ② column. | [Remarks ①]<br>If the the monthly sales increased or decreased significantly compared with the same month a year earlier, enter the specific reason.<br>If you cannot compare with the same month a year ealier, please enter the comparison with the previous month. |
|---|---|
| thousand yen | |

[How to fill out the questionnaire ]
About "1.(1)Sales (income)"
・Provide the figure of entire monthly sales (income) of the establishment.
・The sales (income) include sales for supply of services and sales of article (including indirect tax, consumption tax, etc.) in the establishment. They also include cost such as purchase amount and salary and total income from all operations of the establishment.
・For consumption tax, make entries including tax in principle. If it is difficult to do so for accounting purpose, make entries excluding tax and enter a check mark in tax exclusion box.

### 2. Number of persons working at the location of establishment at the end of the month (Provide the figure for the business day closest to the end of the month.) * If there is no applicable data for each column, fill in "0", not leaving it blank.

| 2.(1) Number of persons engaged in your establishment (excluding dispatched or temporalily transferred employees to other establishments) | | | | | 2.(2) Persons temporarily transferred or dispatched from other enterprises, etc. |
|---|---|---|---|---|---|
| ① Salaried directors<br>Individual proprietors<br>Unpaid family workers | Regular employees<br>② Full-time employees | Regular employees<br>③ Other then full-time employees (part-timers and temporary workers, etc.) | ④ Non-regular workers (including part-timers and temporary workers other than ③) | Total number (total of ① to ④) | |
| Person | Person | Person | Person | Person | Person |

[Remarks ②] If any major changes have occurred with regard to your establishment, please provide details.

1 Merged with other companies (organizations, etc.) this month
2 Spun off into a separate entity (split of a corporation) this month
3 Capital changed this month

政府統計

4 Monthly Survey on Service Industries Monthly Questionnaire (for enterprises, etc.)

General Statistical Survey

Monthly Survey on Service Industries Monthly Questionnaire (for enterprises, etc.)

Statistics Bureau, Ministry of Internal Affairs and Communications

Year 20 Month

Please fill in for the preprinted month and the previous month.

Please fill in as it may be necessary to contact you.

Department

The name of the person who filled in the questionnaire

Telephone ( ) – (Extention: )

1. Monthly sales (income), etc. of your company (organization, etc.)

Tax exclusion Make entries including tax in principle. If it is difficult to do so for accounting purpose, make entries excluding tax and enter a check mark in the box.

| 1.(1) Details of business activities * For business activities which you decided not to implement from this month, use double lines to strike through the name of the business activities, and enter the situaiont in the remarks ② coloumn by business activity. | 1.(2) Sales (income) * Round amounts to the nearest 1,000. * If no sales are posted temporarily, fill "0" in the sales column and enter the reason thereof in the remarks ② column. | [Remarks ①] If the monthly sales increased or decreased significantly compared with the same month a year earlier, enter the specific reason. If you cannot compare with the same month a year ealier, please enter the comparison with the previous month. |
|---|---|---|
| 1 | thousand yen | |
| 2 | thousand yen | |
| 3 | thousand yen | |
| 4 | thousand yen | |
| 5 Others * Provide the figure of business activities other than 1 to 4, and describe those business activities in the remarks ② column. | thousand yen | [Remarks ②] If any major changes have occurred with regard to your company (organization, etc.), please provide details. 1 Merged with other companies (organizations, etc.) this month 2 Spun off into a separate entity (split of a corporation) this month 3 Capital changed this month |
| Entire enterprise (total) * Provide the total sales of the entire enterprise into the total column, not leaving it blank. | thousand yen | |

2. Number of persons working at the location of establishment of your company (organization, etc.) at the end of the month (Provide the figure for the business day closest to the end of the month.) * If there is no applicable data for each column, fill in "0", not leaving it blank.

| 2.(1) Number of persons engaged in your company (organization, etc.) (excluding dispatched or temporalily transferred employees to other enterprises, etc.) | | | | | 2.(2) Persons temporarlily transferred or dispatched from other enterprises, etc. |
|---|---|---|---|---|---|
| ① Salaried directors | Regular employees ② Full-time employees | Regular employees ③ Other then full-time employees (part-timers and temporary workers, etc.) | ④ Non-regular workers (including part-timers and temporary workers other than ③) | Total number (total of ① to ④) | |
| Person | Person | Person | Person | Person | Person |

## Appendix 6
## Industry Coverage of "the Monthly Survey on Service Industries" in the Tertiary Industry

□ : Covered

▒ : Not Covered

| Industry | (Reference) Results of 2016 Economic Census for Business Activity of Japan (Privately owned establishments) 1) | | (Reference) Results of 2014 Economic Census for Business Frame of Japan (National and local governments establishments) 1) | |
|---|---|---|---|---|
| | Number of establishments (number of establishments) | Number of persons engaged (person) | Number of establishments (number of establishments) | Number of persons engaged (person) |
| F Electricity, gas, heat supply and water | 4,654 | 187,818 | 4,136 | 82,367 |
| G Information and communications | 63,574 | 1,642,042 | 73 | 449 |
| 37 Communications | 2,953 | 141,910 | 9 | 41 |
| 38 Broadcasting | 1,952 | 69,718 | 55 | 322 |
| 39 Information services | 34,576 | 1,077,081 | 8 | 85 |
| 40 Internet based services | 5,711 | 107,878 | 1 | 1 |
| 41 Video picture, sound information, character information production and distribution | 18,294 | 243,696 | - | - |
| H Transport and postal activities | 130,459 | 3,197,231 | 836 | 35,744 |
| 42 Railway transport | 4,277 | 226,354 | 243 | 16,631 |
| 43 Road passenger transport | 23,028 | 514,236 | 138 | 12,439 |
| 44 Road freight transport | 69,823 | 1,651,296 | - | - |
| 45 Water transport | 3,046 | 47,744 | 65 | 1,073 |
| 46 Air transport | 922 | 50,901 | - | - |
| 47 Warehousing | 10,605 | 201,073 | - | - |
| 48 Services incidental to transport | 18,342 | 393,459 | 390 | 5,601 |
| 49 Postal activities, including mail delivery | 355 | 111,268 | - | - |
| I Wholesale and retail trade | 1,355,060 | 11,843,869 | 179 | 1,518 |
| J Finance and insurance | 84,041 | 1,530,002 | 73 | 493 |
| K Real estate and goods rental and leasing | 353,155 | 1,462,395 | 832 | 4,414 |
| 68 Real estate agencies | 63,352 | 323,508 | 11 | 64 |
| 69 Real estate lessors and managers | 260,042 | 845,185 | 814 | 4,314 |
| 70 Goods rental and leasing | 29,197 | 284,287 | 7 | 36 |
| L Scientific research, professional and technical services | 223,439 | 1,842,795 | 3,894 | 104,656 |
| 71 Scientific and development research institutes | 5,223 | 261,326 | 1,152 | 33,666 |
| 72 Professional services, n.e.c. | 115,043 | 646,580 | 1 | 14 |
| 73 Advertising | 9,282 | 127,639 | - | - |
| 74 Technical services, n.e.c. | 93,781 | 806,449 | 2,741 | 70,976 |
| M Accommodations, eating and drinking services | 696,396 | 5,362,088 | 2,937 | 31,077 |
| 75 Accommodations | 48,963 | 678,833 | 578 | 3,969 |
| 76 Eating and drinking places | 590,847 | 4,120,279 | 82 | 551 |
| 77 Food take out and delivery services | 56,050 | 557,209 | 2,277 | 26,557 |
| N Living-related and personal services and amusement services | 470,713 | 2,420,557 | 4,075 | 31,534 |
| 78 Laundry, beauty and bath services | 358,523 | 1,142,326 | 330 | 2,967 |
| 79 Miscellaneous living-related and personal services 2) | 56,652 | 405,870 | 816 | 3,200 |
| 80 Services for amusement and hobbies | 55,431 | 871,377 | 2,929 | 25,367 |
| O Education, learning support | 167,662 | 1,827,596 | 54,125 | 1,339,283 |
| 81 School education | 18,853 | 1,018,611 | 39,128 | 1,207,544 |
| 82 Miscellaneous education, learning support | 148,809 | 808,985 | 14,997 | 131,739 |
| P Medical, health care and welfare | 429,173 | 7,374,844 | 28,250 | 741,152 |
| 83 Medical and other health services | 253,942 | 3,841,308 | 1,949 | 284,258 |
| 84 Public health and hygiene | 2,169 | 63,921 | 2,512 | 66,485 |
| 85 Social insurance and social welfare | 172,733 | 3,464,165 | 23,789 | 390,409 |
| Q Compound services | 33,780 | 484,260 | 28 | 90 |
| R Services, n.e.c. | 346,616 | 4,759,845 | 7,066 | 81,414 |
| 88 Waste disposal business | 20,005 | 271,749 | 2,780 | 56,568 |
| 89 Automobile maintenance services | 54,699 | 244,049 | 39 | 464 |
| 90 Machine, etc. repair services, except otherwise classified | 29,001 | 222,494 | 6 | 107 |
| 91 Employment and worker dispatching services | 18,483 | 1,039,740 | 82 | 297 |
| 92 Miscellaneous business services | 79,927 | 2,417,455 | 318 | 2,497 |
| 93 Political, business and cultural organizations | 48,753 | 263,808 | 2 | 17 |
| 94 Religion | 90,774 | 258,057 | - | - |
| 95 Miscellaneous services | 3,944 | 34,092 | 3,839 | 21,464 |
| 96 Foreign governments and international agencies in japan | - | - | - | - |
| S Government, except elsewhere classified | - | - | 39,734 | 1,896,579 |
| Total of Tertiary industry | 4,358,722 | 43,935,342 | 146,238 | 4,350,770 |
| Which of Coverage of the Survey 3) | 2,704,242 | 27,835,815 | 60,408 | 1,052,174 |

1) In the population of the Monthly Survey on Service Industries since 2021, privately owned establishments is based on the 2016 Economic Census for Business Activity and national and local governments establishments is based on the 2014 Economic Census for Business Frame.

2) Excluding "domestic services"

3) Excluding "pure holding companies", "public health centers", "social insurance organizations" and "welfare offices"

## (Supplementary Data) Main Sub-sectors of Industries Covered by the Survey

| Industry | Sub-sector |
|---|---|
| G Information and communications | |
| 37 Communications | Fixed telecommunications / Mobile telecommunications |
| 38 Broadcasting | Public broadcasting / Private-sector broadcasting / Cablecasting |
| 39 Information services | Computer programming and other software services / Data processing and information services |
| 40 Internet based services | Internet based services |
| 41 Video picture, sound information, character information production and distribution | Video picture information production and distribution / Sound information production / Newspaper publishers / Publishers,except newspapers / Commercial art and graphic design |
| H Transport and postal activities | |
| 42 Railway transport | Railway transport |
| 43 Road passenger transport | Common omnibus operators / Common taxicab operators / Contracted omnibus operators |
| 44 Road freight transport | Common motor trucking / Motor trucking (particularly-contracted) / Mini-sized vehicle freight transport / Collect-and-deliver freight transport |
| 45 Water transport | Oceangoing transport / Coastwise transport / Inland water transport / Vessel and ship rental and leasing |
| 47 Warehousing | Ordinary warehousing / Refrigerated warehousing |
| 48 Services incidental to transport | Port transport / Freight forwarding / Transport agencies / Packing and crating / Transport facilities services |
| 4* Air transport, postal activities, including mail delivery | Air transport / Aircraft service / Postal activities, including mail delivery |
| K Real estate and goods rental and leasing | |
| 68 Real estate agencies | Sales agents of building and houses and land subdividers and developers / Real estate agents and brokers |
| 69 Real estate lessors and managers | Real estate lessors /House and room lessors / Automobile parking / Real estate managers |
| 70 Goods rental and leasing | General goods rental and leasing / Industrial equipment and machinery rental / Office machinery rental / Automobile rental / Sports and hobby goods rental |
| L Scientific research, professional and technical services 1) | |
| 72 Professional services, n.e.c. 2) | Lawyers' and patent attorneys' offices / Notaries public, judicial scriveners' and land and house surveyors' offices / Administrative scriveners' offices /Certified public accountants' and auditors' offices / Certified social insurance and labor consultants' offices / Design services / Authors and artists / Business consultants |
| 73 Advertising | Advertising |
| 74 Technical services, n.e.c. | Veterinary services / Engineering and architectural services / Mechanical design services / Commodity inspection and non-destructive testing services / Surveyor certification / Photographic studios |
| M Accommodations, eating and drinking services | |
| 75 Accommodations | Hotels / Common lodging houses / Boarding houses |
| 76 Eating and drinking places | Eating places / Specialty restaurants / "Soba" and "Udon" (Japanese noodles) restaurants / "Sushi" bars / Drinking houses and beer hall / Bars,cabarets and night clubs / Coffee shops |
| 77 Food take out and delivery services | Food take out services / Food delivery services |
| N Living-related and personal services and amusement services | |
| 78 Laundry, beauty and bath services | Laundries / Barbershops / Hair-dressing and Beauty salon / Public bathhouses |
| 79 Miscellaneous living-related and personal services 3) | Travel agency / Garment sewing services and repairs / Checkrooms, safety deposit services / Crematories and graveyard custodians / Ceremonial occasions |
| 80 Services for amusement and hobbies | Cinemas / Performances,theatrical companies / Bicycle,horse,motorcar and motorboat race track operations and companies /Sports facilities / Public gardens and amusement parks / Amusement and recreation facilities |
| O Education, learning support 4) | |
| 82 Miscellaneous education, learning support | |
| 82a Social education, vocational and educational support facilities | Social education / Vocational and educational support facilities |
| 82b Supplementary tutorial schools, instruction services for arts, culture and technicals | Supplementary tutorial schools / Instruction services for arts,culture and technicals |
| P Medical, health care and welfare | |
| 83 Medical and other health services | Hospitals / Clinics of medical practitioners / Dental clinics / Maternity clinics and nursing / Other health practitioners |
| 84 Public health and hygiene 5) | Health consultation offices |
| 85 Social insurance and social welfare 6) | Child welfare services / Welfare services for the aged and care services / Welfare services for disabled persons |
| R Services, n.e.c. 7) | |
| 88 Waste disposal business | Domestic waste disposal business / Industrial waste disposal business |
| 89 Automobile maintenance services | Automobile maintenance services |
| 90 Machine, etc. repair services, except otherwise classified | Machine repair shops / Electrical machinery,apparatus,appliances and supplies repair shop / Paper hangers |
| 91 Employment and worker dispatching services | Employment services / Worker dispatching services |
| 92 Miscellaneous business services | Stenographic,entree document and duplicating services / Building maintenance services / Guard services |
| 95 Miscellaneous services | Meeting halls / Slaughterhouses |

1) Excluding "scientific and development research institutes"
2) Excluding "pure holding companies"
3) Excluding "domestic services"
4) Excluding "school education"
5) Excluding "public health centers"
6) Excluding "social insurance organizations" and "welfare offices"
7) Excluding "political, business and cultural organizations", "religion" and "foreign governments and international agencies in Japan"

## サービス産業動向調査（月次調査）結果の利用方法

サービス産業動向調査（月次調査）結果は、インターネットで結果表を閲覧又はダウンロード（CSV 形式等）することができます。また、報告書は、総務省統計図書館のほか国立国会図書館、県立図書館等で閲覧できます。

### インターネット

サービス産業動向調査（月次調査）に関する情報については、総務省統計局のホームページに掲載しています。また、結果表等の統計データは、「政府統計の総合窓口（e-Stat）」（※）に登録しています。

サービス産業動向調査ホームページ
URL　https://www.stat.go.jp/data/mssi/index.html

**【調査の結果】**
結果の概要、統計表一覧（「政府統計の総合窓口（e-Stat）」にリンク）、利用上の注意等を掲載

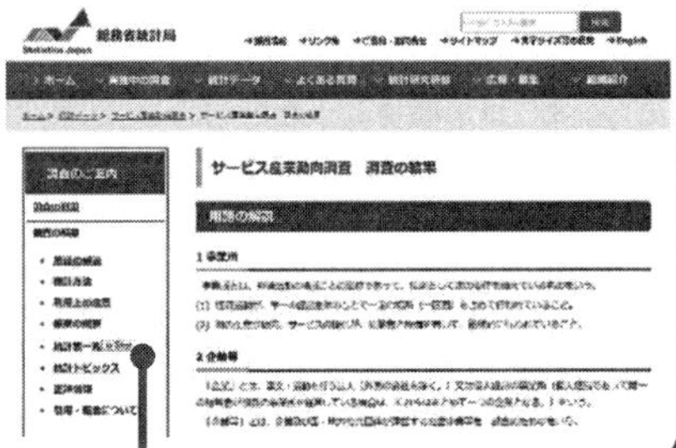


e-Stat　をクリックして移動

「政府統計の総合窓口（e-Stat）」の
サービス産業動向調査ホームページ

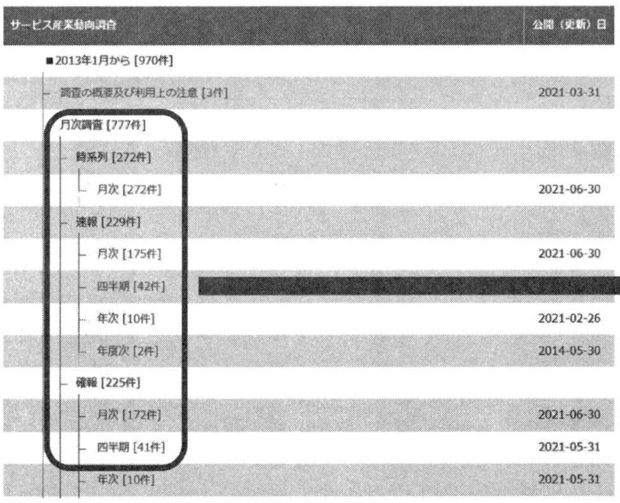


集計区分をクリックし、統計データ一覧へ

月次調査【〇件】
時系列【〇件】
・月次
速報【〇件】
・月次
・四半期
・年次
・年度次
確報【〇件】
・月次
・四半期
・年次
・年度次
年報【〇件】
・年次

※　「政府統計の総合窓口（e-Stat）」（URL　https://www.e-stat.go.jp/）は、各府省が公表する統計データを一つにまとめ、統計データを検索したり、地図上に表示できるなど、統計を利用する上で、たくさんの便利な機能を備えた政府統計のポータルサイトです。

## 総務省統計局編集等・（一財）日本統計協会発行の新刊案内




サービス産業動向調査年報
令和３年
Annual Report on
the Monthly Survey on Service Industries
2021

令和４年11月発行　　定価：2,860円（本体価格 2,600円 + 税10%）
Issued in November 2022　　Price：2,860yen (2,600yen + tax10%)

編集：総務省統計局

発行　一般財団法人 日本統計協会
Published by Japan Statistical Association
東京都新宿区百人町2丁目4番6号メイト新宿ビル内
Meito Shinjuku Bldg, 2-4-6, Hyakunincho, Shinjuku-ku, Tokyo, 169-0073
ＴＥＬ：(03)5332-3151　ＦＡＸ：(03)5389-0691
E-mail：jsa@jstat.or.jp
振替：00120-4-1944

印刷：名取印刷工業有限会社

ISBN978-4-8223-4163-3　C0033　¥2600E